2014

中国家用纺织品行业发展报告

中国家用纺织品行业协会　编著

中国纺织出版社

内 容 提 要

本书共分八个篇章。行业运行篇总结分析了2014年家纺行业的运行态势，并首次推出行业电商研究报告；国际动态篇对我国家纺进出口贸易及世界家纺出口产品与产地进行了深入的探讨和分析；国内市场篇从家纺零售市场、专业市场、消费者调查等多角度汇集了家纺内销市场信息；专家论坛篇解析了新形势下行业如何创新升级、企业如何"走出去"等热点问题；商业模式篇着重介绍了家纺上市企业动向及专业市场推进贸易改革的探索；产品开发篇阐述了对产品开发重点问题的思考，归纳总结了家纺大赛的特点与趋势；标准科技篇系统报告了行业标准工作的现状与发展，选编了行业相关的科技进步奖成果；相关产业篇囊括了棉纺织、化纤及印染等产业链行业的年度运行情况。另外，本书还以附录的形式列举了年度奖项及相关经济数据。

本书是一部集中反映家用纺织品行业年度发展情况与趋势的研究报告，旨在为相关企业、部门、机构的科学决策和国家宏观经济管理提供具有权威性和指导性的参考依据。

图书在版编目（CIP）数据

2014中国家用纺织品行业发展报告／中国家用纺织品行业协会编著 .—— 北京：中国纺织出版社，2015.6
　ISBN 978-7-5180-1757-7

　I.①2… II.①中… III.①纺织工业—工业发展—研究报告—中国—2014　IV.① F426.81

中国版本图书馆 CIP 数据核字（2015）第 124915 号

策划编辑：孔会云　　责任编辑：孔会云　　责任校对：梁　颖
责任设计：何　建　　责任印制：何　建

中国纺织出版社出版发行
地址：北京市朝阳区百子湾东里A407号楼　邮政编码：100124
销售电话：010—67004422　传真：010—87155801
http://www.c-textilep.com
E-mail:faxing @c-textilep.com
中国纺织出版社天猫旗舰店
官方微博http://weibo.com/2119887771
北京华联印刷有限公司印刷　各地新华书店经销
2015年6月第1版第1次印刷
开本：889×1194　1/16　印张：13.5
字数：260千字　定价：268.00元
京朝工商广字第8172号

凡购本书，如有缺页、倒页、脱页，由本社图书营销中心调换

《2014中国家用纺织品行业发展报告》
编辑委员会

主　编　杨兆华

副主编　魏启雄

编　委　朱晓红　李　杰　何　锋
　　　　王　易　吴永茜

项目执行　王　冉　陈　润

序 Foreword

改革开放三十多年以来，我国家纺行业实现了从小到大的跨越式发展，现已成为纺织工业重要的支柱产业，对促进纺织工业的发展发挥着重要作用。目前，在国内经济放缓进入新常态的情况下，家纺行业增速同样也开始进入一个新的历史阶段。新常态下的我国家纺行业出现了行业增速有所回落、经济运行效益稳中有升和行业发展动力由投资和出口向产业升级和技术创新转化等特征。

基于对我国家纺行业现状和趋势的判断，我认为，在国内经济发展、资源环境约束和社会需求等因素正在和即将发生深刻变化的现实背景下，家纺行业应尽快适应新常态的发展要求，加快推动转型升级，不断减少对投资和要素驱动的依赖，逐步通过增强科技创新和经营模式创新来提高行业质量，才能实现长期可持续的发展。

为达到加强对家纺行业的分析和研究，并据此来积极探索行业发展路径和模式的目的，2015年，中国家用纺织品行业协会第三次面向全社会公开出版和发行《中国家用纺织品行业发展报告》（以下简称《报告》）。《报告》中各位作者对过去一年内家纺及相关行业许多方面的发展进行了客观严谨的分析，充足的和最新的数据资料以及符合逻辑的说明，最终形成多篇有价值的文章。同时《报告》编撰人员广泛听取各方意见和建议，在保持原有风格的基础上，增添了纺织产业升级创新、中国纺织工业"走出去"进展与重点关注、家纺行业电商报告等新内容，使全书的内容更加贴近行业发展的新情况。另外全书的版面经过重新设计，也将使读者耳目一新。

中国家用纺织品行业协会力求把本书打造成一部集中反映行业年度发展情况与趋势的研究报告，为产业发展升级提供服务指南，为相关企业、部门机构科学决策和国家宏观管理提供信息依据。同时，本书提出了不少值得我们关注和思考的观点，希望家纺企业及与之相关的从业工作者，都能从此研究报告中得到收获和启迪。

最后，本书在编写过程中得到了社会各界人士的大力支持、真诚鼓励和热心帮助，在此书定稿付梓之际，本人借此机会向相关单位及个人表示衷心感谢！

由于时间有限及工作经验不足，此书无论是在广度上还是深度上都还有待提升，欢迎业内外企业家、专家以及行政部门多提宝贵意见，使得此项工作不断完善。

中国家用纺织品行业协会会长

杨兆华

2015年4月

目录 Contents

行业运行

国际动态

国内市场

专家论坛

商业模式

产品开发

标准科技

相关产业

附　录

行业运行

2014年家用纺织品行业运行报告

杨兆华　陈润

2014年，在国内经济放缓进入新常态的情况下，家纺行业增速同样有所回落，进入一个新的发展阶段。观察新常态下的我国家纺行业的运行状况至少应有三个维度：一是行业规模维度，如主营收入速度、投资增速、出口增速等，这一维度展示的是行业运行的增速侧面；二是经济运行效益和质量的变化，这一维度展示的是经济运行的质量侧面；三是行业改革的进展，这一维度展示的是运行机制的变化，它揭示的是行业发展的潜力和动力。这三个维度对应着新常态下行业运行的"速度变化、结构优化、动力转化"三大特征。本文依次从三个方面来阐述2014年家纺行业的具体运行情况，最后做出2015年行业趋势预判。

一、行业总体情况

从2014年行业经济运行数据来看，家纺行业呈现出一些新变化，比如：规模以上企业主要经济增长指标已全面放缓至中个位数增长；出口增速下滑等等。这些现象是在宏观经济增速放缓的新常态背景下表现出来的新特点。

（一）行业规模缓中有升

家纺行业总体运行是较为平稳的。2014年，国家统计局统计的1809家家纺规上企业实现主营业务收入2605.4亿元，同比增长6.0%，增速较2013年回落2.4个百分点，行业难以长期维持高速增长，增速有所放缓，但行业在增速放缓的同时，是缓中有进的，主营收入增速仍然处于稳定的区间范围，如图1所示。

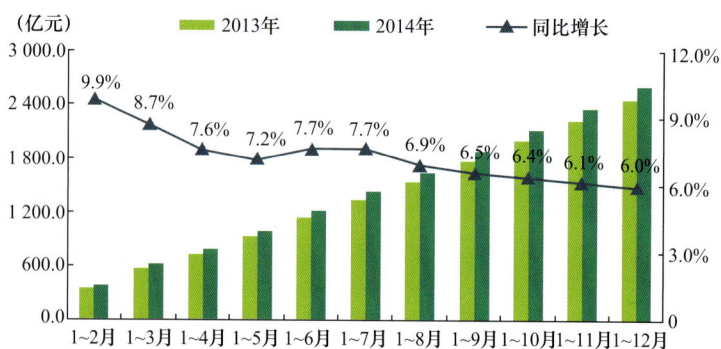

图1　家纺行业规上企业累计主营业务收入增速
资料来源：国家统计局

（二）产量保持稳定

行业在发展中虽遇到一些困难，但行业总体产量并未出现大幅下降，这反映行业企业生产状况较为稳定。据协会对9个产业集群和部分骨干企业统计，2014年，协会统计的集群床品产量同比增长9.5%，毛巾产量同比增长8.1%，布艺产量同比增长6.5%，如表1所示。

表1 2014年行业9个产业集群产量情况

产品	单位	产量	去年同期	同比（%）
4家床品集群	万件	73827.4	67442.2	9.5
1家毛巾集群	万条	180959	167372	8.1
4家布艺集群	万米	307154	288286	6.5

资料来源：中国家用纺织品行业协会

（三）出口中个位数增长

近年来，由于出口困难、国内成本上升、内外棉价仍保持较大差距，使一些企业感受到前所未有的生存危机与发展压力，已经开始转向东南亚投资，我国家纺行业出口增速有所放缓。中国海关统计数据显示，2014年我国家纺产品累计出口420.9亿美元，同比增长了5.3%。增速较上年同期下降4.1个百分点，下降幅度较大，但出口额总体规模仍能保持中个位的平稳增长。

（四）投资顺利，新开工增速放缓

中国家纺行业对未来市场需求发展的预期仍较为稳定，在转型升级方面，一些产业集群着手加快机器换人，加快技术创新和产业调整，因此在实际投资方面更加侧重新装备的应用，而非单纯投资数量的增加。2014年，国家统计局统计的1809家规上企业实际完成投资675.6亿元，同比增长34.7%。其中，床品企业和窗帘布艺企业完成实际投资最好，共完成实际投资324.1亿元和49.5亿元，同比分别增长32.3%和38.3%；毛巾类企业实际完成投资99.1亿元，增长相对较慢，同比增长22.3%。1809家规上企业新开工项目数907个，同比增长13.5%，增速比2013年下降4个百分点，增速有所放缓。其中，窗帘布艺企业新开工项目增长最快，同比增长32.8%；床品类和毛巾类企业新开工项目同比增长相对缓慢，同比分别增长10.5%和11.0%。具体投资情况如表2所示。

表2 2014年行业固定资产投资情况（不含农户）

行业	实际完成投资（万元）	同比（%）	施工项目数	同比（%）	新开工项目数	同比（%）	竣工项目数	同比（%）
全行业	6755879	34.7	1150	13.0	907	25.1	883	13.5
床品	3240672	32.3	568	10.3	462	16.7	447	10.5
毛巾类	991189	22.3	167	24.6	121	38.4	119	11.0
窗帘布艺	494647	38.3	117	30.0	89	84.6	96	32.8
其他	2029371	45.3	298	6.8	235	19.5	221	14.6

资料来源：国家统计局

二、行业运行特点：总体健康

（一）效益良好，结构优化

总体来讲，家纺行业质量较好。2014年，1809家规上企业利润总额为148.5亿元，同比增长5.9%，增速比较稳定。2014年，1809家规上企业利润率为5.7%，较上年同期微降0.01个百分点，三费比例为6.16%，较上年同比下降0.12个百分点。产业集群的利润率较上年同比下降0.38个百分点。跟踪企业的利润率却较上年下降0.15个百分点。总体来讲，行业效益和质量较上年稍微下降，但总体利润率仍是较好的，如表3所示。

表3　2014年家纺企业利润率及增减情况

利润率	2014年（%）	2013年（%）	同比增减（百分点）
规上企业	5.70	5.71	−0.01
产业集群	6.06	6.44	−0.38
跟踪企业	6.05	6.20	−0.15

资料来源：国家统计局、中国家用纺织品行业协会

2014年，集群和协会跟踪企业的人均产值分别为50.1万元和69.9万元，分别较上年提高2.2万元和3.5万元。行业人均产值在提升，表明企业的管理水平和生产效率在提升，如图2所示。

从我国规上企业主营业务收入在东中西部的分布来看，虽然东部地区占绝对比例，但是增速要比中部地区和西部地区慢，说明中西部的家纺产业正在加速发展，行业区域结构进一步优化，如图3所示。

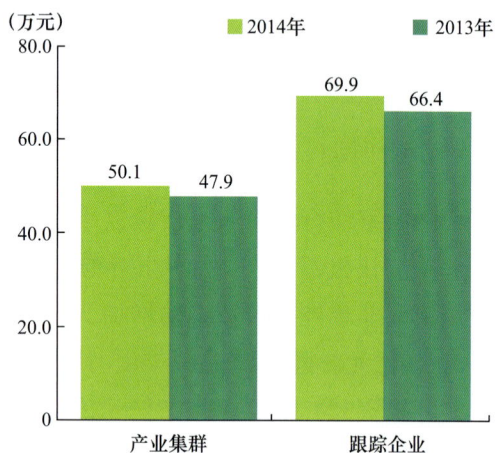

图2　家纺集群与跟踪企业人均产值情况
资料来源：中国家用纺织品行业协会

（二）出口规模扩大，增速回落

1. 出口靠数量拉动

据中国海关数据显示，2014年，我国家纺产品出口数量同比有所增加，但出口单价有所回落。其中，出口数量同比增长5.4%，出口价格同比降低0.2%，从2014年3月起，出口数量的增速高于出口单价的增速，出口额增长主要靠出口数量拉动，如图4所示。同样

图3　2014年规上企业区域分布及增长情况
资料来源：国家统计局

自3月起，协会测算的出口价格指数趋于稳定，截至2014年12月，出口价格指数为143.5，虽然年末有翘尾因素存在，但较上年同期还是有所回落，如图5所示。

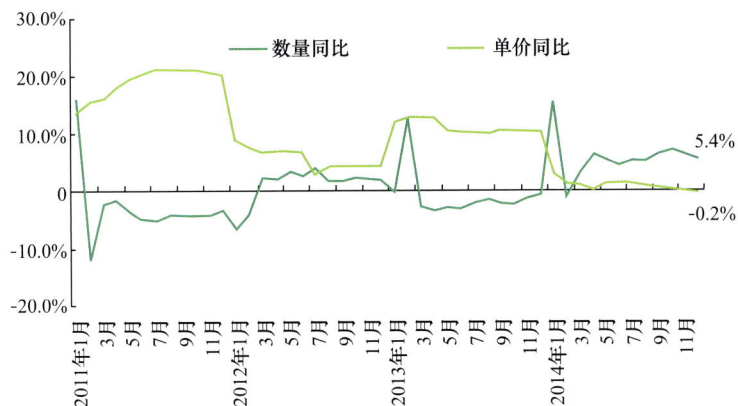

图4　家纺产品出口数量及单价增速
资料来源：中国海关总署

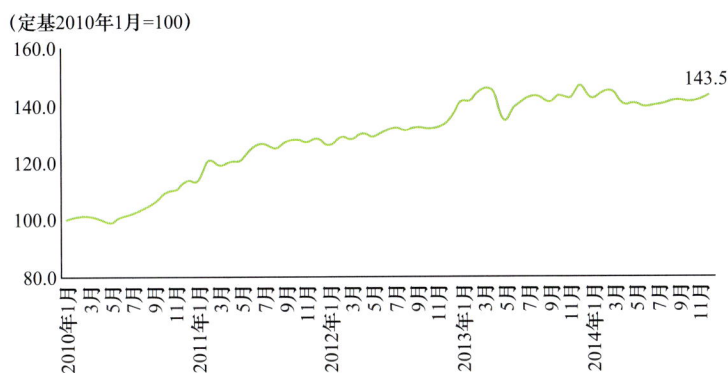

图5　2010年至今家纺产品出口价格指数
资料来源：中国海关总署

2. 三大市场与其他市场增速趋近

2014年，我国对美国、欧盟和日本三大主要国家和地区出口202亿美元，同比增长4%，增速较上年同期下降0.3个百分点。分开来看，2014年，我国家纺产品对美国市场出口增长保持平稳，对欧盟市场出口增长较快，对日本市场出口出现负增长。对美国出口总额95.4亿美元，同比增长3.7%；对欧盟出口67.2亿美元，同比增长10.6%；对日本出口总额为39.4亿美元，同比下降5%。

2014年，我国对三大市场以外的其他国家和地区累计出口218.9亿美元，同比增长6.5%，增速较上年同期下降8.2个百分点，明显趋缓，我国对欧美日市场和其他市场的出口增速正在逐步接近，如图6所示。

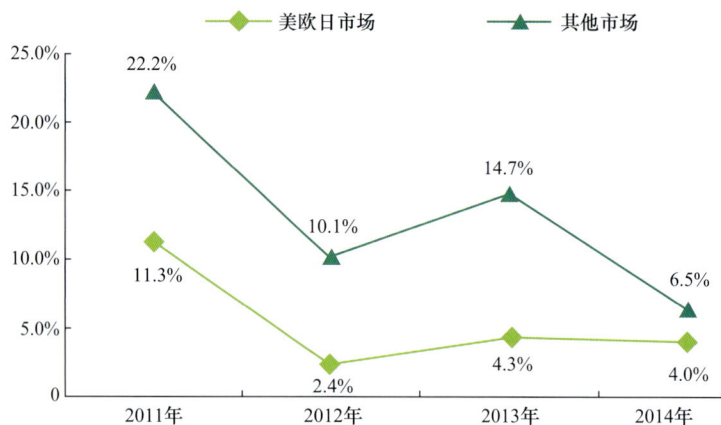

图6　2011年以来家纺出口美欧日和其他市场增速
资料来源：中国海关总署

　　2014年，我国家纺产品对东盟十国出口39.6亿美元，在2013年高速增长的基础上，仍然保持高位增长，同比增长17.3%，出口额首次超过日本，成为我国家纺产品的第三大出口地区。对俄罗斯出口18.1亿美元，同比增长3.3%，受俄乌地缘政治军事的影响与俄罗斯经济危机的影响，我国家纺产品对其出口的增速较2013年大幅下降22.1个百分点。此外，我国家纺产品对中东十七国出口总额累计37.6亿美元，同比增长12.3%，对南亚三国出口14.9亿美元，同比增长26.6%，都保持了良好的出口增速。

3. 除毛巾外，其他产品继续保持稳定增长

　　从出口产品分类来看，2014年我国家纺产品品类多数保持稳定增长，但毛巾产品下降较快。如图7所示。出口占比最大的是床品和布艺产品，出口额为125.2亿美元和80.8亿美元，同比分别增长3.9%和4.8%。出口增速最快的是毯子，同比增长13%。毛巾出口32.5亿美元，同比下降6.9%，细分看，浴巾同比增长2.5%，盥洗及厨房用毛巾出口金额同比下降14.2%，毛巾被同比下降41.8%。如表4所示。毛巾类出口尤其对日本和俄罗斯市场出口减少，一些日资企业把工厂迁至东南亚地区，也影响到国内基本款毛巾产品出口，和东南亚国家相比，我国

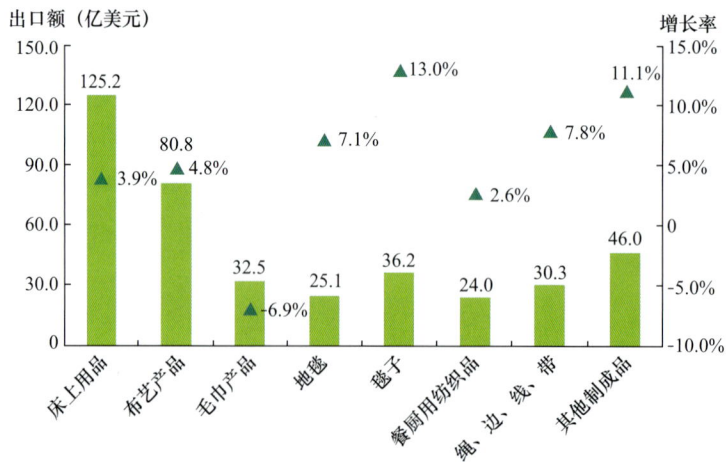

图7　2014年我国家纺各产品类别出口情况
资料来源：中国海关总署

家纺行业在原料、劳动力成本方面的优势逐渐丧失，毛巾产品在国际市场上面临的竞争压力日趋加大。

表4 主要毛巾产品出口情况

品种	数量（万条）	金额（万美元）	单价（美元/条）	数量同比（%）	金额同比（%）	单价同比（%）
毛巾	45545.6	153307	3.37	−3.78	2.47	6.65
浴巾	214986.2	125035	0.58	−8.73	−14.24	−6.45
毛巾被	1245.4	10823	8.69	−36.23	−41.83	−8.81

资料来源：中国海关总署

（三）内销在调整中发展

1. 内销总体增速放缓

目前家纺行业仍处于转型之中，内销方面存在的问题虽尚未得到明显改善，但在调整中不断发展。国家统计局数据显示，2014年，1809家规上企业实现内销产值1997.6亿元，同比增长8.2%。16家产业集群内销产值2362.5亿元，同比增长6.1%，增速较2013年下降2.3个百分点。2014年，协会跟踪的237家重点家纺企业内销产值639亿元，同比增长4.7%，综合数据显示，行业整体内销增速降至中速增长，整体较为稳定的。

2. 渠道变化

家纺流通渠道正在趋向多元化，行业积极与相关行业合作，探索渠道新路径。目前，专业市场已经成为家纺企业市场渠道拓展的优势平台。同时，家纺产业品牌加盟店、直营店、旗舰店、专卖店、时尚生活馆、超市、网络销售等各类流通渠道不断涌现。互联网、移动互联网深刻改变了商业模式，带来了电商的高速增长。品牌企业在渠道创新中积极参与，加快渠道转变的过程中，起到了引领作用。根据阿里巴巴零售平台发布的交易数据显示，2014年"双十一"当天，三大家纺公司当日线上销售额超4.38亿元，其中罗莱家纺1.88亿元，富安娜约1.3亿元，水星家纺超过1.2亿元。另外值得一提的是，叠石桥床品交易市场的电商销售120亿元，同比增长50%，占叠石桥电商交易额的22%。另外，家纺企业同样开始寻求合适方式以促进电商以及企业整体的发展。2014年，家纺企业在电商渠道进一步拓展，企业通过微信商城、手机移动平台、公司门户网站直购以及家居"跨界"合作等方式扩大电商渠道市场份额。

电商的快速发展，并不影响家纺企业对实体店的重视，企业认为实体店所带给消费者的"体验"和"情景"是电商永远不可取代的。2014年，家纺企业实体加盟店质量有所提高，企业更注重终端门店的"成活率"。因此，电商渠道是一个发展趋势，家纺企业不能怠慢。但是又要防止盲目进入，应做好各方面的准备。电商不可能取代线下终端门店，但线下也要积极变革创新，找到两个渠道甚至是多渠道相互融合的道路。

3. 产品结构

据国家统计局数据显示，2014年，1809家我国家纺规上企业的内销产值中，床品的内销产值占48.1%，占到家纺规上企业全国内销总产值的一半左右，毛巾产品内销产值占28.2%，布艺产品所占份额最低，仅为7%，如图8所示。

床品内销增速放缓，尤其是床品传统零售渠道较2013年有所下降。据全国商业联合会大型零售企业数据显示：2014年，我国床上用品零售额同比下降3.9%，2013年同期增速是-2.6%，较2013年下降1.3个百分点。2014年协会跟踪统计的129家床品企业内销产值为49.4亿元，同比增长5.0%。

布艺内销增速放缓。2014年，协会跟踪统计的69家布艺企业内销产值为50.9亿元，同比增长2.8%。2014年，全年全国商品房销售面积累计120,648.5万平方米，同比下降7.6%，其中住宅销售面积累计同比下降9.1%，房地产市场下滑是导致布艺销售增速有所下降的一个原因，如图9所示。

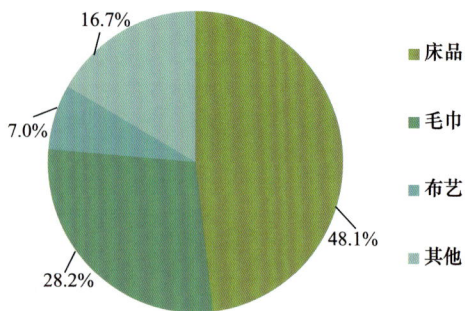

图8　2014年家纺规上企业内销产值品类占比
资料来源：国家统计局

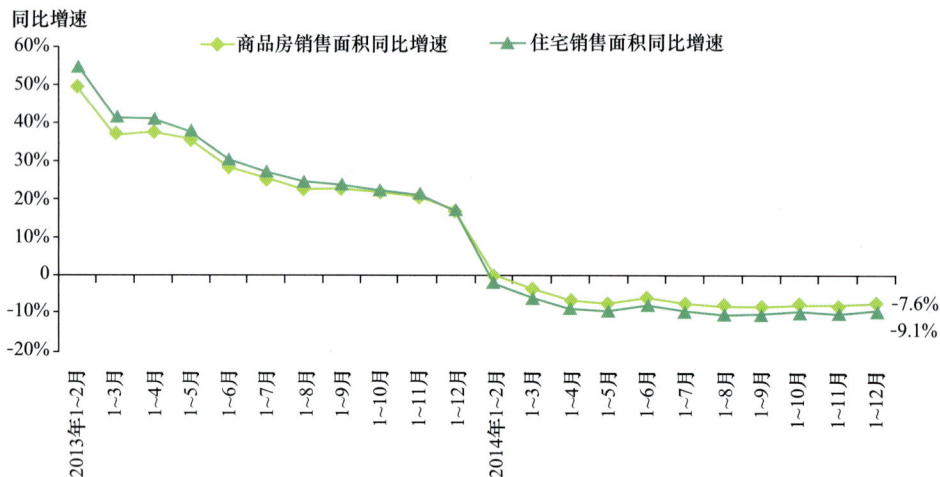

图9　2013~2014年国内商品房与住宅销售面积累计增速
资料来源：国家统计局

毛巾内销增速保持平稳。2014年，协会重点跟踪的33家毛巾企业内销产值135.1亿元，同比增长4.7%。

值得一提的是，相对于内销整体增速放缓，而家纺产品专业市场销售额则保持稳定增长，最具代表的床品市场叠石桥交易市场2014年交易额同比增长9.1%。布艺专业市场海宁中国家纺城2014年销售额同比增长10.5%。主营毛巾的河北高阳县纺织商贸城2014年销售额同比增长4%。

（四）小微企业压力加大

新常态下，行业总体运行和发展的压力加大，企业普遍感觉到生存难度加大。原因包括需求增长相对减弱，资源环境约束加剧，要素成本上涨，以个性化、差异化为主流的终端需求变化加快，以及一些分行业产能阶段性、结构性过剩等微观市场因素。而最为重要的原因是，进入新常态，原有发展模式难以为继，而新的模式还在探索形成过程之中。因此，企业对保持经营业绩增长感到困难，尤其是小微企业的经营则是困难重重。

协会统计的40家小微企业和产业集群的规下企业数据显示其经营状况不佳。其中，40家小微企业床品和毛巾企业主营收入、利润、产值和内销等各项指标均有所下降，布艺企业除利润总额外，其余各项经济指标也有所下降。2014年，协会跟踪40家小微企业总体情况如表5所示。产业集群规下企业利润总额下降13%，工业产值和主营收入基本和去年持平。2014年集群规下企业总体情况，如表6所示。

表5　2014年协会跟踪40家小微企业总体情况

	主营收入同比（%）	利润总额同比（%）	工业总产值同比（%）	内销同比（%）
床品4家	−35.7	−63.7	−34.32	−33.90
毛巾20家	−6.6	−7.4	−0.20	−0.35
布艺16家	−40.2	12.5	−0.95	−15.20

资料来源：中国家用纺织品行业协会

表6　2014年集群规下企业总体情况

工业总产值		主营收入		利润总额		利润率	出口交货值		内销产值	
亿元	同比（%）	亿元	同比（%）	亿元	同比（%）	（%）	亿元	同比（%）	亿元	同比（%）
869.1	1.5	853.7	0	35.3	−13.0	4.1	165.9	13.1	684.7	1.8

资料来源：中国家用纺织品行业协会

三、行业发展与预判

（一）行业发展重点

1. 继续提高科技创新

在新常态下，行业发展应该加快推动转型升级，不断减少对投资和要素驱动的依赖，行业逐步增强科技创新、经营模式的创新来提高行业质量和效益，更好地促进行业的发展。

2014年，家纺集群和企业转型升级均在加速推进，淘汰落后产能，更新技术装备，提升产品质量等，呈现出"百花争艳"态势。在转型升级的过程中，一大批家纺品牌企业注重新品研发、坚持科技创新取得了许多新突破。在2014年"纺织之光"中国纺织工业联合会科技教育奖励大会中，8家家纺企业荣获科学技术进步奖，创造了获奖企业和项目数目历年之最，并实现了一等奖零的突破。其中，愉悦家纺拔得头筹荣获一等奖。

2. 加快转型升级

产业集群加快对新设备、新工艺、新材料、新技术的引进、消化、吸收和创新，把企业竞争实力转向产能、高效、节省人工、信息化控制、环保等方面，助推纺织产业节能降耗、转型升级。如2014年前三季度，柯桥区纺织技改项目投资153.42亿元。其中在技术设备升级改造等方面投入了122亿元资金。如余杭区质量计量监测中心积极开展技术性公益活动，计划两年内免费为拥有自营出口权的20多家余杭家纺企业实施产品检测4批次（每年2批次），同时该平台将向上级部门申报省级家纺检验中心。北京方仕国际窗帘城根据京津冀协同发展战略和政府指导，逐步将传统批发、零售交易模式转型为产品形象展示+网络电话交易+专业定制服务的多元化、电商化融合服务平台。

3. 加强品牌建设和跨界合作

继续加强品牌建设、打造拳头产品，增强大中型企业的市场活力，促成强效的经济增长点，实现以名牌为支撑的产品结构调整和资源优化配置。积极探索不同产业间的跨界合作。借用家居渠道，共享饰品渠道，以补充和完善行业营销网络；并以配套产品间的互补性为依托，打造颇具竞争优势的渠道新格局。

4. 加快"走出去"步伐

在继续巩固传统市场的同时，鼓励企业"走出去"，积极拓展新兴市场，开设海外营销窗口。核心技术研发与市场渠道建设并举，力争在高端产业链有所突破。筹办海外专业展会，加强与国际大型流通集团的合作，提高中高档产品全球市场占有率，增加国内企业在国际市场的话语权。

5. 充分发挥协会组织的作用

中国家用纺织品行业协会帮助企业与上下游合作，扩宽新市场，整合新资源，将帮助企业找到增量。未来中国家用纺织品行业协会要在开拓新市场中不断进步，将工作越做越细。充分完善行业协会的各项公共职能，发挥桥梁和纽带作用。深入开展行业分析，反映企业动态变化和企业诉求。不断完善行业展会功能，国际化程度和影响力得到加强，地方展特色越来越明显，取得了阶段性成果。

家纺协会与纺机协会、印染协会、中纺联科技部多部门上下游联手，组成中纺联"联合舰队"深入产业集群和企业，帮助解决转型升级过程中遇到的技术性问题。如河北高阳毛巾产业集群根据国家发展战略和市场需求变化，在地方政府支持下积极进行转型升级。"联合舰队"从设备更新、纺织印染新技术入手，为高阳制订出家纺产业集群发展规划，许多项目已经进入实施阶段，加快了该产业集群转型升级的步伐。家纺协会与化纤协会合作，针对涤纶家纺和纯棉家纺产品研究循环利用路线，建立起废旧家纺产品的回收利用体系和再循环体系。

（二）行业趋势预判

通过对2014年行业数据分析，可以看出行业和中国宏观经济情况具有一致性，家纺行业进入中速增长时期。就2015年发展趋势看来，预计行业内销仍能保持稳定持续的中速增长，而出口同样不会出现大幅波动，年内中速的出口增速仍能保持。

1. 国内经济稳定

从国内看，根据中央经济工作会议的部署，2015年，经济工作的五大主要任务中第一项就是努力保持经济稳步增长，而其余四项也都是围绕稳增长这一任务来部署的。由此可见，稳增长是2015年经济工作的重中之重。2015年，中国经济发展的主要目标是国内生产总值增长7%左右，居民消费价格涨幅3%左右，城镇新增就业1000万人以上，居民收入增长与经济发展同步。

2. 居民消费需求稳定

家用纺织品的需求量对于居民收入的反应较为灵敏，消费者对家纺产品需求很大程度上取决于收入的变化，另外家纺产品本身市场的广泛性、时代性、消费多样性等等，我国居民的消费者购买能力和购买意愿都没有发生太大变化。2014年，全国农村居民人均现金收入扣除价格因素实际增长9.2%，全国城镇居民人均可支配收入扣除价格因素实际增长6.8%。社会消费品零售总额26.2万亿元，同比名义增长12.0%（扣除价格因素实际增长10.9%）。2014年全年服装鞋帽、针纺织品零售额12563亿元，同比增长10.9%。居民消费能力依然较为强劲，这为家纺的稳定销售提供最基本的保障。

2015年我国经济发展的主要目标之一就是居民消费价格涨幅3%左右，城镇新增就业1000万人以上，进出口增长6%左右，居民收入增长与经济发展同步。"十三五"期间要解决三个"一亿人"，已经进入城市的一亿人，要提高市民待遇；中西部还有一亿人要进城；还要改造城中村等涉及一亿人，城镇化将创造出巨大的需求。

3. 国外需求复杂多变，出口有望中速增长

从外部形势来看，2015年的国际环境仍然复杂多变。一些新兴经济体复苏过程还是比较艰难曲折的，加上国际地缘政治动荡，原油下跌，国内劳动力等要素价格上涨使得行业成本有所提高，这些对我国家纺出口都是不利的因素。但是更多的是一些有利方面，例如，发达经济体如美国和欧盟确实在加快复苏，对其出口将保持稳定增长；新兴经济体同样增速虽在趋缓，但是仍能保持较快增长；家纺企业正在加快与世界各国的交流与合作；加上国家促进出口升级等"稳出口"措施以及人民币有效汇率贬值的预期。所以2015年家纺出口仍将保持一个稳定的中速增长。

中国家用纺织品行业协会

2014年中国家用纺织品电商行业研究报告（简版）

中国家用纺织品行业协会
艾瑞咨询集团

序言

中国电子商务市场经过十余年的高速发展，整体市场逐渐走向成熟，电子商务已经渗透到社会中的众多行业，线上渠道已经成为企业及商家重点开拓和使用的销售渠道之一。随着电子商务市场的逐步发展与成熟，中国网民的网上购物行为也不断深化，网络用户线上购买的商品品类也从最初的图书、音像等产品，向服装、IT、电子产品延伸，并扩展至家居家纺、装饰、装潢等各类产品。

中国城市化进程的快速推进，城市房地产建设的蓬勃发展及人们对生活居住环境的要求不断提高，共同推动了家用纺织品行业市场规模的发展。家用纺织品作为关系消费者日常生活的重要组成部分，受到各界关注，成为电商企业重点关注的品类之一。而家用纺织品包括毛巾、床上用品等在内的产品大多属于标准化产品，也适合在网上销售，近两年富安娜、罗莱家纺等线上销售增长迅速。

在电子商务逐渐发展成熟及产业环境不断完善的情况下，用户对家用纺织品线上购买的接受度逐渐提高，家用纺织品电商行业发展前景可观。

一、2014年中国家用纺织品电商行业发展概述

（一）中国家用纺织品电商行业兴起背景

1. 中国家用纺织品行业概况

中国家用纺织品行业经过近十年的高速发展之后，近几年由于内需增长减缓、劳动力与原材料成本上升等因素影响，基本保持平稳上升态势。在整体销售增长变缓的趋势下，中国家用纺织品的电商渠道却增长迅速，成为家用纺织品行业的新增长点。

2. 中国家用纺织品电商行业发展环境

（1）政府与各协会发展电商的政策鼓励与指导：随着工信部、国家邮政局、国家工商总局等促进电子商务政策的出台，网店运营、支付、快递、物流等网购流程得到一定规范，保证了电子商务更好地运行。各大家纺企业也在国家电子商务政策保障的大环境下迈入电商渠道。

2014中国家用纺织品行业发展报告

（2）国民经济水平的提高：一方面，我国人均居民可支配收入逐步提高，对家纺等消费品有更高的消费能力；另一方面，我国城市化不断推进，在城镇化过程中乡镇城区改扩建项目不断增加，且保障性住房大面积开工，由此带来的居民换购新房数量的增加促进了家纺行业需求增长。

（3）电子商务的迅速发展：近年来中国电子商务发展迅速，根据艾瑞最新统计数据显示，2014年，中国电子商务市场交易规模12.3万亿元，增长21.3%。电子商务打破了空间限制，减少了各企业营销、交易成本。对家纺企业来说，电商渠道是快速提升其知名度、拓展更大销售市场的很好选择。

（4）家纺行业市场的较平稳增长：家纺行业坚持产业结构调整，加快产业升级，近年来整体运行较为稳定，家纺企业生产质量与效益逐步提高。然而近两年我国整体经济增长减缓，加上劳动力、原材料成本上升和市场内需动力减弱等因素的影响，家纺行业面临的压力逐渐增加，行业整体增长放缓。

（二）中国家用纺织品电商行业发展历程

1. 第一阶段：萌芽期（2008年以前）

主要是在以淘宝网为代表的C2C市场上销售。淘宝网上线时开辟了"家居频道"，有少量的家用纺织品销售。此时期家纺品在线上以中小卖家为主，也有部分家纺大企业也建立了自己的官方网站与网上专卖店。

2. 第二阶段：试水期（2008～2010年）

家纺企业上线的时间大都在2008年前后。随着2008年淘宝商城（现天猫）的成立，部分传统品牌开始了线上渠道的尝试，少量家纺品牌也在淘宝商城建立了自己的旗舰店。在2010年淘宝"双十一"活动中，博洋家纺超2000万元及水星家纺超1000万元的销售额引起了家纺企业对电子商务的重新思考。

3. 第三阶段：爆发期（2011～2013年）

在2010年"双十一" 几家家纺企业可观的线上销售额影响下，多家家纺企业开始重视电商渠道的发展。各大电商平台陆续推出家居/家纺业务，众多家纺品牌也纷纷开设自己的B2C电子商务业务。也有部分企业推出自己的网络品牌或者设立独立的电子商务部门进行网络渠道建设。同时，家纺企业的线上销售额也呈现较快增长速度。

4. 第四阶段：沉淀期（2014年及之后）

随着多家家纺企业布局电商渠道，家纺企业的线上销售逐渐有了一定的积累，正在慢慢沉淀出适合企业发展的电商道路。电商不仅仅是线下渠道的辅助，而成为家纺企业不可或缺的营销渠道，与线下互补，逐渐成为线上线下融合的统一整体。在此过程中，O2O、个性化定制等新型模式开始孕育并且在不断发展成熟。

（三）中国家用纺织品电商行业市场特征

1. 整体销售额：家纺电商销售额增长迅速，线上市场集中度较低

从2011年家纺企业重视电商布局以来，家纺电商前几年销售额增速均在100%以上，高于

网购整体的增速，增速较为迅猛；在企业电商渠道有了一定基础且市场竞争者不断增加时，家纺企业电商销售的增速开始减慢，而总体仍在继续增长。从线上市场集中度来看，家纺企业线上市场集中度较低，长尾市场份额较高。

2. 渠道：线上渠道多元化，线上线下渠道协同发展

家纺企业的线上渠道主要包括综合电商平台的家居/家纺频道、独立家纺电商网站、线下零售商（含品牌商、渠道商）自建的网站、微信与品牌独立APP等移动端平台。从渠道融合方面看，家纺企业线上线下融合的发展模式目前还处于尝试阶段，需要继续探索以形成更成熟的体系促进整体的发展。

3. 用户：以年轻群体特别是年轻女性群体为主要目标用户

电商的主要消费者以年轻群体为主，家纺等家装类的产品也以年轻用户特别是年轻女性群体为主，对于家纺电商来说，年轻消费者也是其主要目标群体。在产品风格层面，多数年轻网购者热爱新鲜事物，喜欢时尚、个性化的家纺品牌；在价格层面，年轻消费者的财富积累有限，对于家纺产品的网购预算总体比实体店更低。

4. 产品：以床品、居家布艺、毛巾为主，主题家纺与个性定制家纺产品兴起

在产品品类方面，床单、被罩等床上用品、毛巾以及窗帘等布艺用品是家用纺织品线上销售的主要品类，相对而言销售额也较大。在产品主题方面，婴幼儿家纺、婚庆家纺、礼品家纺等在不同主题下使用的家纺产品开始在线上出现。另外，个性定制家纺产品也开始进入线上渠道，床单、被罩等"大件"家纺产品与毛巾、枕套这类的"小件"家纺产品也能依据消费者的需求进行个性定制。

二、2014年中国家用纺织品电商行业发展现状

（一）中国网络购物行业市场交易规模

根据艾瑞咨询最新统计数据，2014 年中国网络购物市场交易规模达到 2.8 万亿元，增长48.7%，仍然维持在较高的增长水平。根据国家统计局 2014 年全年社会消费品零售总额数据，2014 年，网络购物交易额大致相当于社会消费品零售总额的 10.7%，年度线上渗透率首次突破 10%。艾瑞预计未来几年，中国网络购物市场仍将保持 27%左右的复合增长率。在整体网购渗透率提高的环境下，家纺行业的线上购物正在被越来越多的消费者认知与接受，家纺电商的线上渗透率将逐步提升（图1）。

图1　2011~2018年中国网络购物市场交易规模
注释：网络购物市场规模为C2C交易额和B2C交易额之和
资料来源：综合企业财报及专家访谈，根据艾瑞统计模型核算

（二）中国家用纺织品电商行业市场交易规模

根据艾瑞咨询最新统计数据，2014 年中国家用纺织品线上交易规模约为 829.1 亿元，

在网购交易规模中的渗透率为 2.95%。艾瑞分析认为，随着家纺企业对电商渠道的重视与持续发力以及用户对家纺品的网购需求，未来几年中国家用纺织品线上交易规模将保持较稳定增长（图2）。

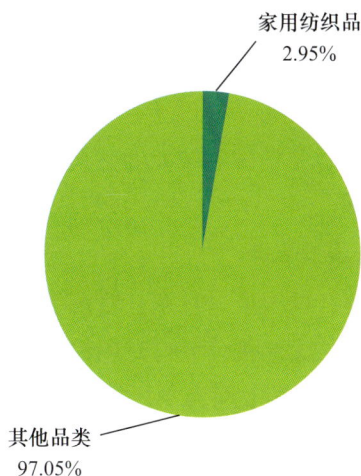

图2　2014年家用纺织品线上交易规模在网购交易规模中的渗透率
资料来源：根据企业公开财报、行业访谈及艾瑞统计预测模型估算。

三、2014年中国家用纺织品电商行业产业链及模式分析

（一）中国家用纺织品电商行业产业链分析（图3）

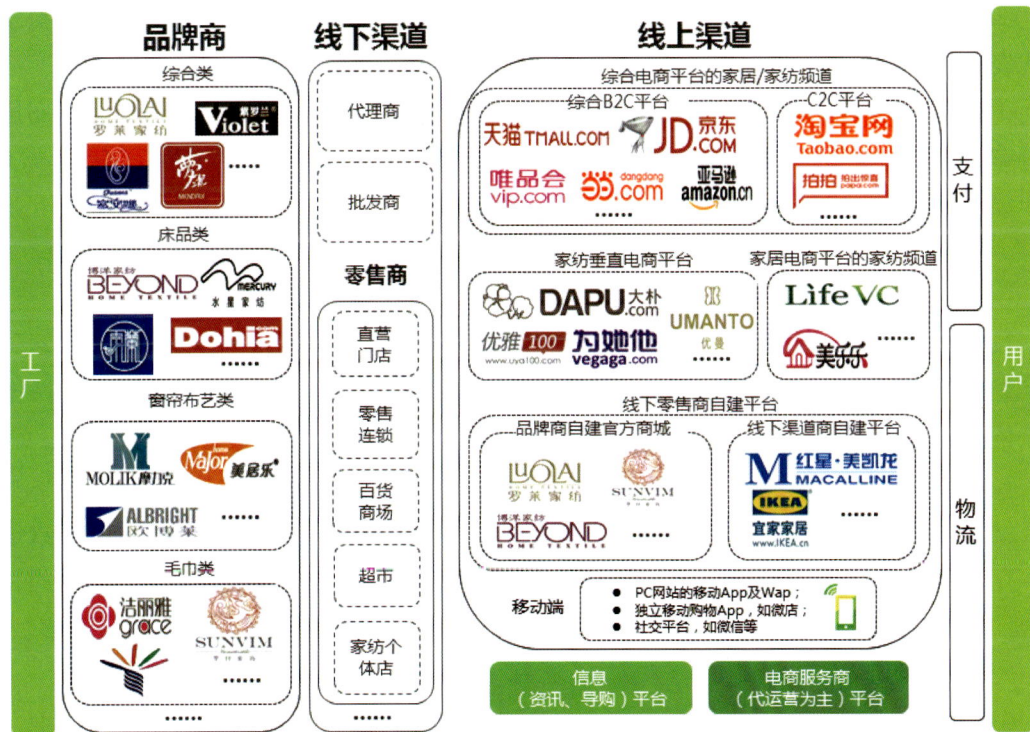

图3　中国家用纺织品电商行业产业链分析

1. 品牌商

参与家用纺织品电商竞争的品牌商包括不同价格段、不同品质的家纺品牌，整体家纺行业品牌集中度较低的形势在线上也有所体现。其中，床品、窗帘布艺与毛巾三种家纺品拥有较多独立品牌，也是销售额较大的三大家纺品类。

2. 线上渠道

（1）综合电商平台

①B2C平台：以天猫、京东、唯品会、当当、亚马逊等销售额较大的平台为主，各大平台上均有相关家居家纺细分频道专门销售家用纺织品。

②C2C平台：以淘宝网为主，是中小家纺商户的重要销售平台。

借助于综合电商平台上的流量优势，B2C或C2C平台上的家纺电商销售额相对较大。

（2）家纺垂直电商平台：家纺垂直电商平台包括家纺垂直第三方销售平台（如为她他网）与家纺独立电商品牌的官方网站（如大朴网、优曼网）。

（3）家居电商平台的家纺频道：家居电商平台一般包括家具、建材、家居装饰等频道，家纺常以家居装饰中的细分品类出现在其中。与家纺垂直电商平台相比，家居电商平台中家纺品往往以家居中的一个细分角色出现，也依靠整体平台流量的带动促进销量。

（4）线下零售商自建平台

①品牌商自建官方商城：规模较大的家纺企业除了在各大平台开设旗舰店直营销售外，逐渐开始选择自建官方商城进行线上销售。

②线下零售渠道商自建平台：除了品牌商自建线上销售平台，以宜家家居、红星美凯龙为代表的家纺/家居渠道商也建立了自己的线上官方商城。

（5）移动端平台：对于家纺电商行业而言，除了跟随PC网站的移动APP及WAP的布局，部分家纺企业已在移动社交平台（如微信）开始了营销发力，甚至开发了独立移动购物APP（罗莱家纺APP、水星家纺APP等）以争夺更大市场。

（二）中国家用纺织品电商行业主要模式分析

目前中国家纺电商行业发展主要有三种模式：C2C模式、B2C模式以及O2O模式，三种模式划分维度不同，前两种模式以前后端主体作为定义依据，O2O模式以渠道的转换作为定义依据。这三种模式各有优劣。

1. C2C模式

就家用纺织品行业而言，以淘宝网为代表的C2C平台上的家用纺织品品牌与品类数量众多。在品牌方面，C2C平台涵盖了几乎所有的家纺品牌。在品类方面，除床品、窗帘这类相对标准且销量较大的品类较集中销售外，多种非主流家纺品（马桶垫、台灯罩等）数量众多。

2. B2C模式

B2C模式指企业针对个人展开的线上购物交易模式。按照商业模式的不同，B2C平台可细分为平台式 B2C网站与自主销售式B2C网站。与C2C平台相比，B2C平台的产品品质较有保证，但产品价格整体也相对较高。

3. O2O模式

O2O模式是线下商务与互联网结合的模式。在家纺行业，罗莱、富安娜、博洋、水星等品牌家纺已经开启O2O发展战略，开始打通线上线下的区隔。

四、2014年中国家用纺织品电商行业典型企业运营案例分析

目前，中国家用纺织品电商行业典型企业主要可分为以下三类：综合类网络购物平台家居/家纺频道；家用纺织品品牌企业线上渠道；家纺垂直电商网站。此三类企业的主要业务模式各不相同，其优劣势也各有特点，见表1。

表1　典型家纺电商平台对比

主要类型	典型企业	优势	劣势
综合类网络购物平台家居/家纺频道	淘宝网、京东等	平台知名度较高，流量大，积累用户多，流量优势相对明显；评价体系较完备，信誉较好	在家纺领域拓展的深度不够，针对细分人群提供专业服务方面存在挑战
家用纺织品品牌企业官网商城	罗莱、富安娜、博洋等家纺企业	品牌知名度较高；商品品质较有保障；专注家纺领域，能够为用户提供细致深入的服务	目前流量相对较小，用户忠诚度不明显；电商运营能力有待积累，电商人才整体较缺乏
家纺垂直电商网站	大朴网、为他她网等	能为用户提供家纺及相关品的一站式服务；商品品质有一定保证	网站知名度较缺乏，积累的用户相对较少

（一）综合类网络购物平台家居/家纺频道

1. 淘宝/天猫家居频道

淘宝网（C2C平台）没有单独的家纺频道，"家纺"作为"家居"的细分类目属于"淘宝家居"频道。在品类方面，家纺品类较齐全。在价格方面，从低价的低端廉价家纺品到昂贵的高品质品牌家纺，均能在淘宝网中找到，见图4。

图4　"淘宝家居"频道

另外，淘宝网对商家实行统一监管，除了日常开店装修、商品服务、运营管理等平台店铺服务外，还有相应的营销活动策划、家纺类目商家培训与家纺床品第三方质检等服务。

而天猫（B2C平台）的家纺品类集中在"天猫家居"频道，以旗舰店、专卖店为主，多为品牌自营或经品牌授权销售，见图5。

图5 "天猫家居"频道

2. 京东家居频道

京东的"家纺"类目归在其"家居家装"频道下。从品类方面看，包括床单、被罩、毛巾、浴巾、窗帘、地毯、沙发套等，细分类目较齐全。从平台模式看，京东的家纺销售包括京东家纺自营与第三方家纺商家入驻，其中第三方商家包括旗舰店、专卖店与专营店（前两者为品牌直营或须获得品牌授权），应满足相应资质标准才能入驻，整体商品品质有一定保障，见图6。

图6 "京东家居家装"频道

另外，京东也将部分日用家纺品放入团购、闪购（图7）等新形式的销售频道中，在流量优势与较高质量和较高忠诚度用户的保证下，挖掘更大的市场潜力。

图7　京东闪购

（二）家纺垂直电商网站

1. 大朴网

大朴网（dapu.com）成立于2012年，以自主设计、生产、销售高品质安全环保的家纺产品为主营业务，坚持多品类、多品牌运作及全网营销、线上线下同时推进、同款同价，目前旗下已有DAPU和dapubaby两个品牌，主营产品包括床品、巾类、内衣、拖鞋、收纳、婴幼、家居服、个人护理等8大品类200余款产品，实体店面近20家。与此同时，大朴网还完成了天猫、京东、当当等多个线上销售管道的布局，并在线下利用粉丝的力量和口碑效应，在多个城市开设品牌体验店。

2. 丽芙家居

丽芙家居（LifeVC）是一个源自欧洲生活灵感的家居品牌，在中国仅在官方网站进行销售，产品涵盖家务、办公、沐浴、厨房、婴童等多种家居产品，以及套件、被子、枕头等床上用品，产品风格鲜明。30天无理由退换货、免费更换或退货以及15天促销保护服务均是丽芙家居的服务特色。

（三）家用纺织品品牌企业线上渠道

1. 罗莱家纺

罗莱家纺的电子商务业务开始较早，其独立注册的电商品牌"LOVO"（罗孚）于2009年3月1日正式运行。2010年，罗莱家纺又建立了自营电商渠道"罗莱商城"，定位相对于LOVO更为高端，出售主品牌罗莱和其他代理品牌的商品。另外，罗莱家纺还与第三方平

台合作，在天猫、京东、当当网等国内主要电商平台上均开设了旗舰店。此外，罗莱家纺也入驻美乐乐等家居垂直电商平台。在2013年"双十一"活动中，罗莱家纺电商零售额突破1.8亿元，2014年"双十一"销售额达1.88亿元。

2. 富安娜家纺

富安娜公司从2009年开始试水电子商务，于2010年10月创立深圳市富安娜电子商务有限公司，并在淘宝商城（现天猫）开设旗舰店，开始发展电子商务。2010年，公司将原商超渠道品牌"圣之花"用于线上销售。2011年，富安娜开始单独设置研发团队，专攻线上产品设计。2012年，公司推出自建平台funana.com；同时，2012年下半年开始授权线上分销商（其毛利在15%~20%）。2012年，公司在天猫"双十一"期间销售收入达7000多万元，全年电商收入超1亿元。而2014年"双十一"，富安娜线上销售额约1.3亿元。

3. 博洋家纺

2010年1月，博洋家纺电商成立为独立公司。2011年，博洋家纺除了继续着力发展在淘宝商城（现天猫）的官方旗舰店，还相继登陆京东商城、当当网等国内知名电商平台。2012年，博洋家纺官方商城上线运营。目前除了官方商城，博洋家纺在国内各主要综合型B2C平台、自主经营型B2C及C2C等平台均开设了品牌线上零售店。

五、中国家用纺织品电商行业发展趋势

（一）产品：C2B模式逐渐成熟

作为在以家庭为主要使用场所的家纺品来说，具有很强的私密性，用户对家纺品的个性化需求相对更高。通过个性化定制模式，用户可以自主选择或自己提供家纺品的展现内容（图片、文字等）和制作工艺（烫钻、印花、绣花）以及款型等。而线上渠道的特有的便捷性使各大家纺销售平台成为个性化定制的平台，受到用户青睐。现在床品、毛巾、窗帘等家纺产品均开始了线上个性化定制的尝试。但是目前中国家纺品线上的个性化定制仍处于初级阶段，目前在定制技术的深度、定制的可行性与定制的用户体验方面均存在一定难点。

（二）渠道：O2O模式持续深入

"O2O"模式的核心是将线上线下两种渠道打通，消费者可以在线上下单，通过线下的实体店体验、取货，也可以先在线下店体验，然后通过扫码等方式进行线上支付。通过线上线下渠道的结合，家纺行业初期电子商务仅以价格为优势的局面正在改变。"O2O"模式满足了用户对商品体验与服务的要求，对家纺企业与用户都有一定积极意义。目前多家品牌家纺企业已经开启O2O发展战略，但仍然存在挑战。随着各类技术的深入发展与企业运营经验的积累，必将带来线上线下渠道的优化和整合，为家纺销售渠道建设开辟新的途径。

国际动态

2013年世界家纺出口产品与产地分析

杨兆华　　王冉　　魏启雄

本文在对联合国商贸统计数据库●相关数据收集整理的基础上，将家纺产品分为床上用纺织品、毯子、毛巾产品、窗帘、地毯、刺绣装饰纺织品、餐厨用纺织制品、手帕、饰品及辅料等十大类，详细对比分析了世界家纺产品的出口构成、贸易走势，以及主要生产国家和地区的发展变化情况。

一、2013年世界出口家纺产品构成及主要产地排序分析

据联合国商贸统计数据库对全球136个国家和地区的统计数据显示，2013年家用纺织品出口贸易额为882.8亿美元。其中，前20位国家和地区的出口额占到家纺出口总额的87.3%，金额为770.2亿美元，较2012年增长了10.45%。

出口额排名前三位的家用纺织品大类品种为床品、地毯和毛巾。2013年三种产品共计出口529.5亿美元，占到全球家纺出口总额的60%。花边及带类产品排在出口额的第4位，出口额占比为6.1%。排在第5~8位的大类产品为毯子、窗帘、刺绣装饰制品及餐厨用纺织制品，这4类产品共计出口157.1亿美元，占家纺出口总额的17.8%，详见图1。

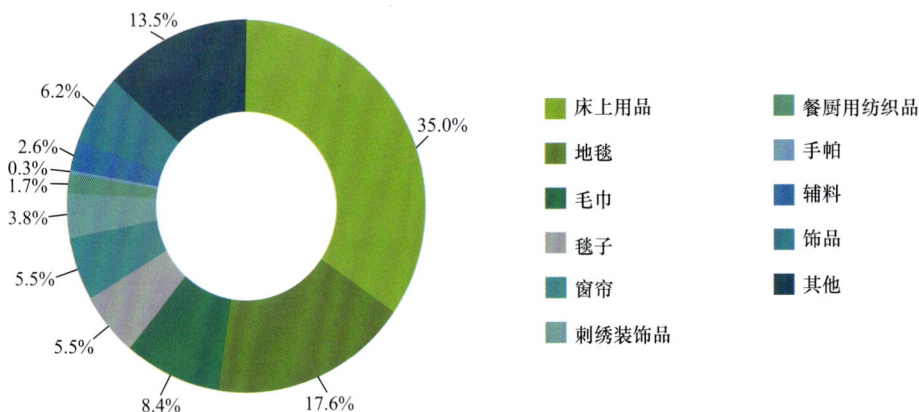

图1　2013年全球家纺出口主要品类比重

● 联合国商贸统计数据库由联合国统计署创建，是全球最大最权威的国际商品贸易数据库。涵盖全球99%的商品交易。

中国家纺产品的出口仍表现出较强的优势，2013年，中国出口家纺产品363.3亿美元，比2012年增加了30.8亿美元，出口额占世界家纺出口总额的41.2%，高居世界第一位。

从表1中可以看出，排名前20个国家和地区2013年家纺产品出口比2012年都有不同程度的提高，其中，前9位国家的出口额排名与2012年完全相同。前5位中印度、土耳其、巴基斯坦出口额增速都在10%以上，反映出亚洲国家家纺产品生产与出口的实力和趋势。特别是印度，2013年家纺产品出口实现了21.31%的增长，比2012年多出口11.3亿美元。土耳其和巴基斯坦2013年家纺出口额也分别比上年增加了4.8亿美元和3.9亿美元。出口额增速较快的还有越南和丹麦，2013年分别出口了10.6亿美元和8.3亿美元，同比增速分别为31.30%和46.65%，出口额排名也大幅向前提升。出口增长较大的各国家增长情况见图2。

表1　2013年家纺产品出口排名前20位国家和地区

排名	走势	国家/地区	金额（万美元）	同比（%）	金额占比（%）	排名	走势	国家/地区	金额（万美元）	同比（%）	金额占比（%）
1	—	中国	3633025	9.26	41.15	11	↓	法国	151683	3.74	1.72
2	—	印度	641729	21.31	7.27	12	—	英国	108002	11.60	1.22
3	—	土耳其	455145	11.80	5.16	13	—	墨西哥	106768	13.94	1.21
4	—	德国	374641	3.12	4.24	14	↑	越南	105736	31.30	1.20
5	—	巴基斯坦	373045	11.78	4.23	15	↑	葡萄牙	94635	14.26	1.07
6	—	美国	353032	5.84	4.00	16	↓	埃及	93058	3.42	1.05
7	—	比利时	317714	7.39	3.60	17	↓	中国香港	89266	4.30	1.01
8	—	荷兰	215224	6.34	2.44	18	↑	西班牙	84584	12.32	0.96
9	—	意大利	180915	16.56	2.05	19	↓	韩国	84260	3.67	0.95
10	↑	波兰	155894	12.53	1.77	20	↑	丹麦	83465	46.65	0.95

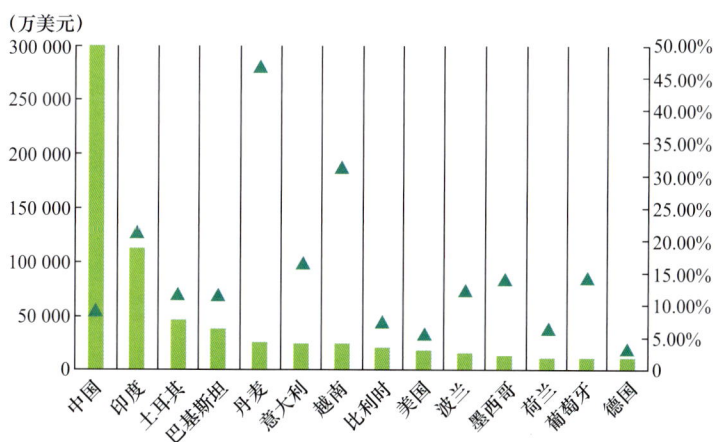

图2　2013年家纺产品出口增长较快市场增长金额及增速

二、大类产品主要产地出口额排序及分析

（一）床上用品

床上用品主要有床品套件、单件、床罩及芯被类产品。2013年，世界床上用品共出口贸易额303.7亿美元。其中，排在前20位的国家和地区出口272.40亿美元，占床上用品出口贸易总额的89.7%，出口额较2012年增长10.52%。2013年，床上用品出口排名前20位的国家和地区见表2。

表2　2013年床上用品出口排名前20位国家和地区

排名	走势	国家/地区	金额（万美元）	同比（%）	金额占比（%）	排名	走势	国家/地区	金额（万美元）	同比（%）	金额占比（%）
1	—	中国	1456452	9.73	47.96	11	↓	荷兰	45822	4.29	1.51
2	—	印度	250578	15.40	8.25	12	—	法国	39657	3.34	1.31
3	—	巴基斯坦	214824	17.02	7.07	13	—	西班牙	37726	23.54	1.24
4	—	德国	115888	7.75	3.82	14	—	埃及	26227	2.77	0.86
5	—	土耳其	95769	15.84	3.15	15	↑	英国	24618	10.07	0.81
6	—	波兰	90162	20.92	2.97	16	↓	丹麦	23171	-4.74	0.76
7	—	意大利	62572	1.41	2.06	17	↑	爱沙尼亚	22729	1.88	0.75
8	—	美国	55705	4.26	1.83	18	↑	立陶宛	21026	9.21	0.69
9	—	比利时	52349	12.37	1.72	19	↑	奥地利	20821	18.28	0.69
10	↑	葡萄牙	49018	16.60	1.61	20	↓	越南	18831	-21.11	0.62

从表2中可见，出口额排在前10的国家中，除排在第10位的葡萄牙比2012年上升1位外，其他9个国家的排位均与上年相同。稳居首位的中国2013年床品出口145.6亿美元，占全球出口总额的47.96%，出口额同比增长9.73%，比2012年多出口12.9亿美元。紧随中国之后，印度、巴基斯坦实现了较快增长，两国出口额分别增长了15.40%和17.02%，分别比2012年多出口3.3亿美元和3.1亿美元，两国合计出口46.5亿美元，占世界床品出口总额的15.3%。出口额增长超过1亿美元的还有波兰和土耳其，出口额同比分别增长20.92%和15.84%，分别比2012年多出口1.6亿美元和1.3亿美元。各国增长情况见图3。

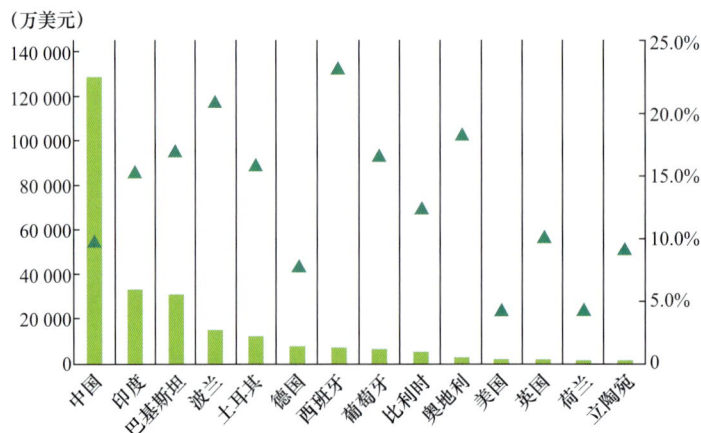

图3　2013年床品出口增长较快市场增长金额及增速

2014中国家用纺织品行业发展报告

（二）地毯

地毯包括机织地毯、簇绒地毯、栽绒地毯、毡呢地毯等，2013年，世界地毯出口贸易额152.8亿美元。其中，排名前20位的国家和地区出口139.3亿美元，占地毯出口总额的91.2%，出口额较上年同期增长7.26%。2013年，地毯出口排名前20位国家和地区见表3。

表3　2013年地毯出口排名前20位国家和地区

排名	走势	国家/地区	金额（万美元）	同比（%）	金额占比（%）	排名	走势	国家/地区	金额（万美元）	同比（%）	金额占比（%）
1	—	中国	250547	4.23	16.40	11	—	波兰	23878	9.57	1.56
2	—	土耳其	218794	9.51	14.32	12	↑	意大利	19045	7.70	1.25
3	—	比利时	197560	6.73	12.93	13	↓	丹麦	18734	2.68	1.23
4	—	印度	171570	27.03	11.23	14	↑	泰国	18428	7.04	1.21
5	—	荷兰	116385	3.87	7.62	15	↓	加拿大	17087	-1.04	1.12
6	—	美国	112225	1.51	7.34	16	—	沙特阿拉伯	14235	-16.77	0.93
7	—	德国	63912	-2.04	4.18	17	↑	瑞士	13073	7.75	0.86
8	—	埃及	40513	4.00	2.65	18	↓	巴基斯坦	12830	5.70	0.84
9	—	英国	35414	13.30	2.32	19	↑	奥地利	12071	-0.21	0.79
10	—	法国	26053	5.83	1.70	20	—	新西兰	10996	6.41	0.72

由表3可知，相对其他产品，地毯出口产地的集中度要分散一些，占比也相对均衡，竞争也更加激烈。出口额排在前4位的中国、土耳其、比利时、印度出口额占比较为接近，分别为16.40%、14.32%、12.93%和11.23%。2013年，中国出口地毯25亿美元，同比增长4.23%，出口额比2012年增加了1亿美元。排在第2～第4位的土耳其、比利时、印度出口额增速均高于中国，特别是印度出口增长幅度达到27.03%，2013年地毯出口额净增3.6亿美元。土耳其和比利时了分别比2012年多出口1.9亿美元和1.2亿美元。各国增长情况见图4。

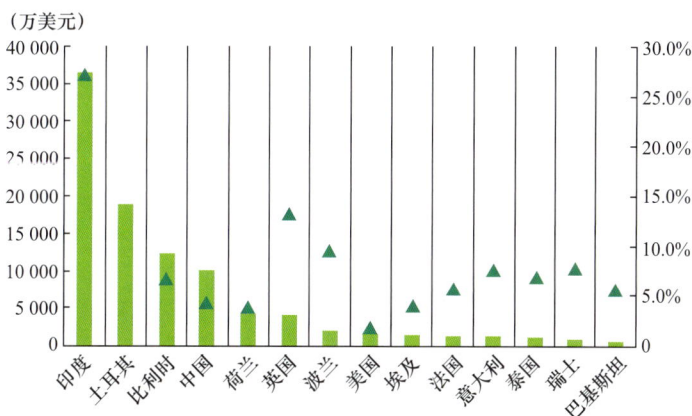

图4　2013年地毯出口增长较快市场增长金额及增速

（三）毛巾

毛巾类产品（不含毛巾被）2013年出口贸易额73亿美元。其中，排名前20位的国家和地区出口68.3亿美元，占毛巾出口总额的93.62%，出口额同比增长11.2%。

表4 2013年毛巾出口排名前20位国家和地区

排名	走势	国家/地区	金额（万美元）	同比（%）	金额占比（%）	排名	走势	国家/地区	金额（万美元）	同比（%）	金额占比（%）
1	—	中国	315739	9.81	43.28	11	↑	马来西亚	6148	32.36	0.84
2	↑	印度	89582	30.18	12.28	12	↓	荷兰	5921	21.53	0.81
3	↓	巴基斯坦	76575	2.09	10.50	13	↑	哥伦比亚	5332	21.57	0.73
4	—	土耳其	63649	18.66	8.72	14	↓	泰国	5075	6.93	0.70
5	↑	葡萄牙	23461	11.72	3.22	15	↓	意大利	4926	12.24	0.68
6	↓	德国	17973	-16.96	2.46	16	↓	法国	4478	0.81	0.61
7	—	越南	17531	8.78	2.40	17	—	奥地利	4406	7.72	0.60
8	↑	美国	14035	14.98	1.92	18	↑	西班牙	4187	15.12	0.57
9	↓	比利时	11115	-12.03	1.52	19	↓	巴西	3680	-6.40	0.50
10	↑	韩国	6493	54.01	0.89	20	↑	英国	2722	14.06	0.37

由表4可知，出口额前20位国家和地区中，除4个国家的排名与2012年相同外，其他16个国家的排名都有所变化，出口额增速、减速都较为明显。位居第一的中国2013年出口毛巾31.6亿美元，同比增长9.81%，出口额占世界毛巾出口总额的42.28%。

第2位的印度创造了30.18%的高增长，2013年毛巾出口9亿美元，比2012年多出口了2.1亿美元，排名超过巴基斯坦上升到第2位。随后的土耳其也实现了18.66%的较高增长，出口额比2012年增加了1亿美元，坐稳了第4的位置。而德国、比利时的出口额同比则分别下降了16.96%和12.03%，排名也都下降了一位，见图5。

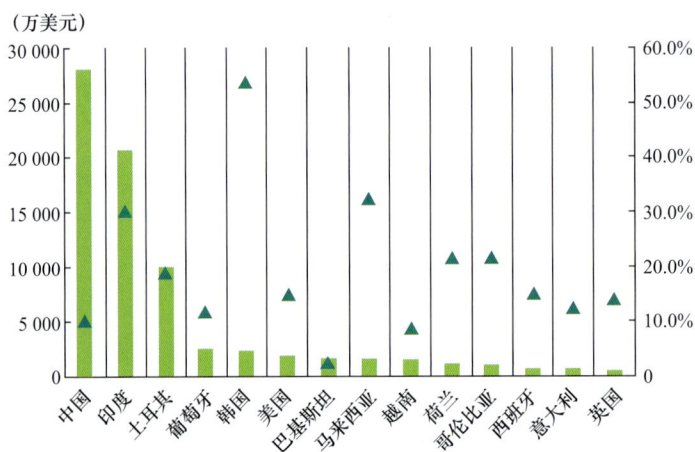

图5 2013年毛巾出口增长较快市场增长金额及增速

（四）毯子

毯子类产品包括棉毯、毛毯、化纤毯等，2013年毯子类产品出口贸易额47.57亿美元。其中，排名前20位的国家和地区出口45.03亿美元，占出口总额的94.7%，出口额同比增长9.61%。2013年毯子类产品出口排名前20位的国家和地区见表5。

表5　2013年毯子类产品出口排名前20位的国家和地区

排名	走势	国家/地区	金额（万美元）	同比（%）	金额占比（%）	排名	走势	国家/地区	金额（万美元）	同比（%）	金额占比（%）
1	—	中国	361561	13.15	76.00	11	↓	捷克	3498	-8.64	0.74
2	↑	印度	16024	30.60	3.37	12	↑	墨西哥	2985	15.85	0.63
3	↓	韩国	9118	-28.63	1.92	13	↑	泰国	2817	8.47	0.59
4	↑	德国	8675	0.66	1.82	14	↓	印尼	2684	-20.16	0.56
5	↑	土耳其	7581	1.06	1.59	15	↑	荷兰	2595	5.16	0.55
6	↑	巴基斯坦	5035	67.11	1.06	16	↑	英国	2511	10.01	0.53
7	—	西班牙	4862	-2.16	1.02	17	↑	南非	2403	141.68	0.51
8	—	美国	3921	-2.01	0.82	18	↓	摩洛哥	2290	-74.12	0.48
9	↑	比利时	3846	1.31	0.81	19	↓	法国	2154	10.72	0.45
10	↑	意大利	3713	-0.53	0.78	20	↑	葡萄牙	2021	18.26	0.42

从图6中可以看出，中国毯子类产品出口优势特别明显，中国产品占世界毯子出口总额的3/4，2013年实现了13.15%的较高增长，比2012年多出口毯子4.2亿美元，稳居出口额排名首位。排在第2位的印度，2013年出口1.6亿美元，较上年同期增长3755万美元，出口额增速达到增长30.60%，排名超过韩国上升到第2位。

从前20位国家和地区出口额排序情况看，除中国、西班牙和美国的排位没变外，其他国家的位置都发生了变化。原因之一是摩洛哥2013年毯子出口同比下降了74.12%，出口额比2012年减少了6560万美元，排名由2012年的第4位下降至目前的第18位。印度、巴基斯坦、南非等国虽然出口增长幅度较大，但增长金额却有限，都在4000万美元以下，与中国相差甚远。

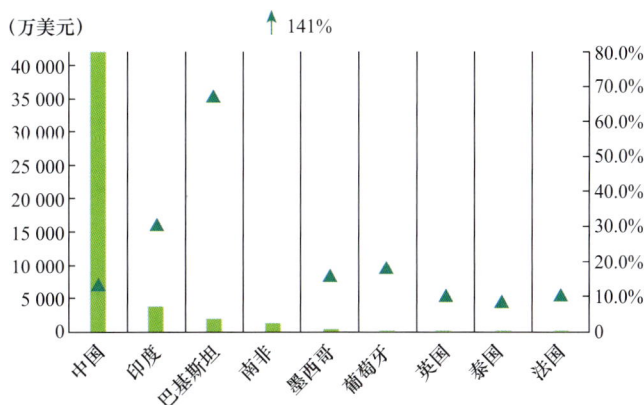

图6　2013年毯子类产品出口增长较快市场增长金额及增速

（五）窗帘

窗帘制品2013年出口贸易额47.49亿美元。其中，排名前20位的国家和地区出口44.16亿美元，占该产品全球出口总额的92.99%，出口金额同比增长17.14%。

表6 2013年窗帘出口排名前20位的国家和地区

排名	走势	国家/地区	金额（万美元）	同比（%）	金额占比（%）	排名	走势	国家/地区	金额（万美元）	同比（%）	金额占比（%）
1	—	中国	230859	3.20	48.61	11	↓	捷克	7050	5.04	1.48
2	↑	丹麦	30711	620.07	6.47	12	↓	荷兰	6919	24.71	1.46
3	↓	德国	29973	2.93	6.31	13	↓	法国	6667	-0.04	1.40
4	↑	越南	20671	603.25	4.35	14	↑	罗马尼亚	4395	10.12	0.93
5	↓	墨西哥	18253	51.55	3.84	15	↓	意大利	4240	-0.75	0.89
6	↓	印度	15797	7.13	3.33	16	↓	比利时	4073	-6.09	0.86
7	↑	土耳其	12619	24.81	2.66	17	↑	英国	3764	21.76	0.79
8	↓	美国	12456	2.29	2.62	18	↓	西班牙	3635	8.08	0.77
9	↓	波兰	12433	-7.13	2.62	19	↓	突尼斯	3257	-12.69	0.69
10	↓	巴基斯坦	11262	5.99	2.37	20	—	瑞典	2608	19.12	0.55

由表6可知，从全球排名前20位的国家情况看，2013年中国窗帘制品所占比重最大，占全球该产品出口贸易额的48.61%，2013年出口额为23亿美元，同比增长3.20%。丹麦和越南该类产品出口增长幅度尤为突出，2013年出口额同比分别增长了6.2倍和6.03倍，比2012年分别多出口了2.6亿美元和1.8亿美元，均高于中国0.7亿美元的增长金额，出口排名也跃升至第2位和第4位。另外，墨西哥、土耳其、荷兰也分别实现了51.55%、24.81%和24.71%的较高增长。增长情况见图7。

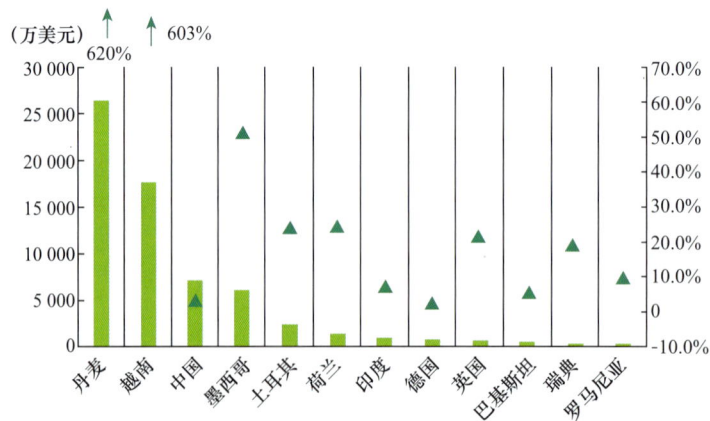

图7 2013年窗帘出口增长较快市场增长金额及增速

（六）刺绣装饰品

2013年，刺绣类装饰品出口总额为33.2亿美元，世界排名前20位的国家和地区出口占全球出口比重为88.6%，出口金额为29.42亿美元，出口金额同比增长7.36%。2013年，刺绣装饰品出口排名前20位国家和地区情况见表7。

表7　2013年刺绣装饰品出口排名前20位的国家和地区

排名	走势	国家/地区	金额（万美元）	同比（%）	金额占比（%）	排名	走势	国家/地区	金额（万美元）	同比（%）	金额占比（%）
1	—	中国	144049	−0.09	43.38	11	↓	日本	6024	−16.76	1.81
2	—	印度	27793	37.51	8.37	12	↑	美国	5996	12.28	1.81
3	—	土耳其	16455	6.50	4.96	13	↓	德国	5717	−0.90	1.72
4	—	韩国	14755	5.36	4.44	14	↑	印尼	4667	55.54	1.41
5	—	中国香港	12629	−2.41	3.80	15	↓	英国	3328	3.59	1.00
6	—	泰国	9729	7.39	2.93	16	↓	比利时	3301	17.17	0.99
7	↑	意大利	8284	23.89	2.49	17	↓	西班牙	3272	18.35	0.99
8	—	奥地利	7592	0.64	2.29	18	—	越南	2583	12.41	0.78
9	↓	法国	7384	−2.49	2.22	19	↓	墨西哥	2242	−1.58	0.68
10	↑	瑞士	6151	0.75	1.85	20	↑	马来西亚	2205	84.59	0.66

从出口额增长情况看，2013年排名前6位的国家和地区出口走势与2012年持平。出口排名第一为中国14.4亿美元，占世界出口总量的43.38%，出口额较上一年略有下降。印度为该类产品的第二大出口国，占世界总出口的8.37%，出口量虽然远不及中国，但增长迅猛，见图8。2013年，印度出口刺绣装饰品同比增长了37.51%，比2012年增加了1亿美元的出口。另外，印度尼西亚、意大利和马来西亚等国出口额较上一年也有很大的增长幅度，马来西亚的出口额增速高达84.59%。

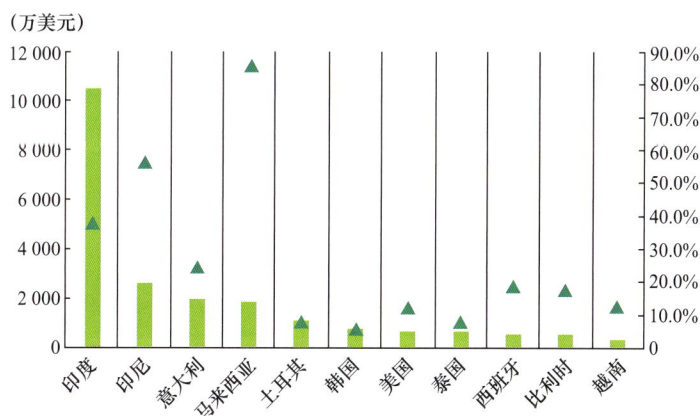

图8　2013年刺绣装饰品出口增长较快市场增长金额及增速

（七）餐厨用纺织品

餐厨类纺织品2013年共出口28.83亿美元，前20的位国家和地区出口该产品占全球的92.23%，出口金额为26.59亿美元，同比增长13%。

表8　2013年餐厨用纺织品出口排名前20位的国家和地区

排名	走势	国家/地区	金额（万美元）	同比（%）	金额占比（%）	排名	走势	国家/地区	金额（万美元）	同比（%）	金额占比（%）
1	—	中国	150844	15.57	52.32	11	↓	墨西哥	5088	-4.49	1.76
2	—	埃及	15948	4.67	5.53	12	↑	葡萄牙	4403	14.56	1.53
3	—	印度	14094	-3.65	4.89	13	↓	美国	3778	-20.45	1.31
4	—	巴基斯坦	10120	7.44	3.51	14	↑	约旦	3500	25.90	1.21
5	—	土耳其	9115	3.94	3.16	15	↓	荷兰	2815	-12.99	0.98
6	—	德国	8944	9.70	3.10	16	—	波兰	2635	20.88	0.91
7	—	比利时	7857	1.71	2.73	17	—	英国	2215	7.51	0.77
8	—	意大利	7715	6.57	2.68	18	—	斯洛伐克	2019	-0.29	0.70
9	—	法国	6301	5.60	2.19	19	↑	柬埔寨	1814	73.59	0.63
10	↑	西班牙	5225	27.01	1.81	20	↑	捷克	1480	18.01	0.51

该类产品2013年出口总体呈平稳态势。从表8中可以看出，前9位的国家出口占全球的80%，且出口额排位与2012年完全相同。在世界餐厨用纺织品出口市场中，中国可谓一枝独秀，市场份额比重高，增长势头强劲。2013年，中国出口餐厨用纺织品15.08亿美元，占该产品世界总出口的52.32%，并实现了15.57%的增长，出口额比2012年增加了2.4亿美元。柬埔寨为增长幅度最大的国家，较上年同期增长了73.59%，排名由2012年的第38位跃居为第19位。另外，增长较为迅速的国家还有西班牙和约旦，如图9所示：两国2013年分别出口了5225万美元和3500万美元，较上年同期分别增长了27.01%和25.90%。

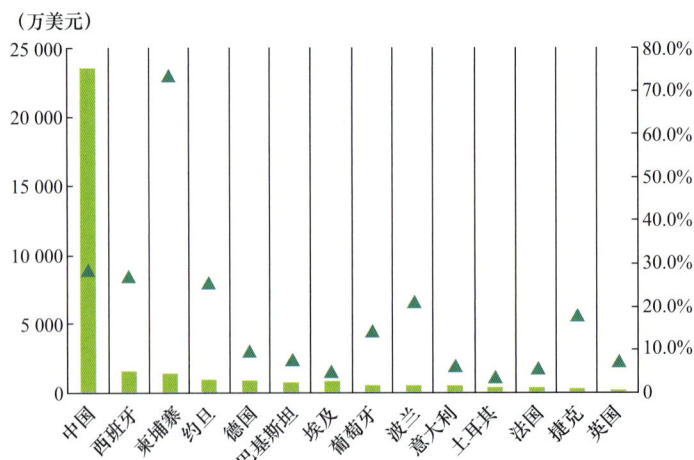

图9　2013年餐厨纺织品出口增长较快市场增长金额及增速

（八）手帕

2013年手帕类产品共实现出口贸易额2.78亿美元，其中97%的出口额由排名前20位的国家和地区实现，金额为2.72亿美元，较上年同期增长10.94%。2013年手帕出口排名前20位的国家和地区见表9。

表9　2013年手帕出口排名前20位的国家和地区

排名	走势	国家/地区	金额（万美元）	同比（%）	金额占比（%）	排名	走势	国家/地区	金额（万美元）	同比（%）	金额占比（%）
1	—	中国	20154	10.67	72.57	11	—	瑞士	282	15.55	1.01
2	—	意大利	1515	49.48	5.45	12	↓	法国	266	-9.15	0.96
3	—	印度	785	-2.69	2.83	13	—	英国	244	6.63	0.88
4	↑	马达加斯加	560	50.85	2.02	14	↑	荷兰	194	-1.69	0.70
5	—	德国	486	11.24	1.75	15	↓	中国香港	180	-47.92	0.65
6	—	泰国	464	12.88	1.67	16	↑	西班牙	179	18.95	0.65
7	↑	越南	406	87.79	1.46	17	↓	日本	149	-22.48	0.54
8	↓	马来西亚	400	-27.23	1.44	18	↑	美国	135	26.97	0.49
9	↓	韩国	318	-13.54	1.15	19	↓	捷克	99	-32.72	0.36
10	↑	比利时	309	30.69	1.11	20	↑	罗马尼亚	85	3308.11	0.31

2013年，中国实现该产品出口贸易额20154万美元，占到世界手帕出口总额的72.5%，见图10，较2012年增长1943万美元，涨幅10.67%。增长幅度较高的国家有意大利和马达加斯加，涨幅分别为49.48%和50.85%，位列世界出口第2位和第4位。另外，罗马尼亚2013年手帕类产品出口85万美元，同比增长了33倍，排名跃居全球手帕类产品出口前20位。

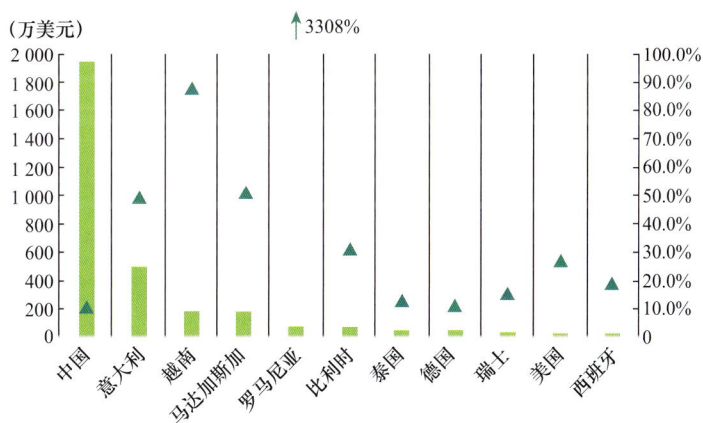

图10　2013年手帕出口增长较快市场增长金额及增速

（九）辅料（缝纫线、绣花线）

2013年，全球共出口缝纫线及绣花线21.70亿美元，出口排名前20位的国家和地区占该产品全球总出口额的89.94%，出口金额为20.50亿美元，较上年同期增长4.2%。2013年缝纫线及绣花线出口排名前20位的国家和地区见表10。

表10　2013年缝纫线、绣花线出口排名前20位的国家和地区

排名	走势	国家/地区	金额（万美元）	同比（%）	金额占比（%）	排名	走势	国家/地区	金额（万美元）	同比（%）	金额占比（%）
1	—	中国	94981	3.39	41.68	11	↑	匈牙利	3527	46.00	1.55
2	—	德国	24065	−1.75	10.56	12	↑	泰国	3498	284.42	1.53
3	—	美国	13841	12.22	6.07	13	↓	英国	3428	2.56	1.50
4	—	中国香港	11696	4.24	5.13	14	↑	越南	2880	13.62	1.26
5	—	韩国	10088	0.50	4.43	15	—	埃及	2866	3.86	1.26
6	—	意大利	5552	4.14	2.44	16	↓	墨西哥	2702	−5.24	1.19
7	—	罗马尼亚	5058	5.15	2.22	17	—	西班牙	2225	−8.67	0.98
8	↑	土耳其	4926	12.02	2.16	18	↑	捷克	1930	11.20	0.85
9	↑	印度	4121	−0.48	1.81	19	↓	印尼	1913	−34.37	0.84
10	↓	日本	3826	−15.94	1.68	20	↑	斯洛文尼亚	1840	13.98	0.81

　　2013年各国该产品出口均有较大增长，如图11所示，前5个国家和地区的出口额超过亿元，排序也与2012年相同。出口金额最多为中国，2013年出口9.50亿美元，较2012年增长了3111万美元，涨幅为3.39%，涨幅略低于前20个国家和地区的平均水平。出口增长幅度最大的国家为泰国，出口额同比增长了2.8倍，增长金额为3498万美元，排名上升14个名额，位居出口额排名第12位。

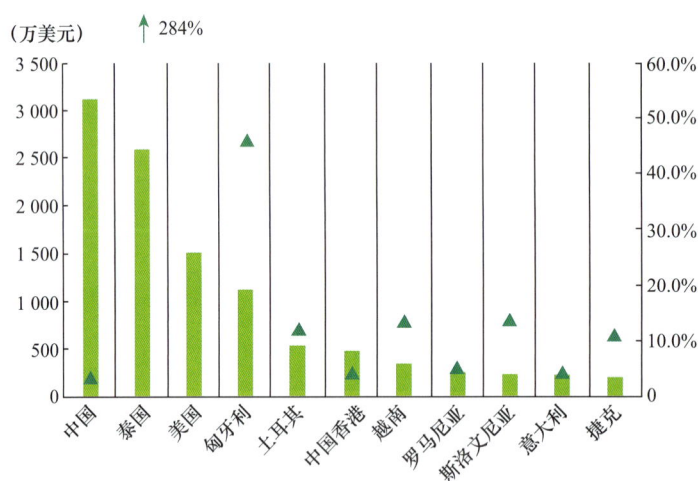

图11　2013年缝纫线、绣花线出口增长较快市场增长金额及增速

（十）饰品（花边、装饰带）

　　饰品类主要包括的花边、装饰带产品2013年出口贸易额53.5亿美元。其中，排名前20位的国家和地区出口45.1亿美元，占花边、装饰带出口总额的84.4%，出口额同比增长3.9%。

2013年花边装饰带出口排名前20位的国家和地区情况见表11。

表11　2013年花边、装饰带出口排名前20位的国家和地区

排名	走势	国家/地区	金额（万美元）	同比（%）	金额占比（%）	排名	走势	国家/地区	金额（万美元）	同比（%）	金额占比（%）
1	—	中国	108476	10.92	20.28	11	↓	沙特阿拉伯	10646	-38.36	1.99
2	—	美国	56358	3.93	10.54	12	—	韩国	8647	-25.36	1.62
3	—	意大利	49293	-0.11	9.22	13	↑	泰国	8196	6.16	1.53
4	—	法国	34554	6.05	6.46	14	↑	斯洛伐克	7251	175.22	1.36
5	—	加拿大	26114	2.53	4.88	15	↑	芬兰	6730	6.56	1.26
6	—	德国	25884	7.79	4.84	16	↓	波兰	6357	-23.04	1.19
7	—	中国香港	23758	21.84	4.44	17	—	西班牙	6015	-0.78	1.12
8	↑	比利时	19848	14.94	3.71	18	↑	英国	5971	3.14	1.12
9	↓	土耳其	19450	0.21	3.64	19	↓	日本	5965	-17.90	1.12
10	↑	俄罗斯	16326	2.41	3.05	20	↓	奥地利	5375	-7.56	1.00

位居出口额首位的中国表现较佳，2013年出口花边装饰带类产品10.8亿美元，同比增长10.92%，明显高于此类产品的平均增速，出口额占花边装饰带世界出口总额的20.3%。美国的家纺产品出口突出的品类并不多，花边、装饰带的出口额却位于世界第2，2013年美国出口5.6亿美元，占世界花边装饰边出口总额的10.54%。

出口额增速较快的还有斯洛伐克、中国香港和比利时，同比增速分别为175.22%、21.84%和14.94%，比2012年分别多出口了4600万美元、4300万美元、2600万美元。各国增长金额及速度见图12。

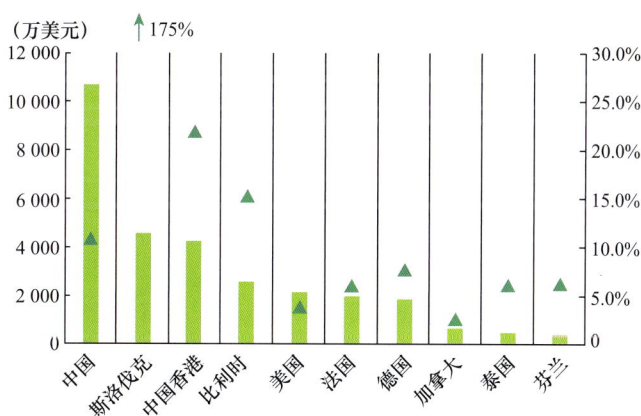

图12　2013年花边、装饰带出口增长较快市场增长金额及增速

三、2013年世界家纺产品出口的几个特点

第一，家纺制成品增势良好。2013年世界家纺出口整体增长超过了10%，制成品总体保

持中高速增长，其中出口额增速在10%以上的窗帘、餐厨用纺织品、毛巾产品、手帕和床上用品，特别是世界窗帘出口增速高达17.1%，反映出国际市场对成品窗帘消费需求的增加。同时，2013年世界装饰辅料的出口增速相对要低一些，如缝纫线、绣花线类产品，花边、装饰带类产品，出口额增速在4%左右。见图13。

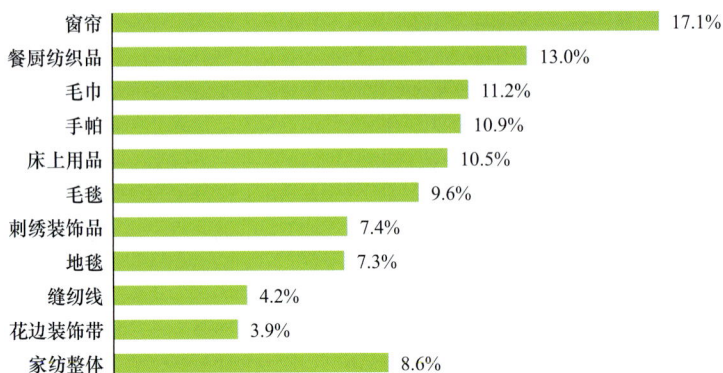

图13　2013年各类家纺产品出口增速

第二，中国优势明显。中国是世界家纺出口的第一集团军，市场比重大、增长稳定、优势明显。在世界家纺出口份额中，中国在家纺所有产品中均位于第一位，且多数产品出口额所占的比重都在40%以上，毯子、手帕的市场占比更是超过了70%，遥遥领先其他竞争对手。但也有产品领先优势并不明显，如中国地毯的世界出口占比为16.2%，仅比第2位的土耳其高出2.08个百分点，且差距呈现逐步缩小的趋势。见图14。

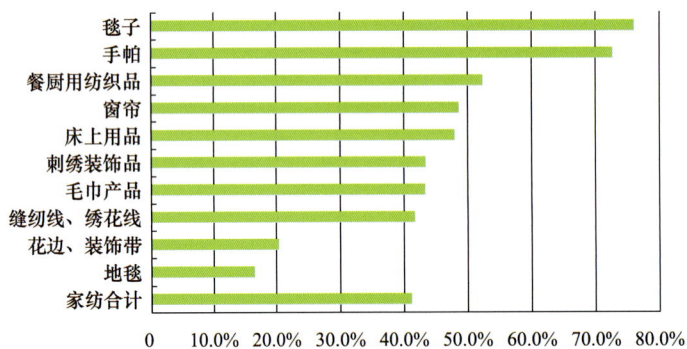

图14　2013年中国各类家纺产品出口占世界的比重

第三，印度提速增长。世界家纺出口的第二集团军有印度、土耳其、德国、巴基斯坦、美国和比利时，这6个国家的家纺出口额都在30亿美元以上，2013年6国合计出口251.5亿美元，占世界家纺出口总额的28.5%。排在第二集团军首位的印度加速增长，脱颖而出。2013年，印度家纺出口实现了21.3%的高增长，其中毛巾、毯子、刺绣装饰品的出口增长更是在30%以上，主要大类产品的出口增长都明显高于中国，市场份额也在不断提高。见图15。

2014中国家用纺织品行业发展报告

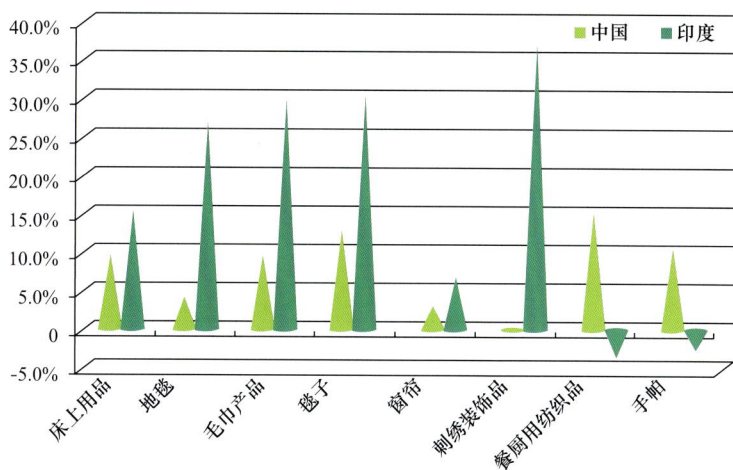

图15　2013年中国与印度各类家纺产品出口增长情况

第四，东南亚国家初显活力。近些年，东南亚国家积极引进外资，发展工业，加大了家纺产品的生产和出口。2013年越南家纺产品出口增速达到31.3%，在20强家纺出口国家和地区中排到了第14位。在一些类别的家纺产品出口中，东南亚国家显示出较强的增长势头。如越南窗帘、手帕的出口额分别增长了603%和87%；泰国缝纫线、绣花线出口同比增长280%；柬埔寨餐厨用纺织品出口增长73.6%；印度尼西亚和马来西亚刺绣装饰品出口分别增长了55.5%和84.6%。东南亚国家家纺产品的出口后劲也应值得关注。

中国家用纺织品行业协会

2014年家纺产品进出口贸易综述

魏启雄

据我国海关统计，2014年我国家纺产品进出口贸易额为438亿美元，同比增长5%。其中，家纺产品出口贸易421亿美元，同比增长5.3%；家纺产品进口贸易17亿美元，同比下降0.65%。

一、家纺进口贸易概况

目前，我国家纺的进口额变化不大，近三年进口额的年平均增速为1.5%，金额保持在17亿美元左右，半数以上是通过进料加工贸易和来料加工贸易进口的装饰面料及生产辅料等产品。近五年家纺产品进口额及增速见图1。

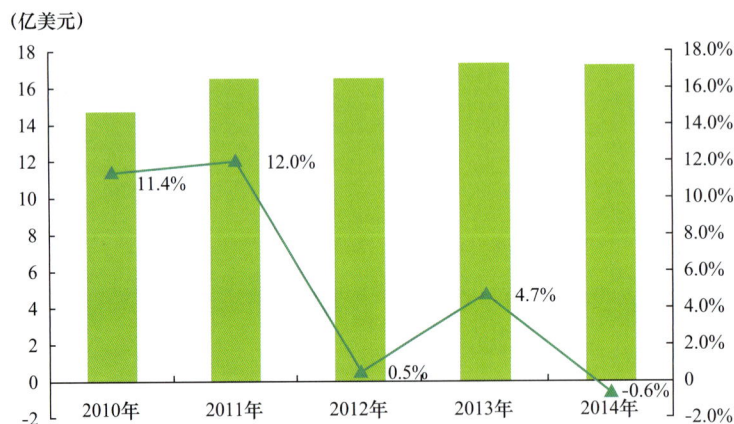

图1　近五年家纺产品进口额及增速

（一）大类产品进口情况

从大类品种来看，进口最多的是布艺产品和辅料，两大类产品合计进口9.9亿美元，占我国家纺进口总额的57.6%，但呈下降走势。2014年布艺产品（主要是面料）进口额同比下降6.52%，辅料（主要是花边、线带等）进口额同比下降8.1%。而其他制成品进口金额虽然不

2014中国家用纺织品行业发展报告

大，但比2013年都在不同程度的增长，见图2。2014年，床上用品进口2.21亿美元，同比增长17.7%；地毯进口1.64亿美元，增长7.9%；毛巾产品进口0.43亿美元，同比增长3.5%；餐厨用纺织品进口0.3亿美元，同比增长5.2%；毯子进口0.12亿美元，同比增长16.3%。

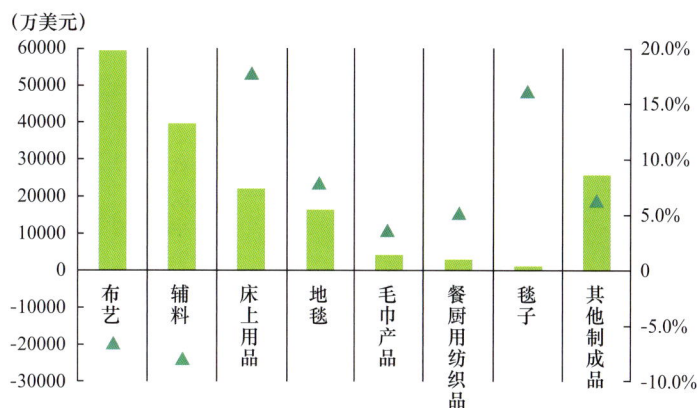

图2　2014年家纺大类产品进口金额及增速

（二）主要进口贸易方式

我国家纺产品进口的贸易方式主要有进料加工贸易、一般贸易、来料加工贸易和保税库进出境货物四种。2014年，进料加工贸易和来料加工贸易合计占到家纺进口总额的56.9%，但这两种贸易方式的进口额分别较2013年下降9%和8.9%。2014年，家纺进口一般贸易额为4.9亿美元，同比增长10.4%；保税库进出境货物1.7亿美元，增长20.5%。2014年家用纺织品进口主要贸易方式金额比重见图3。

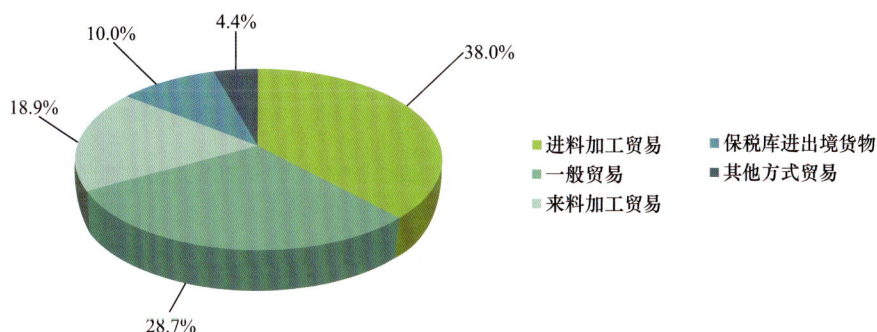

图3　2014年家纺产品进口主要贸易方式金额比重

（三）主要进口来源地

我国九成的家纺进口来源于十大产地（原产地），见图4。其中，东亚国家和地区是最主要的来源地。2014年，我国从日本、中国（原产地）、韩国、中国台湾和中国香港合计进口家纺产品10.8亿美元，占进口总额的63%，进口额同比下降8.1%，且这五个来源地的进口额同比都是下降的，其中中国香港下降最为明显，2014年从中国香港进口额比2013年减少

46%，见图5。另外五大来源地，除美国略有下降外，其他则是较明显的提高。2014年，从美国进口0.9亿美元，同比下降1.9%；从欧盟、土耳其、印度、巴基斯坦分别进口2.25亿美元、0.64亿美元、0.51亿美元和0.35亿美元，同比分别增长19.6%、20.9%、35.7%和13.5%。

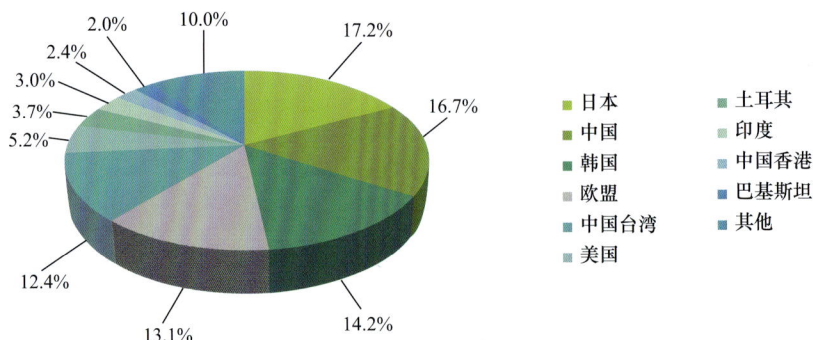

图4　2014年家纺产品进口主要来源地

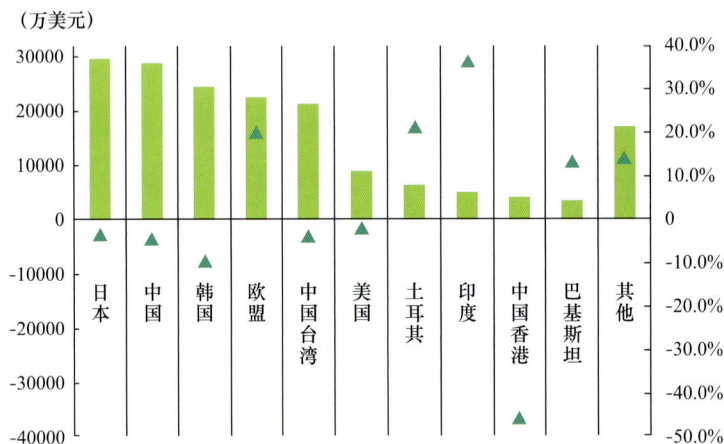

图5　2014年家纺产品进口主要来源地金额及增速

二、家纺出口贸易分析

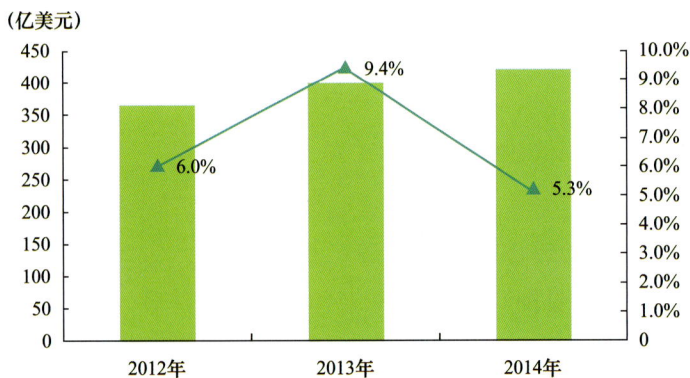

图6　近三年家纺产品出口金额及增速

2014年，我国家纺产品出口421亿美元，较2013年增长5.3%，增速同比下降了4.1个百分点，近三年家纺产品出口额平均增速为6.9%。与2013年不同的是，2014年出口额增长全靠数量增长的贡献。2014年出口数量增长5.44%，出口价格负增长0.17%；而2013年出口额的增长则全部依赖价格的增长，2013年出口额同比增长9.4%，其中出口价格增长10.13%，出口数量负增长0.73%。近三年家纺产品出口金额及增速见图6。

2014年，家纺出口金额排在前三位的大类产品为床上用品、布艺产品和毯子，占家纺产品出口额的比重分别为30.9%、20.1%和9.7%，合计占比超过60%。另外，毛巾（7.2%）、地毯（6.4%）、餐厨用纺织品（5.9%）合计占家纺出口额的比重接近20%，还有20%占比的大类产品为饰品辅料（7.8%）和其他制成品（12.1%），其他制成品主要为被壳、枕壳、其他毛巾及流苏等产品。

2014年，家纺产品出口除毛巾产品外其他大类产品均实现了不同程度的增长。其中，毯子出口增长幅度最高，且在世界贸易中的份额也很高，我国毯子出口额占该类产品世界出口总额的70%以上。2014年，毯子出口同比增长13%，增速同比略有下降；床上用品、布艺产品出口额同比分别增长3.9%和4.8%，增速较2013年分别下降4.68个百分点和3.51个百分点；地毯增长7.1%，增速同比提高2.79个百分点；餐厨用纺织品出口增速为2.6%，同比下降8.2个百分点。受原料成本的影响，2014年毛巾产品出口额较2013年下降6.9%，增速比2013年下降16.66个百分点，也反映出家纺产品国际市场竞争日趋激烈。2014年家纺大类产品出口金额及增幅见图7。

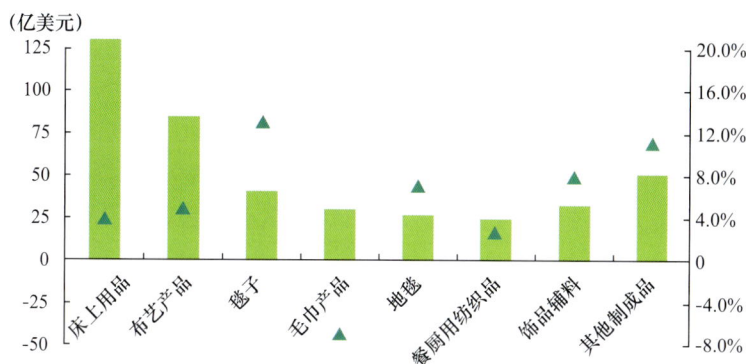

图7　2014年家纺大类产品出口金额及增幅

三、出口贸易方式

目前，家纺产品出口贸易主要有一般贸易、进料加工贸易和边境小额贸易三种方式，2014年主要贸易方式出口额比重见图8。其中，占主导地位的一般贸易优势进一步扩大，边境小额贸易则下降较快。2014年，家纺产品出口一般贸易额为351.5亿美元，同比增长6.3%，占比达到83.5%，较2013年提高0.82个百分点；进料加工贸易额为29.5亿美元，

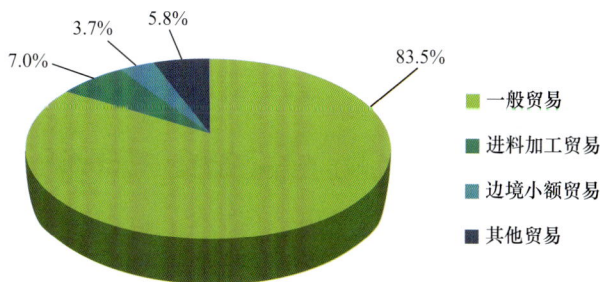

图8　2014年主要贸易方式出口额比重

增长1%，占比为7%，同比下降0.29个百分点；边境小额贸易为15.7亿美元，较2013年下降了

12.1%，占比为3.7%，同比下降0.73个百分点。

四、主要出口市场

出口额排在前五位的市场依次为美国、欧盟、东盟、日本和俄罗斯，2014年对这五个国家和地区的出口额占到家纺出口总额的62%，见图9。对稳居首位的美国出口95.4亿美元，同比增长3.68%，占出口总额的比重为22.7%，近三年对美国出口保持较稳定的增长。

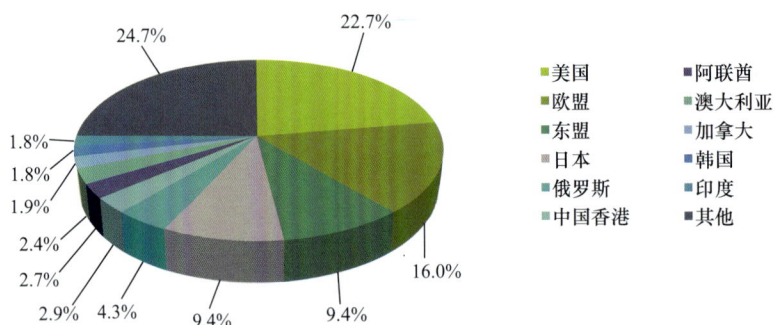

图9　2014年家纺主要出口市场分布

增长速度较快的东盟市场，在2013年36.5%高增速的基础上，2014年实现了17.3%的增长，出口额为39.6亿美元，占比达到9.4%，出口额排名超过日本成为我国家纺第三大出口市场。近三年主要出口市场出口额增速见图10。

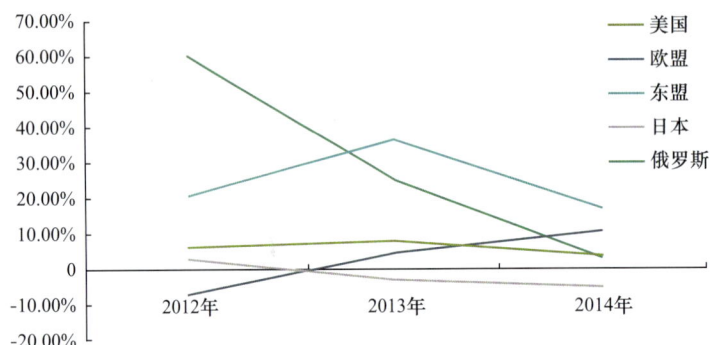

图10　近三年主要出口市场出口额增速

对日本的出口延续了趋减的态势，2014年对日本出口39.4亿美元，同比下降5%，占比为9.36%，较2013年下降1.01个百分点。

对俄罗斯的出口增速明显趋缓，2012年增速为60.1%；2013年为25.4%；2014年为3.3%，出口额为18.1亿美元，占比4.29%。

欧盟是出口额增加最多的地区。2014年对欧盟出口67.2亿美元，较2013年多出口了6.4亿美元，同比增速为10.6%，增速较2013年提高近6个百分点；占比为15.97%，同比提高0.77个百分点。出口额增长较高的国家和地区还有东盟、美国、印度和韩国，分别比2013年多出口

5.84亿美元、3.38亿美元、2.02亿美元和1.15亿美元。这四个国家和地区加上欧盟，出口额合计增加18.81亿美元，出口增长贡献率接近90%。

出口金额增长较多的国家还有埃及（增加9834万美元）、孟加拉国（8610万美元）、伊朗（8013万美元）、安哥拉（7785万美元）、土耳其（7243万美元）、尼日利亚（6821万美元）、伊拉克（6295万美元），出口额较2013年分别增长33.7%、25.3%、42.6%、88.3%、21.1%、18.1%和31.4%。

2014年出口额下降较快的国家和地区有日本、中国香港、利比亚、南非、吉尔吉斯斯坦、乌克兰、蒙古和哈萨克斯坦，出口额较2013年分别减少2.06亿美元、2.05亿美元、1.01亿美元、0.88亿美元、0.86亿美元、0.86亿美元、0.33亿美元和0.26亿美元，这8个国家和地区合计少出口8.31亿美元，出口增长贡献率为-39.5%。

五、省级海关出口

出口金额排在前五位的省级海关仍然是浙江、江苏、山东、广东和上海，2014年这五个省级海关共计出口家纺产品326亿美元，占我国家纺出口总额的77%。出口金额增长较多的地区主要集中在东部沿海，与2013年比，江苏、浙江、广东、山东、福建、天津、上海的出口额分别增加6.72亿美元、5.49亿美元、5.05亿美元、1.8亿美元、0.99亿美元、0.94亿美元和0.88亿美元，这七个省海关合计出口增长贡献率超过100%。另外，江西、湖南、贵州、内蒙古等省实现了出口额较快的增长。2014年我国省级海关家纺出口统计见表1。

出口额减少的地区主要是东北和边境省份，较2013年，辽宁、黑龙江、新疆、广西、青海、西藏、海南分别减少出口1.85亿美元、1.08亿美元、0.95亿美元、0.35亿美元、0.24亿美元、0.22亿美元和0.19亿美元，合计出口增长贡献率为-23%。

表1 2014年我国省级海关家纺出口统计

排序	趋势	地区	金额（万美元）	同比（%）	占比（%）	排序	趋势	地区	金额（万美元）	同比（%）	占比（%）
1	—	浙江	1244546	4.61	29.57	12	↑	江西	59397	12.39	1.41
2	—	江苏	857949	8.49	20.38	13	↓	辽宁	45433	-28.90	1.08
3	—	山东	454051	4.12	10.79	14	—	湖北	38696	7.42	0.92
4	—	广东	377231	15.45	8.96	15	—	四川	34276	3.22	0.81
5	—	上海	326117	2.76	7.75	16	↑	重庆	29130	5.16	0.69
6	↑	福建	109884	9.95	2.61	17	↓	河南	27637	-0.45	0.66
7	↓	新疆	103941	-8.39	2.47	18	—	北京	27395	4.74	0.65
8	—	河北	102955	2.45	2.45	19	—	广西	22170	-13.63	0.53
9	↓	黑龙江	89867	-10.69	2.13	20	—	云南	19595	10.05	0.47
10	—	安徽	83249	6.24	1.98	21	—	湖南	18684	56.99	0.44
11	↑	天津	66304	16.58	1.58	22	↑	贵州	13781	83.06	0.33

排序	趋势	地区	金额（万美元）	同比（%）	占比（%）	排序	趋势	地区	金额（万美元）	同比（%）	占比（%）
23	↓	内蒙古	13380	36.77	0.32	28	↑	宁夏	5343	121.58	0.13
24	↓	吉林	8117	-10.06	0.19	29	↓	陕西	5308	-0.95	0.13
25	↑	甘肃	7881	17.97	0.19	30	↓	海南	3051	-38.35	0.07
26	↓	西藏	6546	-25.30	0.16	31	↓	山西	1102	-55.35	0.03
27	↓	青海	6454	-27.47	0.15						

六、大类产品出口分析

（一）床上用品

2014年，我国床上用品出口130亿美元，同比增长3.9%，增速较2013年下降了4.6个百分点，近三年床上用品出口金额及增速见图11。床上用品出口增长减速主要是受被子类（包括被子、枕头、靠垫等产品）的影响。被子类产品是出口的床上用品中的第一大类产品，2014年，被子类产品出口61.3亿美元，同比增长1.8%，明显低于其他床上用品的出口增速。2014年，床品件套类产品出口51.8亿美元，同比增长6.5%；床罩出口5.4亿美元，同比增长5.5%；睡袋出口3.5亿美元，同比增长7%。

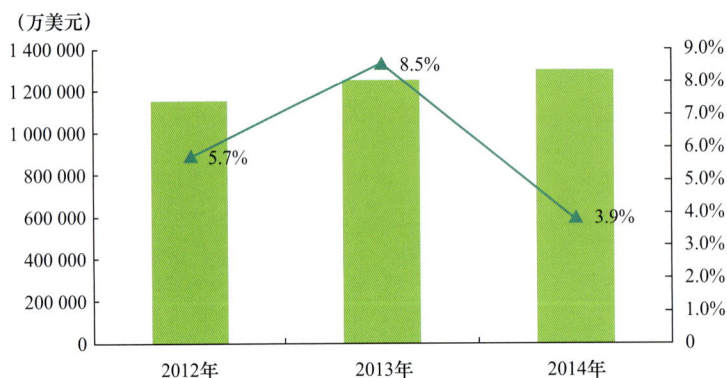

图11 近三年床上用品出口金额及增速

我国床品出口的前三大市场是美国、欧盟和日本，三大市场占我国床品出口额的比重达到54.3%，特别是美国市场的份额比重高达27.5%，见图12。2014年，我国对美国出口床上用品35.8亿美元，同比增长0.83%，明显低于床品出口的平均增长水平，主要原因是出口美国的床上用品中被子类产品比重大，且出口额同比下降2.6%。2014年对美国出口被子类产品19.6亿美元，比2013年减少了0.53亿美元。

2014年，对欧盟出口床上用品19.7亿美元，同比增长6.5%；对日本出口15.1亿美元，同比下降5.3%；对东盟、俄罗斯、澳大利亚、韩国分别出口7.7亿美元、7.1亿美元、5亿美元和3.2亿美元，同比分别增长24.5%、10%、0.5%和20.5%。

2014中国家用纺织品行业发展报告

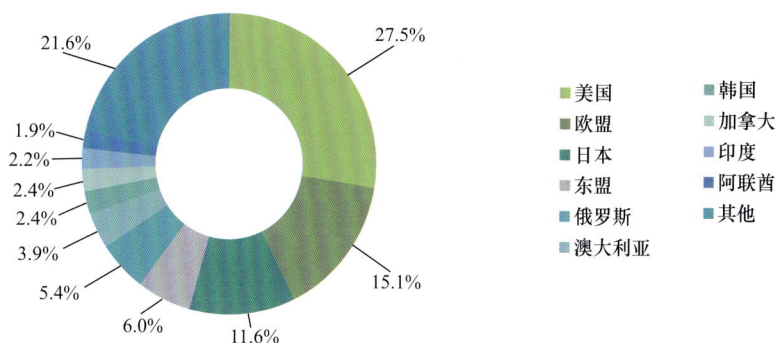

图12　2014年床上用品主要出口市场比重

美国　　韩国
欧盟　　加拿大
日本　　印度
东盟　　阿联酋
俄罗斯　其他
澳大利亚

27.5%
15.1%
11.6%
6.0%
5.4%
3.9%
2.4%
2.4%
2.2%
1.9%
21.6%

（二）布艺产品

2014年，我国出口布艺产品84.6亿美元，同比增长4.8%。其中，窗帘产品出口24.3亿美元，同比增长7.1%，增速比2013年提高了2.73个百分点，表现出增长提速的走势，见图13。

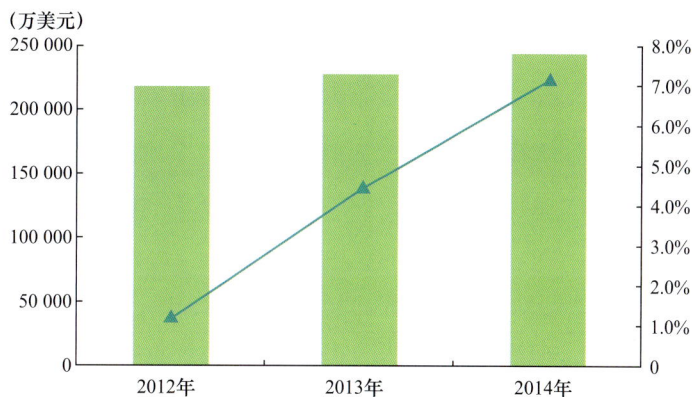

图13　近三年窗帘产品出口金额及增速

窗帘产品出口市场相对比较集中，特别是欧美市场占有明显的主导地位，见图14。2014年，前四大市场——美国、欧盟、日本、俄罗斯占我国窗帘出口总额的七成，且对欧洲的出口呈现出较强的增长势头。2014年，对美国出口窗帘产品7.23亿美元，同比下降4%；对欧盟

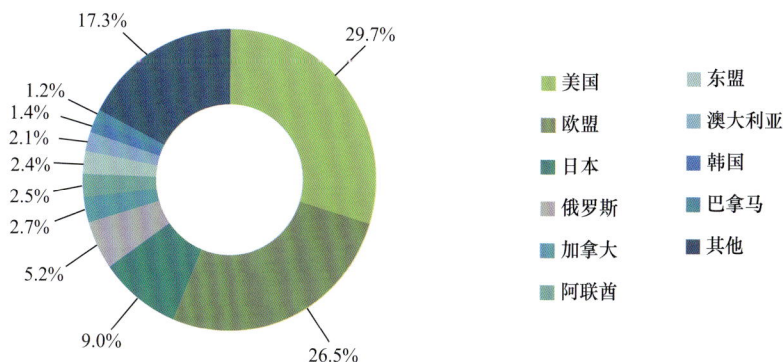

图14　2014年布艺产品主要出口市场比重

美国　　东盟
欧盟　　澳大利亚
日本　　韩国
俄罗斯　巴拿马
加拿大　其他
阿联酋

29.7%
26.5%
9.0%
5.2%
2.7%
2.5%
2.4%
2.1%
1.4%
1.2%
17.3%

出口6.45亿美元,同比增长13.3%;对日本出口2.18亿美元,同比增长3.8%;对俄罗斯出口1.27亿美元,同比增长75.6%。另外,增长较好的国家还有澳大利亚、韩国、巴拿马、尼日利亚,2014年,我国对这四个国家分别出口0.5亿美元、0.33亿美元、0.28亿美元和0.27亿美元,同比分别增长9.6%、10.1%、40.8%和908%。东盟的窗帘市场有待开发,2014年对东盟十国出口窗帘产品0.59亿美元,并较2013年出口额下降2.2%。

（三）毯子

2014年,毯子出口40.9亿美元,同比增长13%,近三年毯子出口额的增长均在10%以上,见图15。毯子出口的主要品种为化纤毯和棉毯,近几年化纤毯出口稳步提升,棉毯的出口则不断萎缩。2014年,我国出口化纤毯35.3亿美元,同比增长17.5%,出口额占毯子出口总额的86.5%;棉毯出口2.5亿美元,同比下降26.5%,出口额占比降至6.2%。出口占比为1%的毛毯,2014年出口0.39亿美元,同比增长129%。

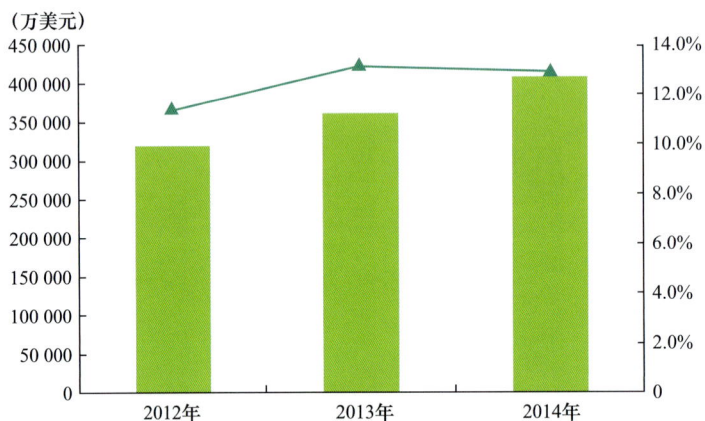

图15　近三年毯子出口金额及增速

我国毯子出口市场多元化特点较明显,出口额高的前十大市场仅占七成的市场比重,见图16。十大市场中除日本2014年毯子出口额同比下降外,其他国家和地区都实现了较好的增长。2014年,对前四大市场——美国、欧盟、东盟和阿联酋分别出口8.1亿美元、6亿美元、

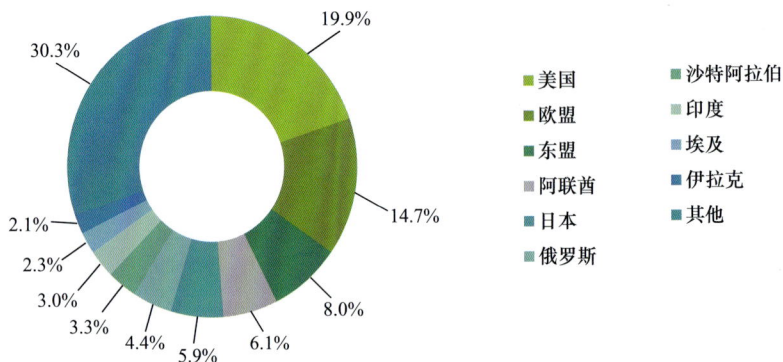

图16　2014年毯子主要出口市场比重

3.3亿美元和2.5亿美元，同比分别增长11%、12.1%、25.8%和26.6%；对出口额排在第5位的日本出口2.4亿美元，同比下降8.3%；对第6～10位的俄罗斯、沙特阿拉伯、印度、埃及、伊拉克分别出口1.8亿美元、1.3亿美元、1.2亿美元、0.95亿美元和0.87亿美元，同比分别增长49.6%、9.8%、36.7%、105.9%和50.8%。

（四）毛巾产品

2014年，我国出口毛巾产品30.2亿美元，同比下降6.9%，近三年毛巾产品出口金额及增速见图17。浴巾、毛巾、毛巾被等三大类产品的出口数量较2013年都不同程度减少，毛巾和毛巾被的出口额下降较为明显。2014年，我国出口浴巾15.3亿美元，同比增长2.5%；出口毛巾12.5亿美元，同比下降14.2%；出口毛巾被1.1亿美元，同比下降41.8%。

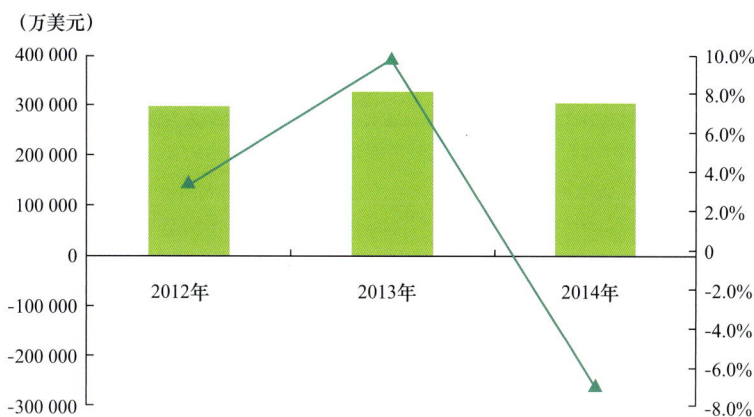

图17　近三年毛巾产品出口金额及增速

占我国毛巾出口市场份额超过10%的有日本、美国、东盟、欧盟和俄罗斯，这五大市场合计占我国毛巾出口市场的七成（图18），2014年，我国对五大市场出口毛巾21.9亿美元，出口额比2013年下降3.8%。其中，对美国、东盟和欧盟分别出口4.9亿美元、4.4亿美元和3.6亿美元，出口额同比分别增长3.8%、1%和0.5%；对日本、俄罗斯分别出口5.3亿美元和3亿美

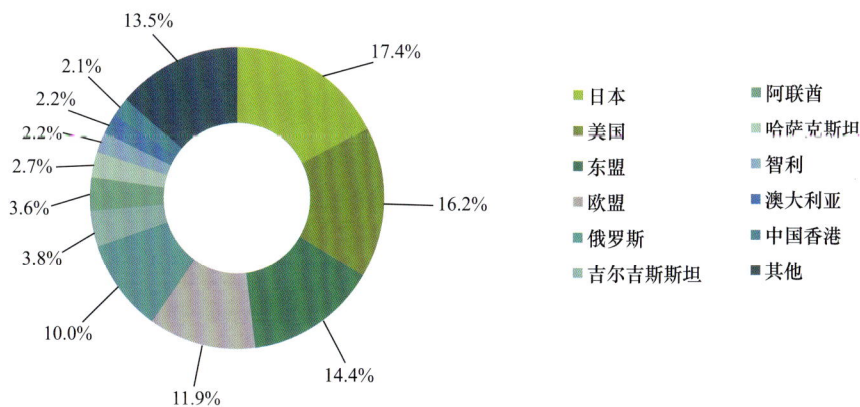

图18　2014年毛巾主要出口市场比重

元，出口额同比分别下降11.6%和11.2%。出口额减少最多的国家是吉尔吉斯斯坦，2014年，对吉尔吉斯斯坦出口毛巾比2013年减少1.06亿美元。其中，对吉尔吉斯斯坦出口浴巾4771万美元，同比下降46.4%；出口毛巾6816万美元，下降43.1%；出口毛巾被19万美元，下降98.6%。2014年毛巾产品对主要市场的出口情况见表2。

表2　2014年毛巾产品对主要市场的出口情况

排序	地区	浴巾		盥洗及厨用毛巾		毛巾被	
		金额（万美元）	同比（%）	金额（万美元）	同比（%）	金额（万美元）	同比（%）
1	日本	13972	-11.89	35571	-10.58	2547	-25.54
2	美国	32995	7.24	14060	-3.92	195	9.51
3	东盟	23499	31.84	17342	-25.87	650	21.90
4	欧盟	17777	6.75	7433	-19.72	91	-62.60
5	俄罗斯	12973	7.13	10277	6.96	6658	-44.79

（五）地毯

2014年，出口地毯26.9亿美元，同比增长7.1%，近两年地毯出口稳步提速（图19）。地毯出口的品种主要有簇绒地毯、机织地毯、栽绒地毯和毡呢地毯等，其中簇绒地毯和机织地毯的出口额占到出口总额的2/3。2014年，簇绒地毯和机织地毯合计出口18.1亿美元，同比增长11.2%，为地毯出口增长奠定了基础。档次较高的栽绒地毯出口遇到困难，2014年，我国出口栽绒地毯1114万平方米，同比减少13%，出口额1.05亿美元，同比下降12.9%。2014年地毯大类产品出口数量及金额见表3。

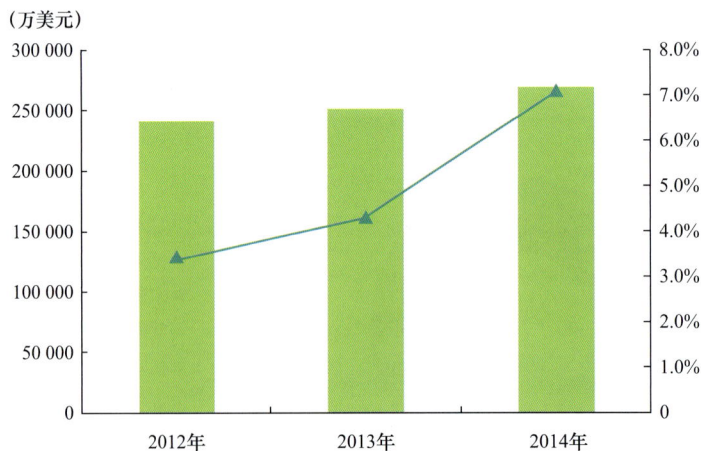

图19　近三年地毯出口金额及增速

表3　2014年地毯大类产品出口数量、金额

品名	数量（万平方米）	金额（万美元）	数量增长（%）	金额增长（%）
地毯	63255	268126	6.44	7.02
簇绒地毯	32925	130374	15.60	13.90
机织地毯	8908	50313	1.24	9.16
栽绒地毯	1114	10538	−13.01	−12.87
毡呢地毯	1287	2085	3.35	19.43
其他地毯	19022	74816	−3.06	−1.75

　　美国、欧盟、日本和东盟是我国地毯出口的四大市场，合计占我国地毯出口市场份额的六成以上（图20），且这四个国家和地区的市场比重相对较为接近，2014年，我国对四大市场共计出口地毯16.6亿美元，同比增长8.1%，确定了地毯出口的增长态势。其中，对美国出口5亿美元，同比增长15%；对欧盟出口4.2亿美元，增长12.3%；对东盟出口3.5亿美元，增长13.4%；对日本出口3.8亿美元，同比下降7.1%。

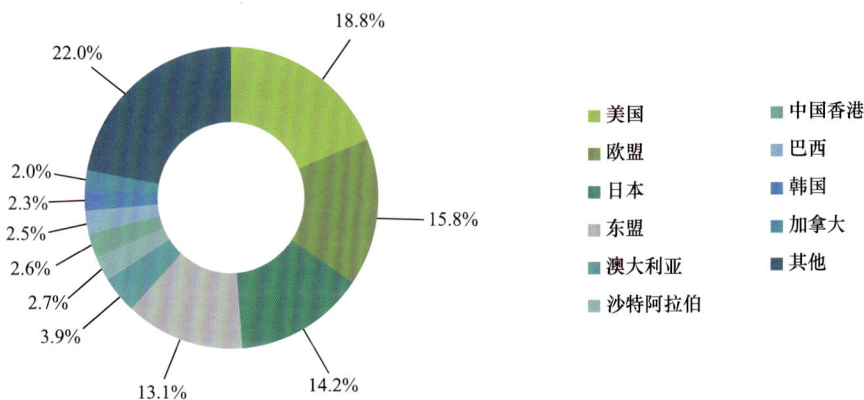

图20　2014年地毯主要出口市场比重

（六）餐厨用纺织品

　　2014年，餐厨用纺织品出口24.7亿美元，同比增长2.6%，增速较2013年下降了8.2个百分点，近二年餐厨用纺织品出口金额及增速见图21。2014年，餐厨用纺织品出口主要由三类产品构成，餐桌用织物制品出口9亿美元，同比下降2.9%；厨房用织物制品出口6.7亿美元，同比增长8.1亿美元；擦布、抹布出口9亿美元，同比增长4.6%。

　　欧盟、美国、东盟、日本、俄罗斯等前五大市场占我国餐厨用纺织品出口份额的七成（图22），2014年，我国对这五大市场共计出口17.2亿美元，同比增长1.2%，增速低于平均水平，主要是对俄罗斯的出口大幅下降。2014年，对俄罗斯出口餐厨用纺织品1.6亿美元，同比下降

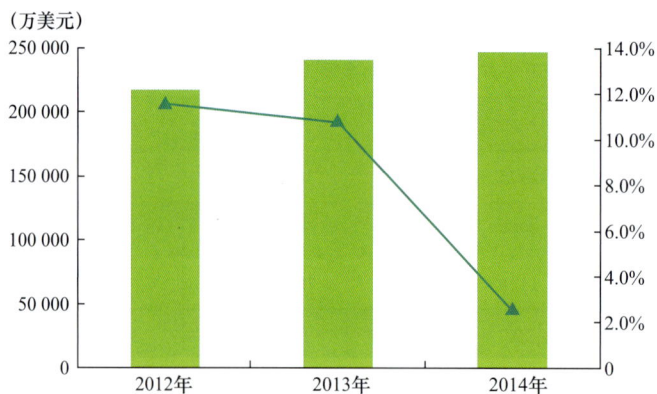

（万美元）

图21 近三年餐厨用纺织品出口金额及增速

37.9%，出口额较2013年减少了1亿多美元，俄罗斯市场的排名也由2013年的第三位下降到目前的第五位。前三大市场的增长情况良好，2014年，对欧盟、美国、东盟分别出口5.6亿美元、5.2亿美元和2.6亿美元，同比分别增长9.3%、6.1%和24.3%。对出口额排在第4位的日本市场出口2.1亿美元，出口额同比下降3.7%。

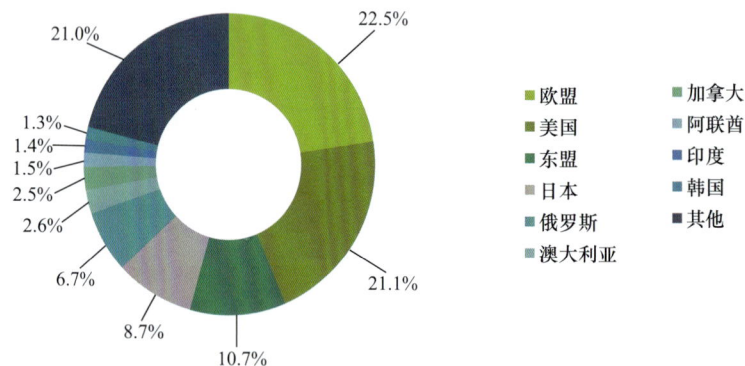

图22 2014年餐厨用纺织品主要出口市场比重

在复杂多变的外部环境下，2014年，我国家纺出口实现了稳定与增长，出口价格高位止涨趋稳，出口规模进一步扩大，转型发展不断深化，多元化国际市场稳步推进，为后续发展打下了基础。据海关最新统计，2015年前两个月我国家纺产品出口68.9亿美元，同比增长幅度超过20%，取得了良好的开局。

中国家用纺织品行业协会

本文数据资料均来自中国海关。

国内市场

2014年家纺零售市场运行情况及发展趋势分析

中华全国商业信息中心

一、家纺市场运行情况

（一）大型零售企业销售依旧低迷

受宏观经济和市场环境变化的影响，2014年，全国重点大型零售企业床上用品零售额增速继续呈现下降态势，零售额同比下降3.9%，降幅较2013年扩大1.3个百分点，连续第二年呈负增长，创2006年以来的最低增速，见图1。

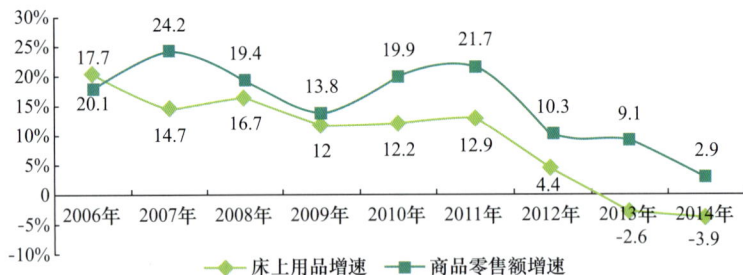

图1 2006～2014年全国重点大型零售企业商品零售额和床上用品零售额增长情况

分月看，全年多数月份零售额呈现负增长，年初的前四个月零售额同比增速均为负增长，其中，1～2月同比下降12.0%，3月同比下降1.8%，4月同比下降10.5%，全年仅5月、6月、8月和10月实现正增长，至年末市场仍未出现复苏的迹象，11月零售额同比下降1.7%、12月零售额同比下降6.4%，见图2。

2014年，全国重点大型零售企业床上用品销售增速显著下降，一方面，与当前大型零售企业的发展环境有关，宏观经济增速放缓，居民收入增速下滑，客流减少等使得近两年大型零售企业销售增速也呈现出明显的下降态势，床上用品的销售也难以独善其身。另一方面，消费方式发生了变化，现在70后、80后的主流消费人群很少逛商场，都在网上采购，对实体店销售影响较大，而且还有一部分消费者往往是在实体店看货，网上购买。

2014中国家用纺织品行业发展报告

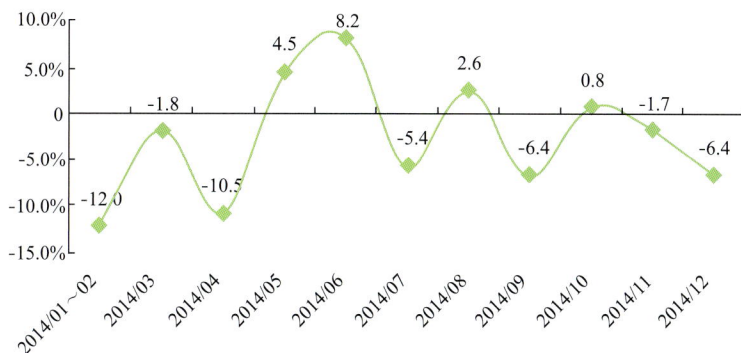

图2　2014年全国重点大型零售企业床上用品零售额月度增速

（二）大型零售企业家纺产品单价涨幅趋于稳定

2014年，全国重点大型零售企业床上用品套件平均单价为624元，同比上涨2.6%；各种被平均单价为581元，同比上涨6.4%；2012年以后，大型零售企业家纺产品销售单价涨幅明显回落，并呈现趋稳态势，这主要是受到网上低价的冲击，而且前几年，家纺企业库存较高，不少家纺企业为了清库存采取打折促销的方式，从而导致家纺产品的价格涨幅回落，见图3和图4。

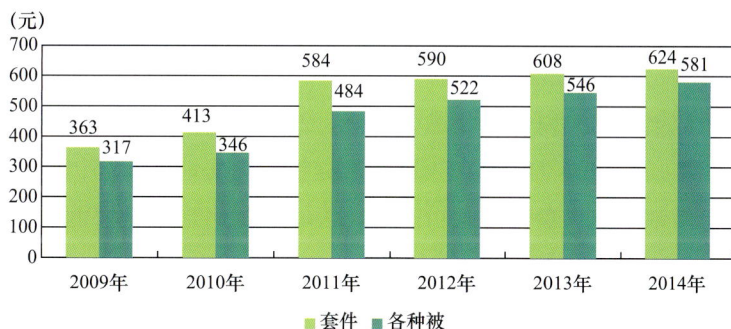

图3　2009~2014年全国重点大型零售企业品牌床上用品套件、各种被平均单价

图4　2009~2014年全国重点大型零售企业床上用品套件和各种被平均单价涨幅

（三）一线城市大型零售企业销售增速显著加快

2014年，一线城市大型零售企业床上用品零售额同比增长9%，是近三年以来首次正增长，相比2012年提高了18.8个百分点，相比2013年提高了17.2个百分点，是近三年来首次超过二三线城市，分别比二线和三线城市高出16和18个百分点，见图5。

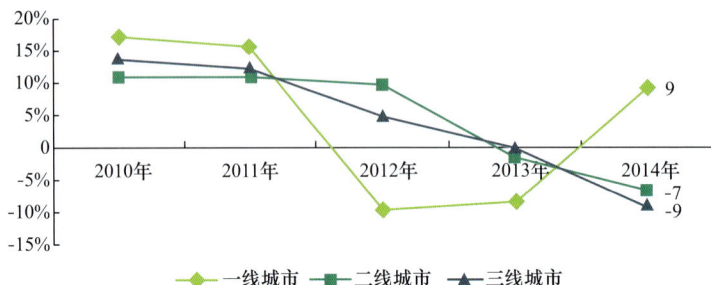

图5 2010～2014年全国重点大型零售企业一、二、三线城市床上用品零售额增速

（四）商品房销售面积对家纺销售的影响减小

乔迁家纺产品需求是家纺需求的一部分，以往房地产市场的繁荣带动了乔迁家纺产品需求，近两年房地产市场的降温，引起人们对家纺消费需求的下滑，但是，随着居民消费水平提高，人们的家纺消费习惯逐渐改变，家纺日用更新消费越来越占据主导地位，而且不同于家具、装修材料等，家纺产品消费更加频繁，因此，家纺消费需求受房地产销售影响在减小。

根据柯桥纺织数据显示，以2010年为分水岭，2010年以前，床上用品总景气指数与房地产销售面积呈现非常强的相关性，2010年以后，尽管我国房地产市场仍经历了较大的波动，但床上用品总景气指数基本保持平稳运行态势，表明我国房地产销售面积与家纺景气度之间的这种相关性在逐渐减小，见图6。

图6 我国商品房销售面积与床上用品总市场景气指数变化

（五）电商大势愈演愈烈，重点家纺企业布局O2O

2014年"双十一"，"淘宝""天猫"成交总额达到571亿元，较2013年增长63.14%，网上销售成为大势所趋，家纺龙头企业也积极顺应潮流，开展电子商务业务，弥补线下销售

2014中国家用纺织品行业发展报告

低迷。2014年"双十一"网上购物狂欢活动中，多家家纺企业都有不俗的表现，数据表明，在全类别品牌热销前20的排名中有3家家纺企业，先后是罗莱、水星和富安娜。

在重点家纺企业电商拓展方面，罗莱为避免线上线下冲突，采取品牌区隔的措施，主打LOVO品牌突破电商市场，弱化罗莱主品牌线上销售，并实现线上线下同价，未来将继续加大电商渠道的投入力度，将罗莱、LOVO之外的其他品牌有计划、有节奏地导入线上。此外，梦洁和富安娜也均在北京、上海、广州等一线城市对O2O销售模式进行了试点，并取得了不错的销售业绩，未来将有可能逐步延伸至二三线城市，届时线上线下的合作将进一步加深。

二、家纺市场消费特点

（一）快时尚家纺吸引年轻消费群体

在服装行业，ZARA、H&M、C&A、优衣库（Uniqlo）等已经以快速、时尚和适当价位的服装产品成功赢得了中国消费者的欢心。家纺产品虽然更新换代速度不如服装，也没有明显的季节性区分，对于款式、花色以及风格的要求相对较低，但随着社会环境的变化，家纺的消费需求发生了相应的改变，尤其是70后、80后乃至90后等一批年轻白领成为家纺产品的主力购买人群后，他们对于家居装饰都有明显的个性态度与要求，他们的购买习惯和心理区别于传统消费人群，明显倾向于"快时尚"消费：看重时尚流行趋势、平价、容易产生即兴购买，这些都给家纺业"快时尚"的发展提供了基础。

（二）产品功能性与艺术性成为新卖点

随着国民经济持续增长所带来的人均消费支出的不断提升、消费习惯的不断调整、消费方式的不断转变，人们对家纺产品的消费需求随之升级。家纺行业内企业也更加注重研发，新产品、新面料层出不穷，品牌产品注重艺术文化内涵，产品加速升级换代。其中，功能性产品开发注重健康、生态、环保等功能，轻柔、保暖、透气、排汗等舒适度体验大为提高，使人们生活得更健康、更舒适、更环保。品牌产品注重时尚艺术性，文化、艺术、色彩等成为赢得消费者的内涵特性。家纺产品正在从普通消费产品形态向家居生活文化元素方向悄然转变，这种不可逆转的消费趋势将进一步推动我国家纺产品的需求增长。

（三）更加注重家纺产品整体的搭配

随着收入水平的提高，消费者的需求从实用，逐步向舒适、时尚转变。消费者对家居用品开始出现多元化和整体性需求，家纺市场不再局限于传统的床上四件套，而是增加了从卧室到卫浴，从毛巾到香氛等系列化产品。许多品牌和销售终端已经开始迎合这种消费变化。比如，一些品牌开始设计开发一些原来并未涉及的相关配件，甚至开始在专卖店营造一个整体房间的气氛，以打动顾客；许多商场也开始在家纺区设置毛巾陈列，而以前毛巾都是在生活用品区陈列销售的。从关注产品本身到关注消费者的生活方式，展示和销售一种氛围和格调，这将成为未来家纺市场的主流竞争方式。

（四）消费者消费观念有待更新

随着生活水平的提高，消费者对家纺产品的更新、淘汰率较之前已经有了大幅提高，但是与一些发达国家相比仍有较大差距，这主要是由于消费者对家纺消费的观念相对落后，绝大多数消费者仅在搬新家时更换家纺用品，家纺产品被当作了耐用品，制约了行业的迅猛发展。

一项调查数据表明：有50%的消费者在迁新居或换家具时购买布艺产品后，就长期使用下去，有32%的消费者长期不更换窗帘；约43%的消费者长期不更换棉被；约56%的消费者长期不更换床上用品，家纺用品的消费从未像服装那样，被列为家庭的经常性开支。因此，现阶段要提倡科学的家纺消费观念，提高消费者的生活质量和培养新的消费习惯。如加强家纺产品使用的科普宣传，毛巾的使用期限应是三个月左右；用絮棉做的被子，使用五年后保暖性就会下降，更重要的是在清洗和使用不当的情况下，絮棉的卫生状况会较差，不利于人体的健康；蚕丝被在使用保养得当的情况下，也应在十年左右更换；即使是大件家用纺织品也有使用期限，要定期更换。

三、主要家纺产品品牌竞争情况

（一）床上用品

1. 品牌集中度呈现分化

2014年，床上用品套件和各种被的市场集中度水平呈现不同的趋势。

其中，床上用品套件前十品牌集中度为34.2%，相比2013年提高0.3个百分点。床上用品各种被前十位品牌集中度为29.2%，相比上年继续下降1.7个百分点，而且是2012年以来连续第三年市场集中度呈现下滑，这主要是由于伴随着被子市场逐渐呈现细分化的特点，各种材质的被子如空调被、夏凉被等分割了一定的市场份额，造成原有优势品牌集中度有所下滑，见图7。

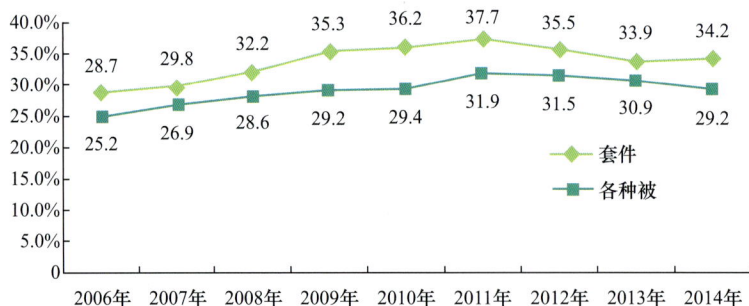

图7　2006～2014年床上用品套件和各种被前十位品牌市场综合占有率之和

2. 品牌集中度处于相对较低的水平

目前，虽然我国床上用品市场涌现了一大批知名企业，如罗莱、富安娜、梦洁、佳丽斯、维科、水星等，品牌格局初现，这些家纺名牌基本上涵盖了高、中、低档消费市场，但家纺行业品牌集中度仍然较低，2014年，床上用品套件和各种被前十位品牌市场综合占有率之和分别为34.2%和29.2%，明显低于运动服、运动鞋、羽绒服、女性内衣等品类，处于相对较低水平。

3.领先品牌竞争更加激烈

2014年，床上用品套件市场销售前三位品牌的综合占有率合计为18.8%，相比2013年下降0.4个百分点，比2012年下降1.6个百分点，排名第一位的罗莱与第三位的富安娜之间的差距已经由2012年的3.7个百分点缩小至2014年的3.1个百分点，三家品牌的差距逐渐缩小，领先品牌之间竞争更加激烈，见表1。

表1 2012~2014年床上用品排名前三位品牌市场综合占有率情况

排名	2012年		2013年		2014年	
	品牌	占有率（%）	品牌	占有率（%）	品牌	占有率（%）
1	罗莱	8.7	罗莱	7.9	罗莱	7.8
2	梦洁	6.7	梦洁	6.5	梦洁	6.2
3	富安娜	5.0	富安娜	4.8	富安娜	4.8
合计		20.4		19.2		18.8

4.国产品牌垄断市场

中国作为名副其实的纺织大国，拥有完整的产业链和相对较低的成本优势，可以说国内家纺市场基本上是本土品牌的天下，2014年，床上用品套件和各种被前十品牌均为国产品牌，外资品牌无一涉足，见图8和图9。

图8 2014年床上用品套件前十位品牌市场综合占有率

图9 2014年床上用品各种被前十位品牌市场综合占有率

5. 外资品牌势单力薄

目前，家纺市场上还鲜有被消费者广为接受的外资家纺品牌，根据中华全国商业信息中心的数据，2014年，我国床上用品套件市场综合占有率排名前30位的品牌中仅有来自美国的ESPRIT以1.5%的市场综合占有率排名第16位，其排名和市场综合占有率水平较2012年和2013年均有所下降。此外，各种被中也仅有ESPRIT和安睡宝分别以1.3%和0.7%的市场综合占有率排名第15位和第30位，见表2。

表2　2012~2014年床上用品套件销售排名前30位品牌中外资品牌及市场综合占有率

2012年			2013年			2014		
品牌	排名	占有率（%）	品牌	排名	占有率（%）	品牌	排名	占有率（%）
ESPRIT	10	1.6	ESPRIT	12	1.5	ESPRIT	16	1.2
安睡宝	28	0.7						
合计		2.3	合计		1.5	合计		1.2

（二）毛巾

1. 品牌集中度呈下降趋势

根据中华全国商业信息中心的统计数据，2014年，全国重点大型零售企业毛巾销售前十位品牌集中度为60%，相比2013年下降5.8个百分点，已经连续两年呈现下降，见图10。

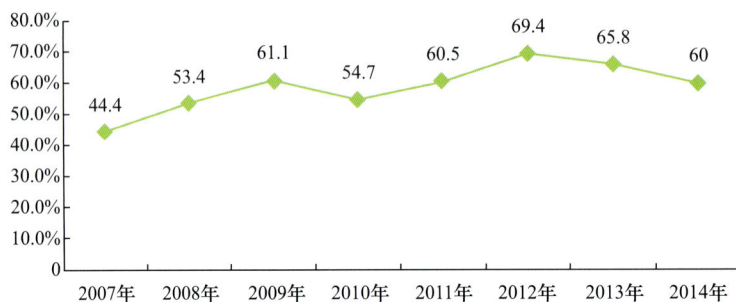

图10　2007~2014年全国重点大型零售企业毛巾销售前十位品牌市场综合占有率之和

2. 优势品牌地位稳固

在市场综合占有率前十位品牌中，孚日、洁丽雅、金号三家毛巾品牌是市场的佼佼者。中华全国商业信息中心数据显示，2011~2014年，孚日、洁丽雅、金号这三家老牌的毛巾企业稳居市场综合占有率前三位，但是2014年，前三位品牌排名位次发生了变化，往年孚日长期占据排名第一的位置，而2014年孚日的市场综合占有率为8.5%，相比2013年下降3.4个百分点，排名也下降至第三位，见表3。

表3　2011~2014 年全国重点大型零售企业毛巾销售前三位品牌市场综合占有率情况

排名	2011 年		2012 年		2013 年		2014 年	
	品牌	占有率（%）	品牌	占有率（%）	品牌	占有率（%）	品牌	占有率（%）
1	孚日	12	孚日	11.8	孚日	11.9	金号	12.8
2	金号	11.8	金号	11.7	金号	11.8	洁丽雅	9.4
3	洁丽雅	10.6	洁丽雅	11.6	洁丽雅	11.1	孚日	8.5
合计		34.4		35.1		34.8		30.7

3. 山东地区品牌实力强大

毛巾的前十品牌中来自山东的品牌实力强大，占据了五席，分别是孚日、金号、洁玉、赤金、喜盈门，这五家品牌市场综合占有率之和达到32.7%，见表4。

表4　2014 年毛巾市场综合占有率排名前十位的品牌地区分布

所在地	品牌个数	品牌名称
山东	5	金号、孚日、洁玉、赤金、喜盈门
浙江	1	洁丽雅
上海	1	永亮
河北	1	三利
福建	1	菲尔芙
外资	2	内野（日本品牌），ESPRIT（美国品牌）

四、家纺市场发展趋势

（一）多重驱动力推动行业发展，消费习惯转变创造巨大空间

2014年，受经济结构调整和外需疲弱的影响，中国经济呈低增长态势，居民收入增长放缓，消费意愿普遍不强，市场消费增长动力不足。在宏观经济形势低迷的外部环境下，我国家纺销售终端复苏进度慢于预期，但长远来看，家纺市场仍有巨大的上升空间，这主要是因为：

第一，家纺行业内部不断创新，各种新型面料、产品的不断出现，需求升级将带动市场的扩大；

第二，目前，我国家纺人均消费尚低，随着居民收入水平的提高，消费习惯转变，家纺消费品牌化及购买频率上升带来量价齐升，将带来市场规模的不断扩大；

第三，从外部环境来看，我国新型城镇化建设的加速推进、新婚家庭的快速诞生、国民住房条件的改善，旅游市场的繁荣等都将拉动家纺消费；

第四，当前市场对家纺受地产行业的影响颇为关注，地产交易量下滑对家纺用品可能产生一定影响，但长期来看，随着家纺日用更新需求日益占据主导地位，家纺消费市场仍将快速增长。

（二）线上线下加速融合，传统渠道难被取代

商场、购物中心、超市等实体店多年来一直是家纺产品销售的传统渠道，但随着互联网的冲击以及销售成本的不断增加，家纺产品在传统渠道的销售增长明显放缓，并且与高速发展的线上销售在增速上的差距的逐渐拉大，似乎有取代线下的趋势，但是，家纺网上销售虽然具有低价、方便、快捷的优势，但并不能提供面对面真实的购买体验，消费者仅通过网络对产品的感知始终不可和实体店媲美，因而不能完全取代线下实体店。未来实体店的发展方向应该是着力提升消费者的消费体验，并融合线上销售的优势，为消费者事前、事中和事后购买提供充分的商品信息和服务，充分借鉴线上销售的优势，模糊线上和线下的界线，使两者融合发展。

（三）家居体验店将成为未来潮流的销售模式

近两年来，实体零售店面对网上购物的有力竞争，为吸引客流，纷纷打出体验式营销牌，事实上，体验式营销在国际家纺营销中的运用并不少见，例如，西班牙ZARA集团的家纺品牌"ZARA HOME"在北京开设的几家体验店就充分运用了体验式营销方式，并取得了不错的销售业绩。"家居体验店"类似于升级版的"大家居生活馆"。"大家居"提倡的是产品品类丰富，从单一床品向全类家居用品过渡，"家居体验店"不仅品类齐全，更按照真实家居生活场景打造卖场。

（四）"智慧家纺"引领现代家纺企业转型升级

当前"智慧城市""智慧产业"的发展如火如荼，智慧产业开始进入人们生活的各个方面，未来家纺企业实现各方面的"智慧化"无疑是家纺业转型升级的重要途径，所谓"智慧家纺"就是在传统家纺基础上，运用大数据、互联网、移动设备等对家纺产业进行网络化、数字化、智能化的嵌入，智慧家纺正在让家纺越来越聪明，家纺采购越来越便捷。智慧家纺还可以提升产品的销量，比如在功能性床垫和枕芯等新品投放市场时，有企业借用智能化道具让消费者现场"躺下来试试"，此举大大增加了产品销量。

五、家纺行业发展对策建议

（一）探索新的销售模式以适应市场环境的变化

近年来，网购剧烈冲击着家纺传统销售，再加上消费者消费习惯的改变，使得传统的家纺销售渠道越来越呈现出不适应性，为此，一些家纺企业开始从渠道创新入手，研究探索新的销售模式以适应市场环境和消费需求的变化。例如，主打平价家纺的"佳之优品"采取"网络虚拟店+实体店"结合的经营模式，一方面借助网络加强对消费者的服务，另一方面缩减实体店面积和人工成本，减少成本支出，将线上线下发展相结合，从而达到扩大销售规模，平摊成本的目的。此外，"佳之优品"还与供货商直接合作，缩减中间环节的成本，让利给消费者，全新的销售模式取得较大的成功。

（二）家纺产品、销售要更加突出差异化

和很多行业一样，家纺行业也存在同质化严重的问题。家纺市场上依然是经营多年的床上多件套、被子、枕芯等品类，家纺店也多是千篇一律。因此，家纺企业亟待着力构造独特的、差异化的消费者体验，突破同质化的销售模式。例如，一些家纺企业打破了常规的四件套销售模式，店内每件单品都可以单独售卖，消费者可以根据喜欢的不同花色、元素、色调和其他套件里的产品自由搭配，突破了传统的"四件套"，从而满足消费者的特殊需求。家纺企业未来的出路在于提供专业化、个性化的产品服务，企业需要形成自己的核心竞争力，充分体现差异化，加大在产品研发方面的投入，使产品真正能为消费者接受和喜爱。

（三）企业需要加强对消费者的引导

当前，我国家纺面料、工艺的发展已经取得了较大的进步，各种新型功能面料、工艺使家纺产品质量和外观有了极大的改进，但家纺新面料、新工艺的市场推广还不尽如人意，消费者对各种新型纺织面料的认知还停留在较为初级的水平。因此，家纺企业应积极行动起来，发挥各方力量，加强家纺产品功能性和面料的科普宣传，提升消费者的认知度，改善人们的生活质量。此外，随着国内广大消费者生活品质和审美水平的提高，床上用品不再是当年经久不换的消耗品，已经从过去的"经济实用型"生活用品慢慢向"功能性、装饰化"等方向转化，其时尚化、软装饰的功能也呈现出与大家居整体装饰相配套的发展趋势，拉动着家纺市场巨大的潜在消费需求。当然这种巨大的潜在消费需求，仍然需要家纺企业通过有效的方式刺激和挖掘客户需求，主动引导，才能将需求变为实实在在的消费。

2014年纺织服装及家纺专业市场运行分析

刘 珊姗

2014年，国际国内经济形势持续波动，特别是国内经济发展已经告别过去的高增长态势，转而进入中速、平稳的"新常态"发展区间。作为市场化程度最高的纺织服装行业，也已经进入中速增长的新常态。

在这样的大环境下，如何主动适应经济发展新常态，努力做到"调速不减势、量增质更优"，行业转型升级发展显得尤为迫切，任务也更为艰巨。作为产业发展中最重要的流通环节，也更加需要积极发挥市场配置资源的作用，通过商业模式创新、流通效率提升，务实地参与到产业转型升级发展的进程中来。

一、2014年纺织服装及家纺专业市场运行情况

（一）总体运行情况

专业市场成交规模总体保持增长，但增长幅度明显下降。据流通分会统计，2014年万平方米以上纺织服装专业市场833家，市场经营面积达到7636.23万平方米，同比增长11.99%，增幅较2013年有所增长；市场总成交额2.02万亿元，同比增长3.61%，增幅较2013年有所下降，见表1。

表1　2011~2014 年专业市场主要指标一览表

年份	2011	2012	2013	2014
经营面积（万平方米）	6031.44	6428.44	6818.82	7636.23
同比（%）		6.58	6.07	11.99
市场总成交额（亿元）	16540.53	18053.71	19464.13	20167.17
同比（%）		9.15	7.81	3.61

数据来源：流通分会数据库

1. 市场运行效率分析

数据显示，2014年单体专业市场平均面积9.17万平方米，每个市场平均拥有1454个商铺，平均商铺效率为166.49万元，较2013年下降2.01万元；平均拥有1181个商户，平均商户效率为204.94万元，较2013年增长4.66万元；纺织服装专业市场平均效率为26410元/平方米，较

2014中国家用纺织品行业发展报告

2013年下跌2135元/平方米。

2. 市场区域结构分析

从区域结构看，纺织服装专业市场的总体规模和效益仍然集中在东部地区，尤其以浙江、江苏、广东等产业集群地更为突出。

从经营面积看，东部市场占全国专业市场总面积的66.17%，其中，浙江、江苏、广东三省分别占东部市场总面积的29.88%、21.11%和19.29%，而东北、中部、西部市场分别占全国专业市场总面积的5.91%、11.47%和16.45%，见图1。

从成交额看，东部市场占全国专业市场总成交额的74.52%，其中，浙江、江苏、广东三省分别占东部市场总成交额的29.81%、28.15%和11.96%，而东北、中部、西部市场占比分别为6.87%、10.46%和8.15%，见图2。

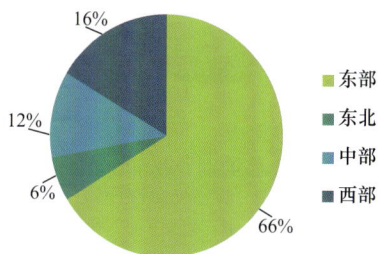

图1　2014年各地区专业市场经营面积占比情况
数据来源：流通分会数据库

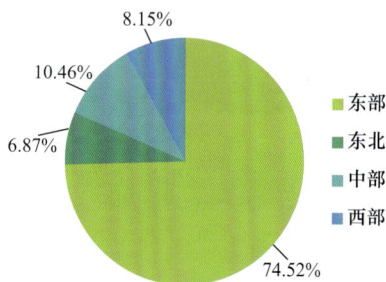

图2　2014年各地区专业市场成交额占比情况
数据来源：流通分会数据库

浙江的桐乡、海宁、许村、义乌，江苏的常熟、海门，广东的广州、东莞等地聚集了大量面料、家纺、小商品、服装生产企业，产业集聚化能力突出，与当地专业市场形成合力发展，也为其他地区专业市场的发展提供了示范效应。中部湖南株洲芦淞服饰城近两年强化专业市场的发展与产业布局的结合，其产业园区、创意服务园区、物流园区、新兴商贸园区等正陆续建成并投入使用，为承接产业转移，服务本地企业发展提供了更好的条件和资源。

2014年，东部地区专业市场与全国市场总体运行态势基本一致，经营总面积同比增长6.92%，商铺总数同比增长4.33%，商户总数同比增长1.58%，成交金额同比增长4.81%。由于贵州、陕西、四川等地新市场的大量投入建设，西部地区经营面积同比增长达到39.00%，商铺总数同比增长6.53%，商户总数同比增长1.29%，但西部地区成交额同比下降8.1%，西部地区新市场投入运营之后会对当地成交额起到一定的促进作用，见图3。

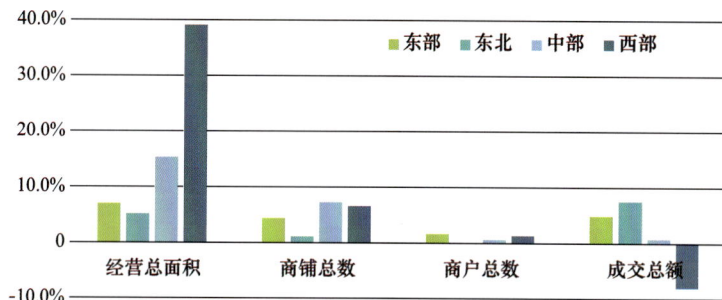

图3　2014年专业市场分地区主要指标同比变化情况
数据来源：流通分会数据库

3. 经营类别结构分析

从经营类别看，全国纺织服装专业市场的经营类别仍以服装类市场为主。服装类市场经营面积占全国专业市场总面积的45.22%；其次为综合类、原面（辅）料类和小商品类市场，分别占16.16%、15.58%和11.87%；家纺类市场仅占4.68%。服装类市场成交额占全国专业市场总成交额的49.93%，其次为原面（辅）类市场，占24.37%，小商品类、综合类及家纺类市场分别占8.72%、5.54%及5.09%，见图4和图5。

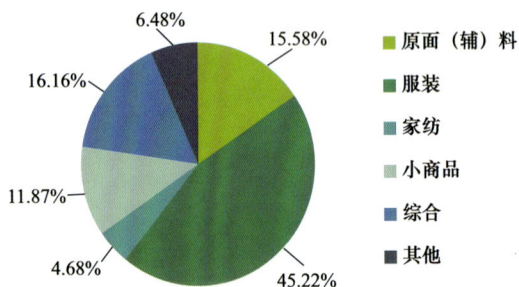

图4 2014年各类别专业市场经营面积占比情况
资料来源：流通分会数据库

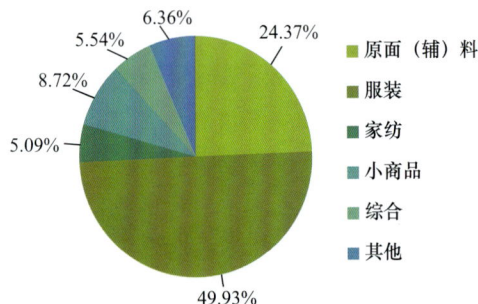

图5 2014年各类别专业市场成交额占比情况
资料来源：流通分会数据库

从各类别市场主要指标增速看，小商品类市场的经营面积及成交额同比增速均高于全国平均水平，市场发展态势良好，市场规模、运行效益均得到提升。小商品类市场经营总面积同比增长12.95%，高出全国水平0.96个百分点；小商品类市场成交总额同比增长9.10%，高出全国水平5.49个百分点。值得一提的是，2014年综合类市场的经营面积同比增幅达到41.08%，这一方面与综合类市场原有面积基数小有关，另一方面是由于各地的新增市场多为大体量的综合类专业市场，见图6。

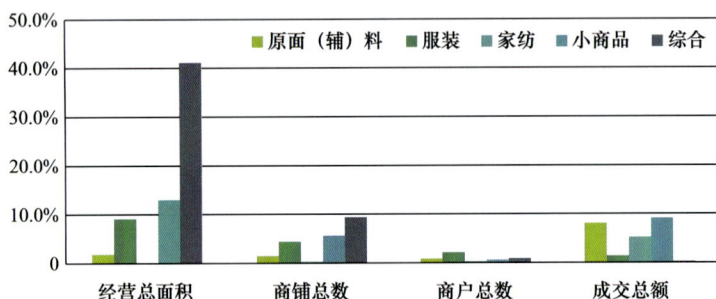

图6 2014年专业市场分类别主要指标同比变化情况
资料来源：流通分会数据库

（二）家纺专业市场运行情况

1. 市场运行平稳，总成交额保持增长

据流通分会统计，2014年万平方米以上家纺专业市场共计26家，市场经营总面积357.49万平方米，同比保持不变；商铺总数4.39万个，同比增长0.28%；经营商户总数3.67万户，同

比增长0.3%；市场成交总额1025.7亿元，同比增长5.21%。

2. 各项指标普遍高于全国平均水平

数据显示，2014年，家纺专业市场平均经营面积为13.75万平方米，高出全国纺织服装专业市场平均水平4.58万平方米；平均拥有1688个商铺，高出全国平均水平234个商铺；平均拥有1412户，高出全国平均水平231个商户；每个市场平均成交额为39.45亿元，高出全国平均水平15.24亿元，见表2。

表2　家纺类及全国纺织服装专业市场重要指标一览表

重要指标 专业市场类别	平均经营面积（万平方米）	平均商铺数（个）	平均商户数（户）	平均年成交额（亿元）
家纺类专业市场	13.75	1688	1412	39.45
全国纺织服装专业市场	9.17	1454	1181	24.21

资料来源：流通分会数据库

进一步分析显示，2014年，家纺类市场商铺效率（每个商铺年成交额）为233.71万元，高出全国纺织服装专业市场商铺效率64.92万元；市场效率（每平方米年成交额）为2.87万元，低于全国纺织服装专业市场的市场效率0.03万元。

与其他类别商铺效率相比，家纺类市场商铺效率高于服装、小商品类专业市场，低于面辅料类专业市场；市场效率高于小商品类专业市场，低于面辅料、服装类专业市场，见表3。

表3　重点品类专业市场运行效率一览表

运行效率 专业市场类别	商铺效率（万元/铺）	市场效率（万元/平方米）
家纺类专业市场	233.71	2.87
面辅料类专业市场	324.25	4.13
服装类专业市场	152.39	2.92
小商品类专业市场	133.64	1.94
全国纺织服装专业市场	168.79	2.90

资料来源：流通分会数据库

3. 增长态势：东部好于中西部

从区域结构看，东部和东北地区家纺专业市场成交额呈现增长趋势，同比分别增长6.7%、5.33%；中部和西部地区出现下降，同比分别下降12.62%、10%，见图7。

数据显示，2014年，东部地区家纺市场总成交额903.68亿元，接近全国家纺类专业市场总成交额的九成。以叠石桥家纺城、海宁中国家纺城为代表的东部地区家纺市场，通过升级软硬件、改善道路环境、大力发展旅游经济等，不断提升自身的影响力及竞争力。同时市场内产品层次和结构丰富，产品在兼具优良的适用性和绿色环保特性的同时，突出"婚庆家纺""主题家纺"等细分特色，增大了家纺行业的发展空间。

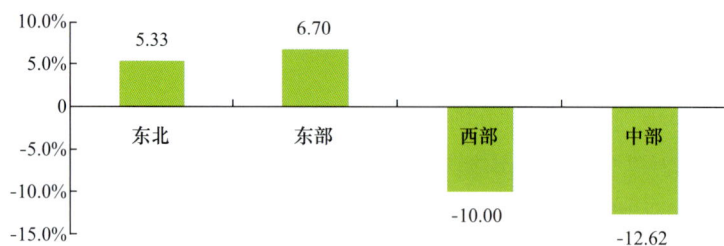

図7 2014年各地区家纺专业市场成交额同比情况
资料来源：流通分会数据库

二、2014年纺织服装专业市场运行现存问题

（一）宏观经济压力大

从宏观情况看，由于国际经济复苏缓慢、东南亚新兴的纺织品基地与中国本土抢夺订单，外向度较高的专业市场成本价格优势逐渐消失，外贸增幅近年来明显收窄。

（二）内部竞争逐步加剧

目前，国内纺织服装专业市场基数庞大，新增市场不断建设投入运营，一些老市场既有优势虽突出，但内部积累性、遗留性问题仍然较多，市场创新发展压力较大，内部竞争逐步加剧。

（三）商户经营理念提升较慢

从整体来看，虽然专业市场的硬件设施、经营理念和管理方法在不断提升，但是许多商户在经营时仍然墨守成规。市场在转型升级过程中，老一代经营户的经营理念提升较慢，在适应新时代经济特点、发展现代电子商务等方面步伐明显偏缓，在利用互联网、移动电子商务等方面停滞不前。

三、2015年纺织服装专业市场发展趋势

新常态下，纺织服装专业市场一方面表现出总体成交额增速放缓、市场结构继续分化等典型特点，另一方面面临总体运行发展压力明显加大，内部竞争加剧等问题。在当前形势下，专业市场也有了一些新的发展特点：

一是，有形市场正与期货、电子商务等无形市场相结合。线上与线下市场充分互动，线上交易市场正逐渐成为线下有形市场重要的渠道补充。虎门富民集团、南通叠石桥家纺城、常熟服装城、郑州锦荣轻纺城等都建设了电子商务产业园区或电子商务服务中心，服务于区域内企业拓展线上市场的服务工作。而广州白马服装网、沈阳五爱购、常熟服装城在线、红豆商城等一批线上平台也已经相继投入使用；同时，柯桥网上轻纺城、盛泽中国绸都网、无锡纺织材料交易中心等相关原材料交易平台的B2B交易模式电子商务平台也日渐成熟。

二是，在市场配置资源的力量下，产业转移速度正在加快，原有的集散型市场平台正成为产业落地的引擎，流通格局中传统的一级批发与二级批发之间的关系正变得模糊。辽宁西柳服装市场、湖南株洲芦淞服饰城，这些原本以集散为主的专业市场，在一段时间内，将不仅作为集散地满足东部企业的产品完成中转、销售的功能，还将带动本地产业发展，成为新兴产地，为东北地区、中西部地区新兴服装、家纺品牌提供流通服务。

三是，各专业市场都以服务商户成长为根本要务，积极投入人力物力，努力提高管理水平，提高专业化的服务能力，在区域市场与产业链上下游的合作与对接方面正在加大力度。以柯桥中国轻纺城、石狮服装城、江苏常熟服装城、辽宁西柳服装城、广州越秀流花服装商圈、虎门富民商圈等为代表的市场集群，大多已经在"十一五"期间完成了市场区域的调整规划和硬件建设，在新的发展时期，其升级发展的重点任务，已经从过去的重新规划布局、大拆大建、商户安置、划行归市等转向为更为深化的商户经营服务体系建设、市场运营管理水平提升、公共服务平台建设和市场与产业的协同配套发展。

四是，各专业市场加大品牌孵化、培育、建设功能，市场品牌意识不断增强、品牌服务体系建设不断加强。一些市场已经取得了较好的效果，如广州白马打造的时尚女装品牌、湖南株洲芦淞服饰城的女裤品牌、北京天雅女装大厦的自主女装品牌、辽宁西柳服装市场的北派服饰品牌，这些品牌在获得市场认可和关注的同时，也为专业市场提升了影响力和美誉度。

部分家纺专业市场名录见表4。

表4　部分家纺专业市场名录

省／直辖市	市	市／区／县	市场名称
辽宁	沈阳		五爱床品布艺箱包鞋帽城
北京	北京		方仕国际窗帘布艺城
北京	北京		木樨园连发窗帘布艺城
河北	保定	高阳县	高阳县纺织商贸城
江苏	南通	海门市	叠石桥国际家纺城
江苏	南通	海门市	叠石桥国际家纺城三期
江苏	南通	通州区	志浩家纺城
浙江	嘉兴	桐乡市	桐乡国际蚕丝城
浙江	嘉兴	海宁市	海宁中国家纺城
浙江	嘉兴	海宁市	中国布艺一条街
浙江	嘉兴	桐乡市	杭州湾轻纺城
浙江	绍兴	柯桥区	北联窗帘布艺市场
山东	淄博		周村轻纺科技城
山东	威海	文登市	文登中国工艺家纺城（一期）

省/直辖市	市	市/区/县	市场名称
四川	成都		荷花金池国际窗帘布艺批发城
四川	内江		黄角井商城
云南	昆明		螺蛳湾国际商贸城
山西	太原		太原服装城床上用品市场
山西	太原		山西正大美家纺购物中心
安徽	合肥		宝业家纺广场
安徽	合肥		华孚·城隍庙商业广场
江西	南昌		南昌华南城窗帘布艺批发中心
河南	郑州		郑州床上用品批发市场
河南	郑州		宝家隆窗帘家纺精品城
河南	郑州		郑州锦荣国际轻纺城床品市场
湖南	长沙		金盛布业大市场

中国纺织工业联合会流通分会

2014年家用纺织品消费者问卷调查报告

家纺消费习惯调研组

家用纺织品作为纺织工业的三大终端消费品之一，在居民日常生活、宾馆饭店、旅游交通、医疗卫生等方面起着较为重要的角色，对美化和改善居住环境、提高人们生活和工作的舒适性起着很大作用。家纺产品有着庞大的消费群体，因此研究不同收入群体的消费结构和消费能力，有助于企业对市场细分、产品定位、品牌战略以及渠道建设提供重要的参考信息。为协助企业把握市场消费者的需求动向，2014年，中国家用纺织品行业协会家纺消费行为调研组先后奔赴安庆和广州两个城市，随机抽取并调查了两千多名消费者对床品、毛巾、窗帘、芯被类等家纺产品的消费情况。问卷涉及消费者家庭在家纺产品的消费支出、产品价位、购买频率、购买渠道以及影响因素等几个方面的问题，通过研究和分析以上问题，真实反映当前消费者的消费状况，最后得出消费者问卷调查报告，希望对广大企业和研究机构提供一些有参考价值的信息。

一、安庆篇

（一）被调查者基本信息

本次消费者调查以安庆市45岁以下的工薪阶层已婚人士为主要样本，共收回有效问卷1045份。

被调查者绝大部分为女性，占95.4%。四分之三以上的被调查者都处在26 ~ 45岁的年龄段。已婚人士占95.8%，其中九成以上都有子女；未婚者占4.2%；96.8%的人与家人同住，3.2%的独居。本次调查问卷扩大了对已婚女性群体的调查，使得样本更能真实反映消费者的真实购买行为。

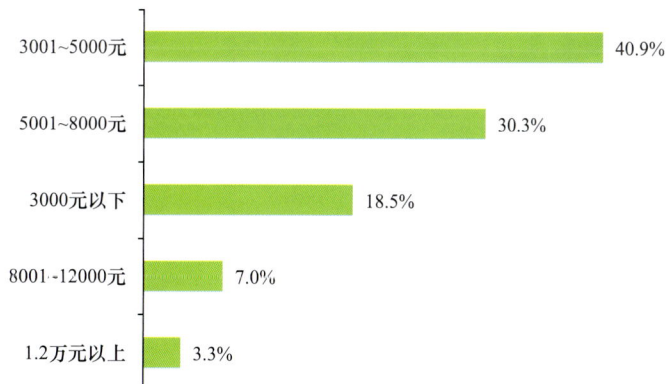

图1　被调查者收入分布

被调查者主要为普通职员和自由职业者，分别占47%和35.5%。被调查者主要为中低收入家庭，如图1所示，六成被调查者月收入在5000元以下，其中3001 ~ 5000元的家庭占四成，月收入在5001 ~ 8000元之间的占三成，月收入在8000元以上仅占一成。

（二）被调查者消费行为

1.家庭用于家纺产品的消费支出

消费者每年用于家纺产品的消费支出以501~3000元之间居多，占比82.4%。支出在500元以下和3001~6000元之间的分别占10.4%和6.6%，年消费6000元以上占比最低，仅占0.6%，如图2所示。

2.市场渠道

在消费者购买家纺产品的各种渠道中，百货商店、超市和专卖店等传统销售渠道仍然占据主导地位。在问卷调查中，有45.3%的消费者会选择去百货商场购买床上用品，超市和专卖店选择比例分别为39%和38.9%，而专业市场和网购的选择率分别为9.4%和9.2%。如图3所示。

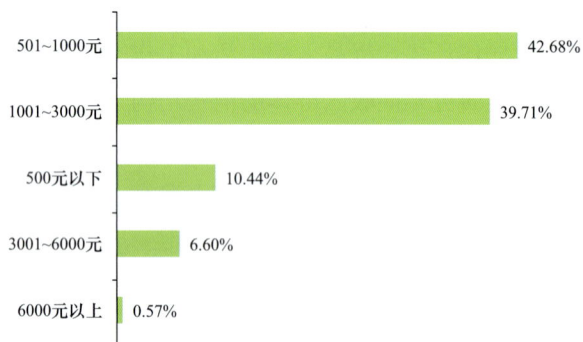

图2　被调查者家庭年均消费占比

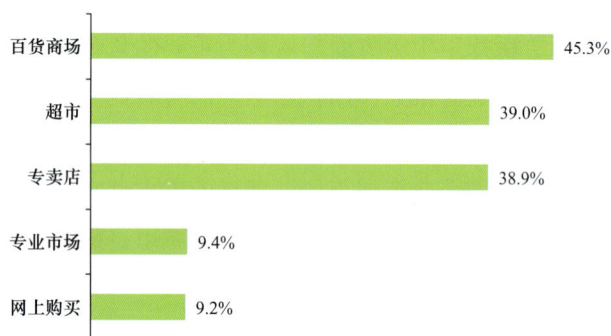

图3　被调查者购买床品渠道

安庆的消费者绝大多数选择去超市购买毛巾，占比达65.7%，远高于其他销售渠道的选择率，百货商场是第二大毛巾销售主渠道，选择率为30.8%，再次是专卖店，有21.2%的消费者选择此种购买途径，去批发市场和网上购买的消费者占比较低，分别为6.9%和6.4%，如图4所示。

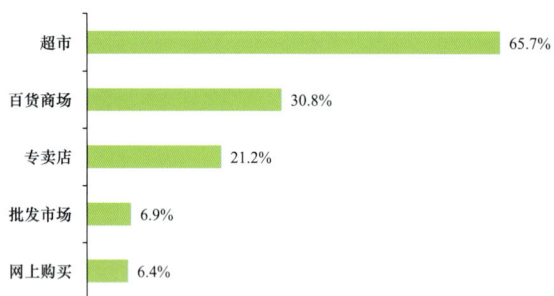

图4　被调查者购买毛巾渠道

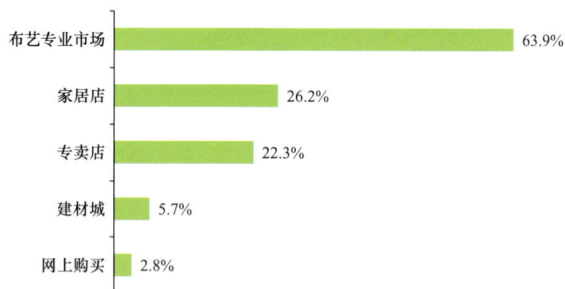

图5　被调查者购买窗帘渠道

布艺专业市场仍然是消费者购买窗帘的首选去处，选择率达63.9%，消费者也喜欢在专卖店和家居店中购买布艺产品，分别占22.3%和26.2%，5.7%的被调查者表示在建材城购买窗帘等布艺产品，由于国内窗户规格尺寸不一，购买窗帘成品时多数需要定制服务，导致消费者在购买窗帘时的网购率很低，仅为2.8%，如图5所示。

随着国内计算机、网络的普及和电子商务的快速发展，出现了诸多新兴渠道，且其迅猛的增长势头挑战传统渠道的主导地位，逐渐将成为购买方式转变的大势所趋。调查发现，39%的消费者表示今后将通过网络购买家纺产品。此外，社区直销的方式也颇受欢迎，有35.4%的消费者表示今后将通过此种方式购买家纺产品。电视购物、邮购和电话购物的购买方式占比较低，如图6所示。

消费者主要通过自我体验来了解家纺产品，再次媒体渠道中的电视、广告和朋友推荐等方式也占有较大比例；另外，网络和销售人员介绍也较为重要；消费者通过报纸、杂志等途径了解家纺产品所占比例较低，如图7所示。

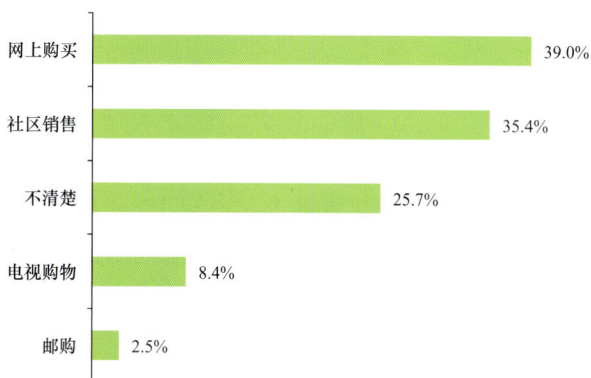

网上购买 39.0%	自我体验 46.9%
社区销售 35.4%	电视 24.7%
不清楚 25.7%	广告 24.1%
电视购物 8.4%	朋友推荐 21.0%
邮购 2.5%	网络 20.2%
	销售人员介绍 13.0%
	报纸、杂志 7.3%
图6　被调查者未来购买方式	图7　被调查者了解家纺产品方式

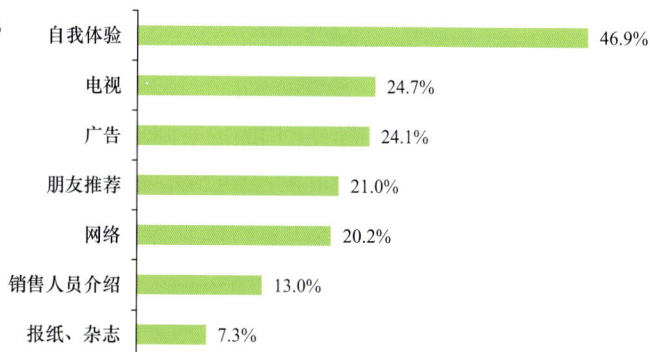

3. 购买频率

调查数据显示，最近一年内，七成消费者购买过床上用品，且以四件套和三件套为主，有94%的消费者选择三件套和四件套，如图8所示；近六成的消费者购买过毛巾；52%的消费者购买过被子，43.3%的消费者购买过枕头；18%的消费者购置过毯子；8.9%的消费者购买过窗帘，如图9所示。

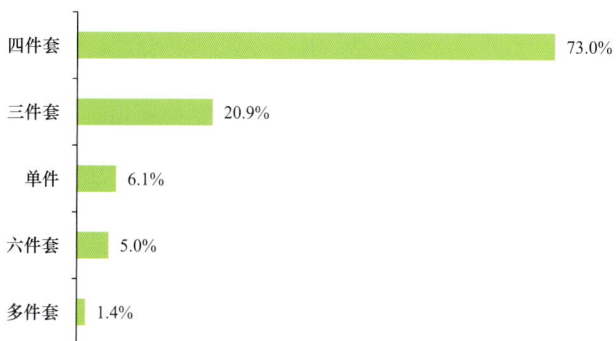

四件套 73.0%	床上用品 71.9%
三件套 20.9%	毛巾 57.1%
单件 6.1%	被子 52.0%
六件套 5.0%	枕头 43.3%
多件套 1.4%	毯子 18.0%
	窗帘 8.9%
图8　被调查者购买过的床品	图9　被调查者最近一年购买家纺产品

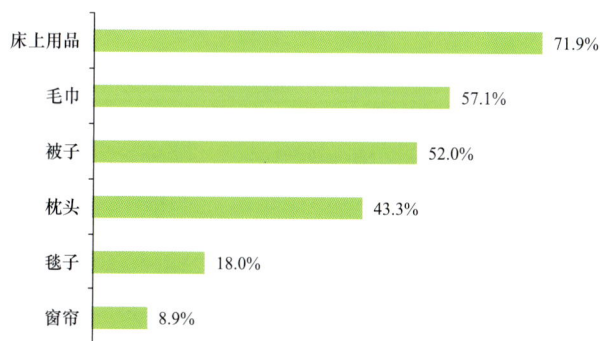

51.4%的消费者为自用更新，27.7%的消费者是换季添置新产品，11.1%是乔迁新居购买新产品，14.6%是新居装修用，11%是婚庆消费，送礼占6.1%，22.6%的消费者受打折促销活

动的影响而购买产品，如图10所示。

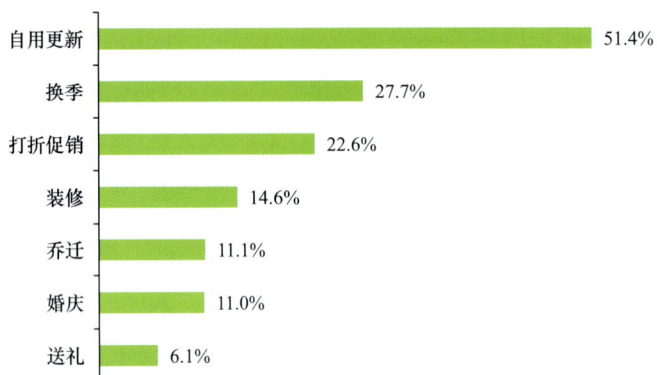

图10　被调查者购买用途与行为影响

消费者更换床上用品的时间通常为3年以内。1～2年占31.2%，2～3年占42.3%，3年以上占9.3%，不定期更换占17.2%，如图11所示。被子以换季更换比重最大，占34.1%；其次是3～5年更换一次被子，占比31.3%，1～2年更换一次的比例为21.7%，5年以上更换的比例最低，为12.9%，如图12所示。

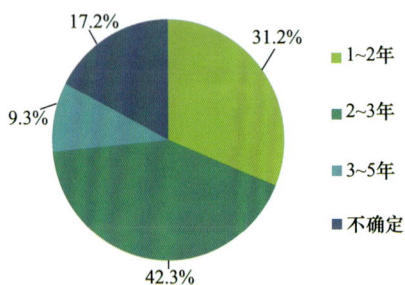

图11　被调查者床上用品更换周期

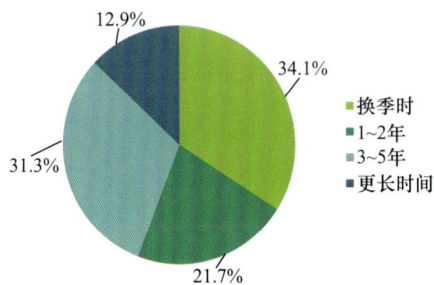

图12　被调查者被子更换周期

35.1%的消费者通常在一个季度内更换一次毛巾，34.6%的消费者更换周期为一个月，18.1%的消费者每半年更换一次，5.4%的消费者一年更换一次，如图13所示。

与床品相比，消费者对窗帘的更换频率低很多。24.9%的消费者仅在新居装修时才购置新的窗帘。30.3%的消费者1～5年更换一次；30.7%的消费者在5年以上才会更换窗帘。还有14.1%的消费者表示，会随着自己偏好的改变，随时有考虑购置新窗帘的打算，如图14所示。

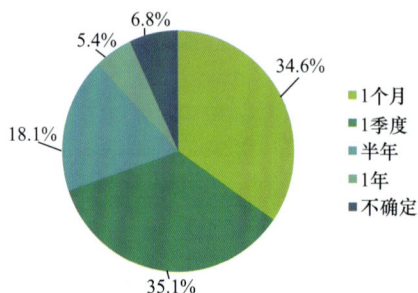

图13　被调查者毛巾更换周期

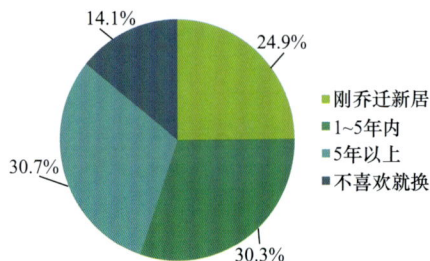

图14　被调查者窗帘更换周期

4.消费价位

消费者普遍选购中低价位的大众产品，其中又以中档产品略多。66.8%的消费者对床上用品的消费支出在201～1000元之间，其中，200～500元中低价位的大众产品消费占31.3%，501～1000元的产品消费占比更大一点，为35.4%；20.6%支出在1001～2000元之间；消费支出在2001～4000元的占比4.2%；4000元以上仅为1.3%，而200元以下的低档床品的消费者比例为7.2%，如图15所示。

尽管窗帘的更换周期很长，但也以中低档产品消费为主。83.4%的消费者选购单价在200元/米以内的窗帘，其中9.0%的消费者选购价位在50元/米以下，40.6%选购价位在51～100元/米之间，33.8%在101～200元/米之间。201～500元/米消费占13.4%。500元/米以上价位消费仅占3.2%，如图16所示。

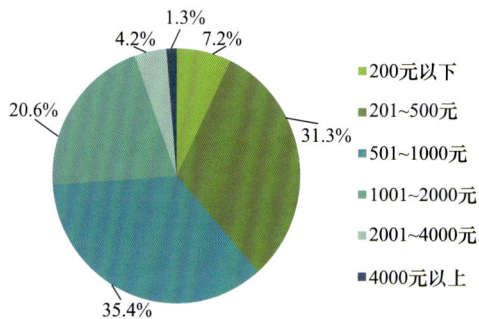

图15　被调查者对床上用品的年均支出

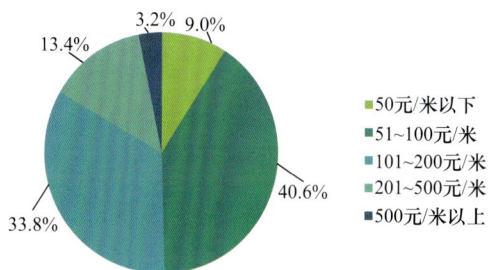

图16　被调查者购买窗帘价位

97%的消费者选购价位在40元/条以内的中低档毛巾类产品，其中58.5%购买11～20元/条的毛巾，18.3%购买21～40元/条的毛巾，10元/条以下占20.2%。40元/条以上价位的消费仅占3%，占比极小，说明消费者对高档毛巾消费的兴趣不大，如图17所示。

图17　被调查者购买毛巾价位

5.消费决定因素

据分类调查显示，在影响消费者购买床上用品的诸多因素中，80.9%的消费者认为面料材质是首要决定因素；其次是价格因素，有37.5%的消费者认为价格是影响床品的主要因素；再次是品牌，有21.2%的消费者认为品牌是购买床品的首要因素；另外产品的功能性、时尚性和耐用性也不太受关注，三者相差不大；而产品功能性是消费者最不关注的。由此可见，消费者更倾向于追求产品的材质和价格，而非功能性、时尚性和耐用性，如图18所示。

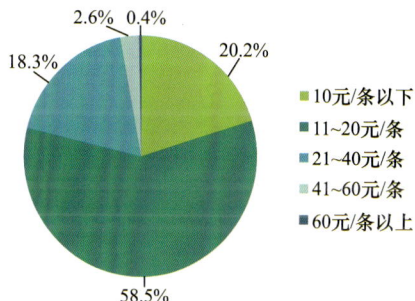

在购买被子时，74.4%的消费者认为面料材质是最重要的影响因素，其次是填充物和产品的价格，分别为37%和27.2%，品牌和功能性的影响因素并不大，分别为19.7%和7.8%，认为最不重要的是制造工艺，仅为3.9%，如图19所示。由于产品同质化严重，消费者更多地选择基于中低价位的较好面料与填充物。消费者目前正在使用的被子的填充物主要是棉被、蚕丝被和羽绒被，分别有50.4%、41.1%和26.2%的消费者购买了这三种填充物的被

子，如图20所示。

消费者在购买窗帘时，考虑最多的是款式设计，其次是色彩和图案，再次是材质、价格和功能性的重要性不太大，最不重要的是售前、售后服务，如图21所示。

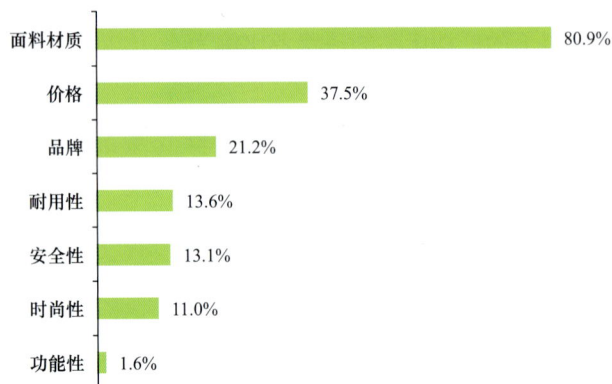

图18　被调查者床上用品消费影响因素

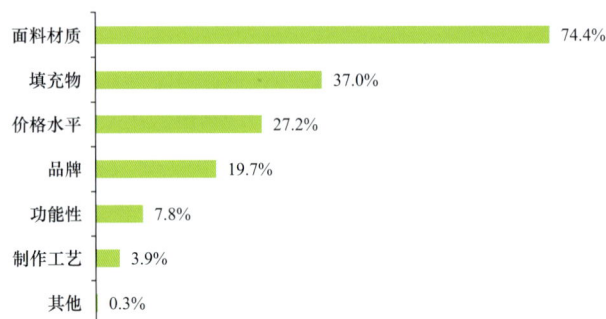

图19　被调查者被子消费影响因素

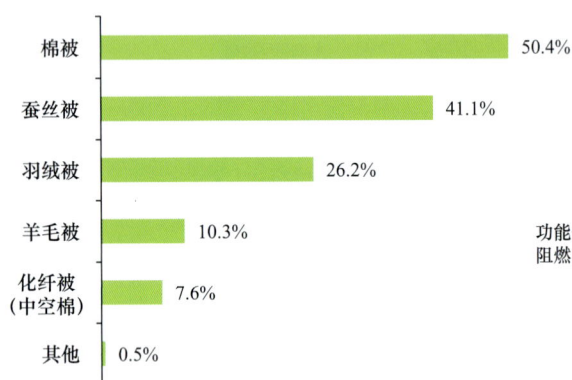

图20　被调查者正在使用的被子的填充物

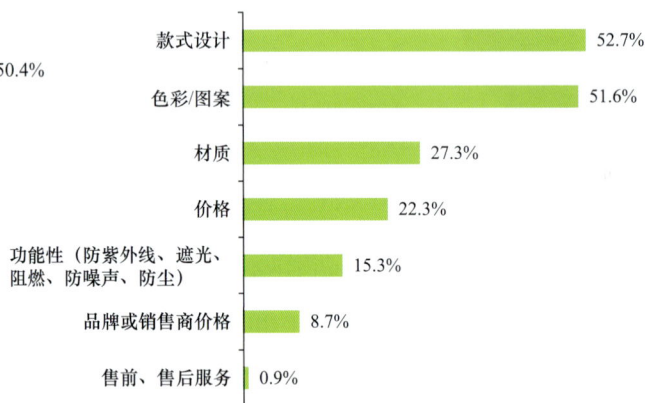

图21　被调查者窗帘消费影响因素

二、广州篇

（一）被调查者基本信息

本次消费者调查以广州市45岁以下的工薪阶层已婚人士为主要样本，共收回有效问卷1040份。

被调查者绝大部分为女性，占94%。八成以上的被调查者都处在45岁以下的年龄段。94.4%的被调查者家庭规模在3人以上，其中5人以上的有40.2%。本次调查问卷扩大了对已婚女性群体的调查，使得样本更能真实反映消费者的真实购买行为。

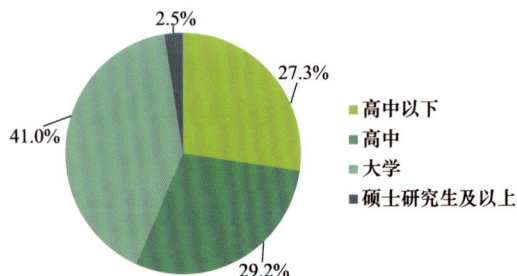

图22　广州消费者学历构成

2014中国家用纺织品行业发展报告

被调查者有41%是大学学历，高中学历占29.2%，高中以下学历为27.3%，研究生及以上的学历仅占2.5%，如图22所示。同时，被调查者主要为办公室普通职员、工人、普通勤杂人员以及个体户、小摊主及自由职业者和学生等收入水平较低的群体，如图23所示。

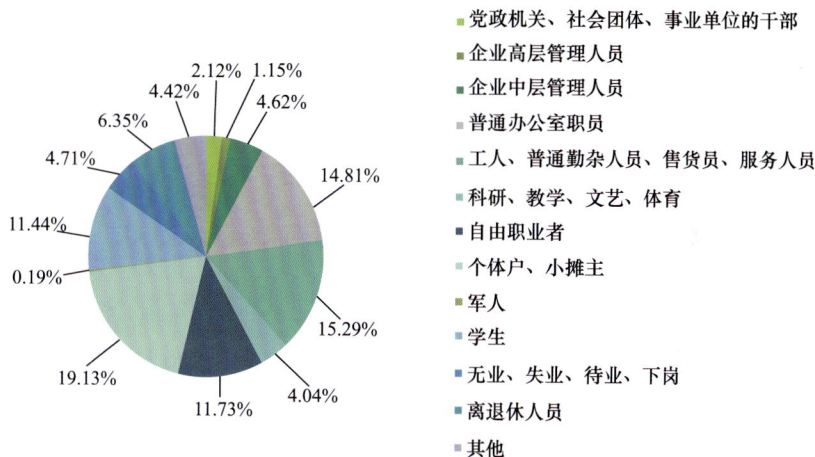

图23　广州消费者从事职业情况

广州的被调查者大部分为中等收入者家庭，六成被调查者家庭月收入在3001～12000元，其中，月收入在5001～8000元的占26.2%，月收入在3001～5000元的占24.9%，月收入在8001～12000元的占20.7%，另外家庭月收入在3000元以下的和12001～20000元的分别为11.7%和10.6%，家庭月收入在2万以上的不足10%，如图24所示。

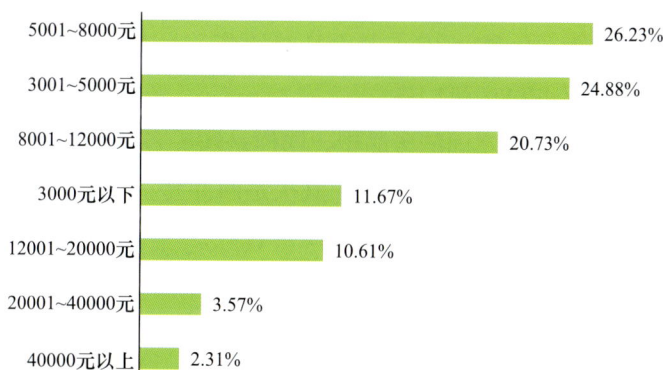

图24　被调查者收入分布

（二）被调查者消费行为

1. 家庭消费床品支出

调查显示，广州消费者每年用于床品的消费支出以501～3000元之间居多，占比68.6%。支出在500元以下和3001～6000元之间的分别占16.9%和11.4%，年消费6000元以上的占比最低，仅占3.1%，如图25所示。

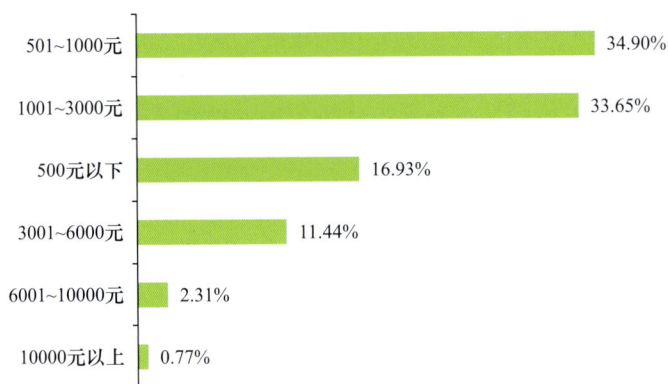

	34.90%
501~1000元	

501~1000元　34.90%

1001~3000元　33.65%

500元以下　16.93%

3001~6000元　11.44%

6001~10000元　2.31%

10000元以上　0.77%

图25　被调查者家庭每年购买床品支出占比

2. 消费价位

调查数据显示，消费者在选购200元以下的产品中，在购买200元以下的床上用品时，消费者选择单件的比例最大，占消费者总数的67.3%，其次是三件套，占消费者总数的11.7%，四件套、六件套、多件套的比例都不足10%。

调查数据显示，消费者在选购201~500元之间的床品中，购买三件套的消费者所占比例最大，占消费者总数的35%，其次是四件套和单件，分别占消费者总数的28.4%和20.9%，购买六件套和多件套的消费者都在10%以下。

调查数据显示，消费者在选购501~1000元之间的床品中，购买四件套的消费者所占比例最大，占消费者总数的33.1%，其次是六件套和多件套，分别占消费者总数的25.5%和19.4%，再次是三件套，占消费者总数的18.4%，购买单件的比例最低，仅占3.6%。

消费者在选购1001~2000元之间的床品中，购买多件套和六件套的消费者所占比例最大，分别占消费者总数的36.2%和34.4%，其次是四件套，占消费者总数的19.6%，比例最低是三件套和单件的，分别仅占7.8%和2.1%。

消费者在选购2001~4000元之间的床品中，同样是购买多件套和六件套的消费者所占比例最大，分别占消费者总数的48.8%和32.3%，其次是四件套，占消费者总数的11.4%，比例最低是三件套和单件的，分别仅占6%和1.5%。

调查数据显示，消费者在选购4001~8000元之间的床品中，购买多件套的消费者为绝大部分，占消费者总数的61.4%，其次是六件套，占消费者总数的21.1%，购买四件套、三件套和单件的，分别仅占10.5%、5.3%和1.8%。在购买8000元以上床品的消费者中，八成以上购买多件套，近两成购买六件套，如表1所示。

表1　被调查者对床上用品的年均支出

价位 产品	200元以下	201~500元	501~1000元	1001~2000元	2001~4000元	4000~8000元	8000元以上
单件	67.3%	20.9%	3.6%	2.1%	1.5%	1.8%	0.0%
三件套	11.7%	35.0%	18.4%	7.8%	6.0%	5.3%	0.0%
四件套	7.6%	28.4%	33.1%	19.6%	11.4%	10.5%	0.0%

2014中国家用纺织品行业发展报告

价位 产品	200 元以下	201~500 元	501~1000 元	1001~2000 元	2001~4000 元	4000~8000 元	8000 元以上
六件套	6.5%	8.4%	25.5%	34.4%	32.3%	21.1%	18.2%
多件套	7.0%	7.3%	19.4%	36.2%	48.8%	61.4%	81.8%

在选购枕头类（枕头、抱枕）的产品中，有21.5%的消费者选择购买50元以下的枕头，41.1%的消费者选择购买51～100元的枕头，购买101～200元枕头的消费者占24.4%。有9.9%的消费者购买201～500元枕头，购买500元以上价位枕头的消费仅占3%左右，占比极小，说明消费者对高档枕头消费的兴趣不大，如图26所示。

在选购毛巾产品时，有19.7%的消费者选择购买10元/条以下的毛巾，选择购买11～20元/条毛巾的消费者占比最大，占消费者总数的57.6%，购买21～40元/条毛巾的消费者占19%。购买40元/条以上价位毛巾的消费仅占4%以下，占比极小，说明中低价位毛巾仍是市场的消费主力对象，消费者对此高档毛巾的兴趣不大。如图27所示。

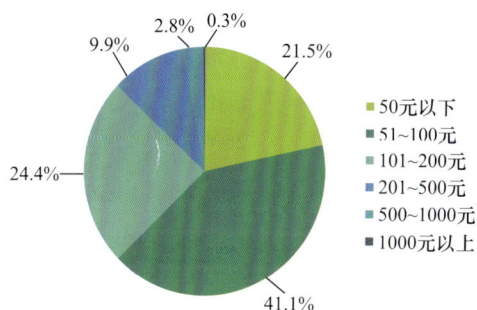

图26　被调查者购买枕头价位

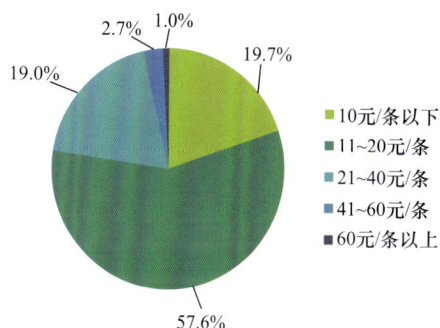

图27　被调查者购买毛巾价位

3. 购买频率

调查数据显示，在广州消费者过去五年内平均每年购买不足一套的产品中，窗帘最多，占消费人数的23.7%，其次是毯子和被子，分别占消费人数的19.8%和14.9%，再次是被罩、床单、枕头和枕套，分别占消费人数的11.3%、10.1%、9.7%和8.9%，毛巾所占比例最低，仅为1.6%。

消费者每年购买1～2套的产品中，购买过床单、被罩、被子、毯子、枕头和枕套都在10%以上，购买毛巾和窗帘的比例最低，分别为3.5%和2.7%。

消费者每年购买3～4套的产品中，毛巾、枕头、枕套的比例最高，分别为18.6%、18.1%和18%。其次是被罩、床单、被子和毯子，分别为12.4%、11.7%、10.6%和9.3%，购买窗帘的最低，为1.2%。

在消费者每年购买5套以上的产品中，购买毛巾的消费者比例最高，为74.2%。其余的产品很低，都不足10%，如表2所示。

表2 广州消费者过去五年内平均每年购买产品比例

数量 产品	不足1套/条	1~2套/条	3~4套/条	5套/条及以上
床单	10.1%	17.9%	11.7%	4.2%
被罩	11.3%	17.2%	12.4%	2.9%
枕套	8.9%	15.6%	18.0%	5.6%
被子	14.9%	15.5%	10.6%	3.3%
毯子	19.8%	13.0%	9.3%	2.0%
枕头	9.7%	14.4%	18.1%	6.0%
毛巾	1.6%	2.7%	18.6%	74.2%
窗帘	23.7%	3.5%	1.2%	1.8%

调查数据显示，广州消费者在一个季度内购买一次的家纺产品中，购买毛巾的比例最大占消费人数的70.1%，其余产品的购买比例都在10%以下。

消费者在半年内购买一次的产品中，购买枕头和套装类产品所占比例最大，分别为24.1%和21.9%，其次是被子和毯子，各占消费者总数的17.2%，购买比例最低的是毛巾和窗帘，分别为13.4%和6.3%。

消费者在一年左右购买一次的产品中，购买套装类、被子、枕头类和毯子的人数较多，分别为22.9%、24.6%、21.9%和20%，购买比例最低的是毛巾和窗帘，分别为3.2%和7.5%。

消费者在2~3年购买一次的产品中，购买被子和毯子的人数较多，分别为24.8%和21.9%，其次是窗帘、套装类和枕头类，各占消费者总数的19.2%、18.2和14.3%，购买比例最低的是毛巾，仅为1.5%。

消费者在4~5年中购买一次的产品中，购买窗帘的人数最多，为54.2%，其次是被子和毯子，各占消费者总数的14.5%和18.5%，购买比例最低的是枕头类和毛巾，分别占消费者的5.6%和0.8%。

在5年以上仅购买一次的产品中，选择窗帘的人数最多，占消费者比例的79.6%，其次是毯子，占消费者总数的10%，套装类、被子、枕头类和毛巾的购买比例最低，均不足5%，如表3所示。

表3 广州消费者购买一次家纺用品的比例

时间 产品	一个季度	半年以内	1年左右	2~3年	4~5年	5年以上
套装类	7.6%	21.9%	22.9%	18.2%	6.4%	3.1%
被子	4.1%	17.2%	24.6%	24.8%	14.5%	4.2%
枕头类（枕头、抱枕）	9.5%	24.1%	21.9%	14.3%	5.6%	2.2%
毯子	5.0%	17.2%	20.0%	21.9%	18.5%	10.0%
毛巾	70.1%	13.4%	3.2%	1.5%	0.8%	0.9%
窗帘	3.7%	6.3%	7.5%	19.2%	54.2%	79.6%

2014中国家用纺织品行业发展报告

4. 购买渠道

随着电商的迅猛发展，家纺的销售渠道发生了很大的变化，传统渠道的比例逐渐减少，线上交易越来越频繁。广州消费者购买床品套装的各种渠道中，网上购买的比例最高为20.9%，其次分别是百货商场、专卖店和超市，比例分别为20%、18.1%和16.6%，而专业市场和建材城比例最低，分别为10.6%和5.3%，如图28所示。

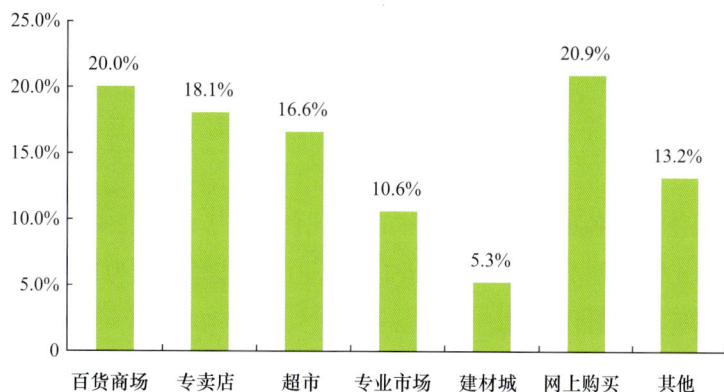

图28　广州消费者购买床品套装的各种渠道

在消费者购买床品的各种渠道中，专卖店、网购、百货商店和超市等渠道占据主导地位。在问卷调查中，有20.8%的消费者会选择去专卖店购买被子，网购和百货商店的比例相同，为17.6%，超市和专业市场选择比例分别为15.7%和12.4%，去建材城购买的比例很低，仅为9.2%，如图29所示。

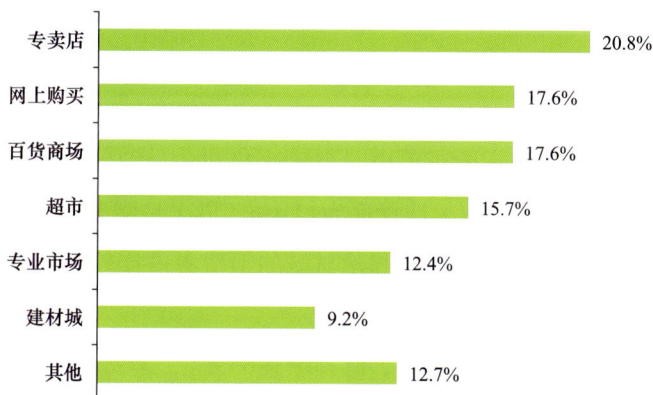

图29　被调查者购买被子渠道

在消费者购买枕头的各种渠道中，网购、百货商店、专卖店和超市等渠道占据主导地位。在问卷调查中，有18.0%的消费者会选择在网上购买被子，百货商店、专卖店和超市等传统渠道的比例相差不大，分别为17.7%、17.4%和17.2%，专业市场选择比例为11.7%，去建材城购买的比例最低，仅为5.3%，如图30所示。

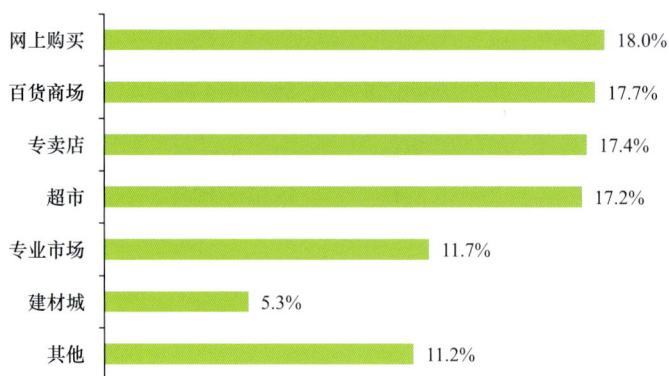

图30 被调查者购买枕头渠道

在消费者购买毯子的各种渠道中，网购所占比例最高，为17.2%。百货商店、专卖店和超市等传统渠道的比例相差不大，皆为16.6%，专业市场选择比例为12.2%，去建材城购买的比例最低，仅为9.2%，如图31所示。

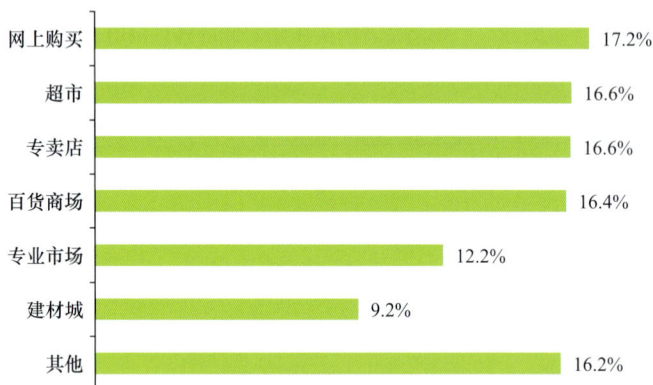

图31 被调查者购买毯子渠道

广州的消费者绝大多数选择去超市购买毛巾，占比达24.8%，远高于其他销售渠道的选择率，百货商场是第二大毛巾销售主渠道，选择率为17.4%，再次是网上购买，有13.8%的消费者选择此种购买途径，去专卖店、专业市场和建材城的消费者占比较低，分别为10.4%、8.2%和5.3%，如图32所示。

建材城是广州消费者购买窗帘的首选去处，选择率达65.8%，消费者也喜欢在专业市场上购买窗帘，占44.9%，16.7%的被调查者表示在专卖店购买窗帘等布艺产品，广州也有一定比例消费者在网上购买窗帘，占12.4%，而去百货商店和超市去购买窗帘的消费者占比最低，分别为10.9%和9.1%，如图33所示。

超市 24.8%
百货商场 17.4%
网上购买 13.8%
专卖店 10.4%
专业市场 8.2%
建材城 5.3%
其他 15.2%

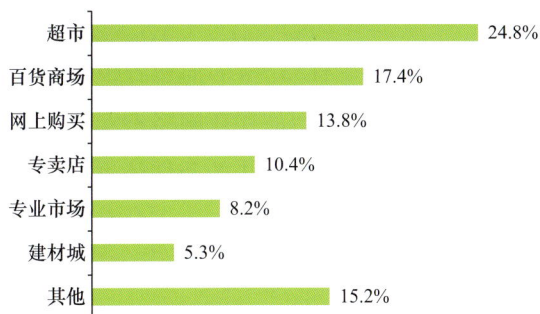

图32 被调查者购买毛巾渠道

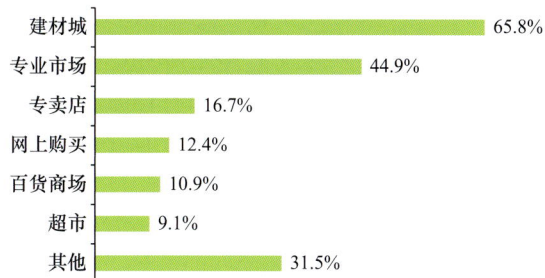

建材城 65.8%
专业市场 44.9%
专卖店 16.7%
网上购买 12.4%
百货商场 10.9%
超市 9.1%
其他 31.5%

图33 被调查者购买窗帘渠道

在未来，实体店仍是广州消费者购买家纺产品的主要渠道，有81.6%的消费者选择在实体店购买家纺产品。随着国内计算机、互联网的普及和电子商务的快速发展，其迅猛的增长势头挑战传统渠道的主导地位，逐渐将成为购买方式转变的大势所趋。调查发现，广州有40.3%的消费者表示今后将通过网络购买家纺产品。此外，有9.7%的消费者表示愿意采用手机购买的方式，通过电视购物、社区销售和邮购的方式占比较低，分别为6.2%、3.8%和1.3%，如图34所示。

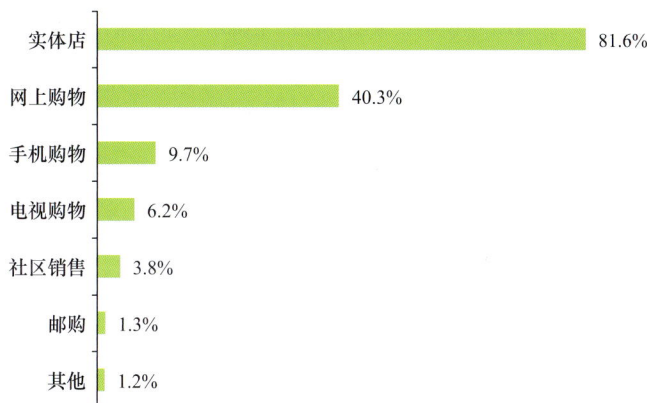

实体店 81.6%
网上购物 40.3%
手机购物 9.7%
电视购物 6.2%
社区销售 3.8%
邮购 1.3%
其他 1.2%

图34 被调查者未来购买方式

消费者主要通过自我体验来了解家纺产品，网络、电视等媒体方式也占有较大比例；另外，朋友推荐和销售人员介绍也较为重要；消费者通过报纸、杂志等纸媒途径了解家纺产品所占比例较低，如图35所示。

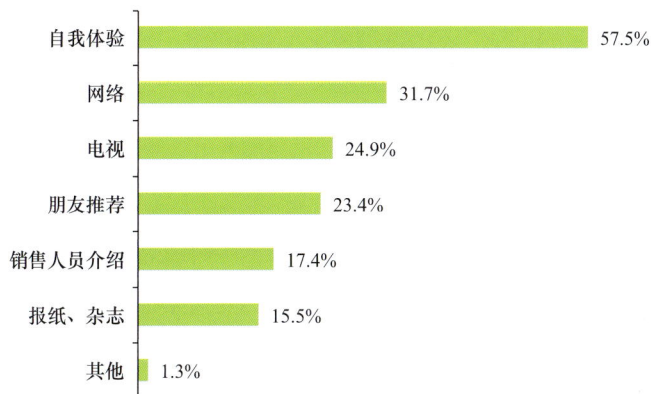

自我体验 57.5%
网络 31.7%
电视 24.9%
朋友推荐 23.4%
销售人员介绍 17.4%
报纸、杂志 15.5%
其他 1.3%

图35 被调查者了解家纺产品方式

5. 线上销售

调查数据显示，消费者在使用手机购买家纺用品的选项中，有53.3%的消费者很少使用手机购买家纺产品，分别有13%～15%的消费者认为手机购买家纺产品存在网络不安全、屏幕小、品类不够齐全和网速太慢等不利因素，说明就目前而言，手机购买的条件还不成熟，消费者对此种购买方式尚未完全认同，如图36所示。

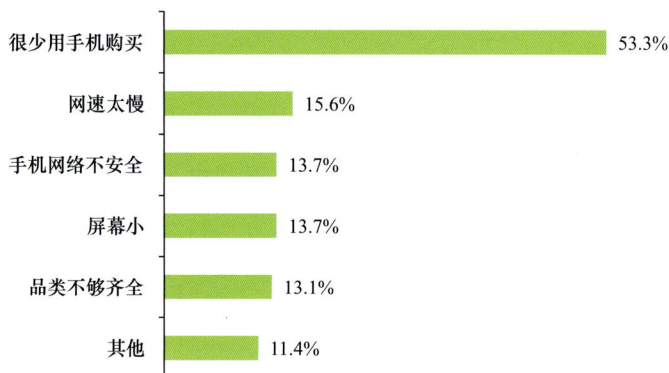

图36 手机购买家纺用品的主要不满意因素

调查数据显示，与实体店相比，消费者倾向于在网上购买家纺产品的主要原因中，有37.4%的消费者认为网购的家纺产品价格优惠，有33.2%的消费者认为网上购买家纺产品比较方便快捷，有19.5%的消费者认为网购的家纺产品种类较多，说明就目前而言，消费者对网上购买方式比较认可，网购受到广大消费者的欢迎，如图37所示。

在消费者从网上购买的家纺产品各种类中，有25%左右的消费者在网上购买枕头类、床品和毛巾产品；其次有20%的消费者在网上购买被子；再次，有13.2%的消费者通过网购购买厨卫产品；最后，网购窗帘的人最少，有8.2%的消费者在网上购买窗帘，如图38所示。

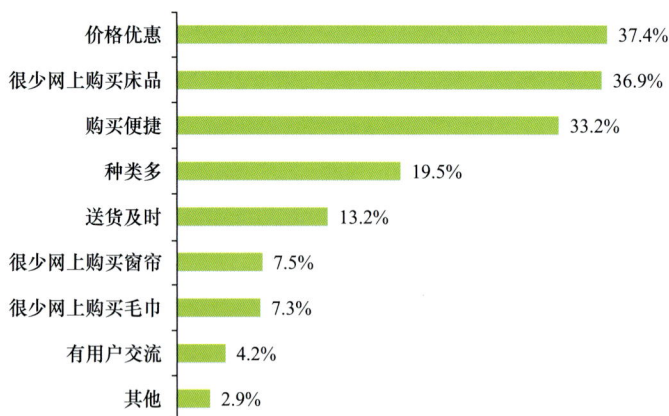

图37 消费者倾向于在网上购买家纺产品的主要原因

调查数据显示，广州的消费者从网上购买家纺产品的网上交易平台中，天猫、淘宝和京东占据了绝大部分，有43.6%和41.6%的消费者选择从天猫和淘宝网购买；其次有28.0%的消费者选择从京东购买；选择一号店、亚马逊、唯品会以及商家官网的消费者都不足10%，如图39所示。

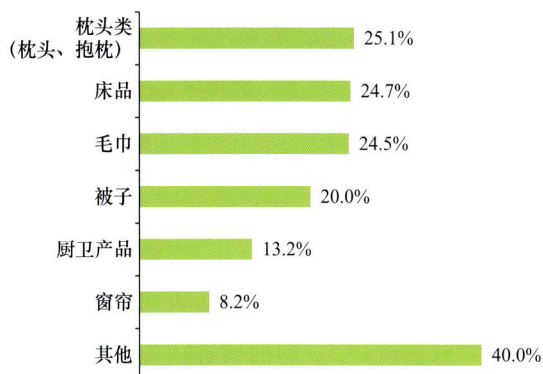

图38　消费者在网上购买家纺产品种类

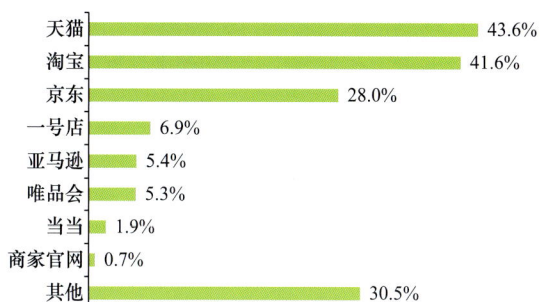

图39　消费者选择网上购买家纺产品的网站

6.品牌因素

调查数据显示，在广州消费者购买的床品品牌中，选择比例最高的是富安娜，为44.1%；其次分别是小绵羊为17.3%、梦洁为14.7%、罗莱为10.3%、水星为10.1%；紫罗兰、博洋、金太阳、红柳和蓝丝羽的选择比例都在10%以下，如图40所示。

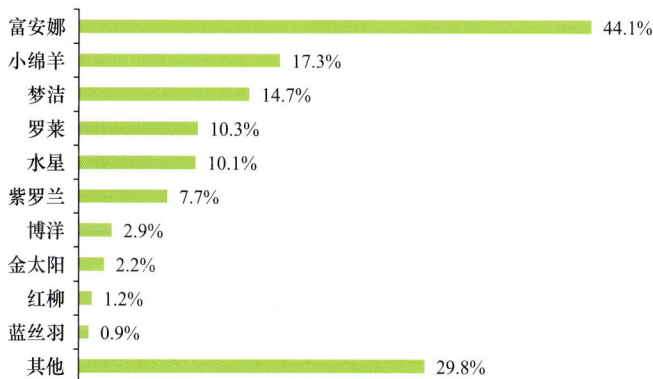

图40　被调查者购买床品品牌

在影响消费者购买床上用品品牌的主要因素中，93%的消费者认为面料是首要决定因素；其次是价格因素，有55.2%的消费者认为价格是影响床品的主要因素；再次是风格，有21%的消费者认为风格是购买床品的主要因素；有19.5%的消费者认为品牌是影响选购床品的主要因素。有9.6%的消费者认为促销活动是购买床品的主要因素。另外购买便捷程度和服务也不太受关注，分别仅有4.5%和2.9%的消费者认为是主要因素。由此可见，消费者更倾向于追求产品的材质和价格等产品本身因素，而附着物等因素影响不大，如图41所示。

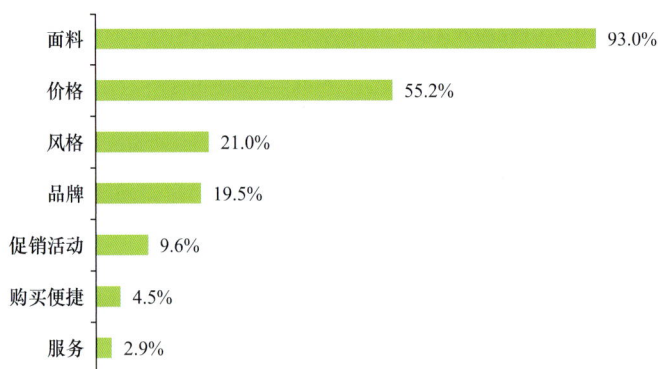

面料 93.0%
价格 55.2%
风格 21.0%
品牌 19.5%
促销活动 9.6%
购买便捷 4.5%
服务 2.9%

图41　消费者选购床品品牌的主要影响因素

　　在影响消费者购买床上用品不满意的主要原因中，有58.9%的消费者认为产品质量不过关是购买床品不满意最主要的原因；其次还是价格因素，有17.1%的消费者认为价格增长过快是购买床品不满意的主要因素；再次，有9.9%的消费者认为产品规格不标准是购买床品不满意主要因素；另外，售后服务不到位和购买不便捷分别有8.5%和6.4%的消费者认为是购买床品不满意的主要因素，如图42所示。

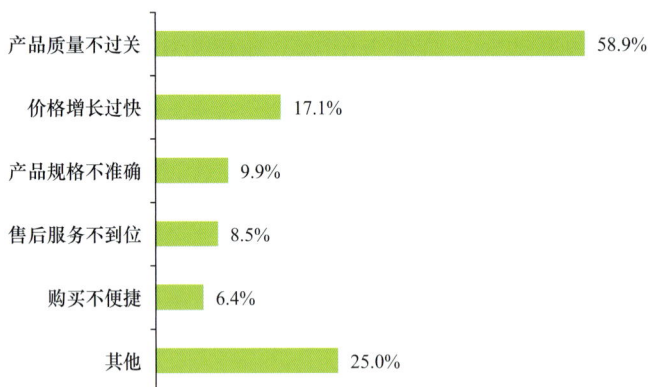

产品质量不过关 58.9%
价格增长过快 17.1%
产品规格不准确 9.9%
售后服务不到位 8.5%
购买不便捷 6.4%
其他 25.0%

图42　消费者购买床品不满意的主要原因

　　调查显示，消费者在关注功能性床品的各类型中，51.1%的消费者关注保暖功能；其次是保健因素，有40.4%的消费者关注此类型的功能性床品；再次是环保因素，有30.8%的消费者比较关注环保功能性，如图43所示。

　　在消费者希望礼品床品需要提升的各个因素中，有68.4%的消费者认为礼品床品的材质需要提高；其次有31.3%的消费者认为床品的图案需要提升；再次，有21.3%的消费者认为在价格方面还需改进；另外有13.6%的消费者希望礼品床品应在包装方面有所提升，如图44所示。

2014中国家用纺织品行业发展报告

保暖 51.1%
保健 40.4%
环保 30.8%
很少关注 20.5%
其他 2.4%

材质 68.4%
图案 31.3%
价格 21.3%
包装 13.6%
其他 5.8%

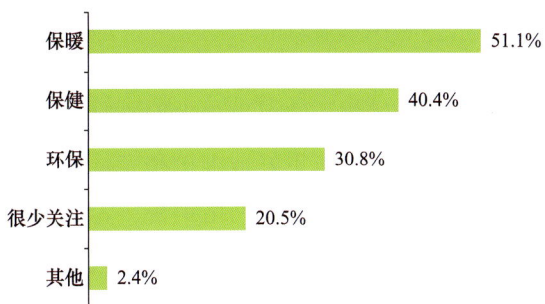

图43　消费者关注功能性床品的类型　　　　　图44　消费者希望礼品床品提升的方面

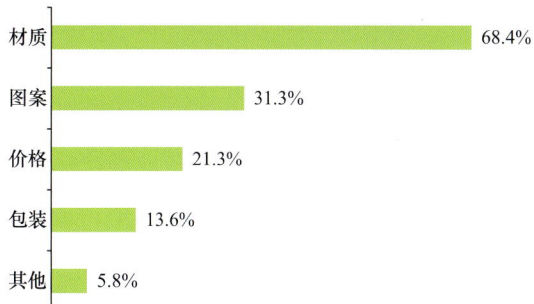

调查数据显示，总体来说，消费者对家纺产品的品牌并不十分了解，家纺产品的品牌知名度还需不断提升。从分行业来看，床品品牌的知名度最高，其次是毛巾产品，知名度最低的是窗帘产品。具体而言，在广州消费者所了解的床品品牌中，知名度最高的是富安娜，其次是梦洁、罗莱、水星、雅芳婷、小绵羊、多喜爱和席梦思等床品品牌。在广州消费者所了解的毛巾品牌中，知名度最高的是洁丽雅，有14%的消费者知道洁丽雅毛巾品牌，另外有15人听说过金号毛巾，有14人听说过上海牌毛巾。所调查的1040位广州消费者中，仅有3人知道宜家窗帘品牌，富居、摩力克、双虎、幸福家居、一米和志达等品牌各有1人了解，由于房间窗户标准规格不一，消费者在选购窗帘产品时基本去专业市场和建材城定制，窗帘的生产大多数都是小规模生产，窗帘产品的品牌建设比较缓慢，99%的消费者并不了解窗帘品牌。

三、小结

经过此次调查，使我们对安庆和广州的消费者有了一个比较清晰和准确的认识。总体来说，本次调查对家纺企业有以下启示：

（1）加强对消费者的了解，进行清晰的市场定位。这几年，随着家纺行业的不断发展和市场态势的变化，顾客的消费观念在发生变化，主要是消费更加理性和谨慎，对价格变动比较敏感，"低成本、低价位"策略和品牌发展战略仍然有效。企业就要站在整个市场的高度进行明确的市场定位，根据消费者对家纺产品需求价位的"宝塔形"的特点为参考，选择自己的目标客户群体，走出一条有自己经营特色的道路。

（2）选择合适的宣传营销方式。由于消费者主要通过亲身体验、媒体渠道中的网络、电视和朋友推荐等方式，另外专业市场广告和销售人员介绍、报纸、杂志也较为重要。因此企业应加强品牌宣传和产品推广，采取多元化的营销宣传，及时了解顾客的反馈信息和市场需求，促进经营业务工作更好地开展。

（3）对于企业来说，销售渠道建设与消费者购买方式联系密切，因此渠道建设对于企业显得重要。企业应根据市场环境和产品细分演变，精准地在市场和行业中找到自己的定位，改进和完善传统渠道，推进多层次商业渠道建设。线上和线下需共同发展，通过总结传统渠道与电商各自特点、客户的消费行为以及产品特性，采取多种策略组合，以满足各类消费群体的需求。

对于床品来说，仍然以传统渠道为主，电商销售发展也比较快，有相当一部分消费者会通过网络销售购买，企业在完善传统渠道的同时也应适度侧重线上渠道建设。对于毛巾以及窗帘布艺产品来说，由于产品本身的特点以及消费者偏好，销售传统渠道仍占据绝对的主导地位，消费者通过网络购买此类产品所占的比例很低，因此企业应更好地维护和完善传统渠道，同时也要弥补此类产品网络销售的缺陷，比如发展"私人定制"型网络销售，为消费者量身打造产品，很可能会走出一条网络销售的新路。两城市消费者对于未来购买方式采取网络购买所占的比例很大，因此企业应注重电商的发展。

（4）购买床品时，消费者更倾向于追求产品的材质和价格方面，而非品牌和功能性。在购买被子时，消费者认为面料材质是最重要的影响因素，消费者在购买窗帘时考虑最多的是材质和款式设计，质量和样式等商品内在因素，对于品牌和服务等外在因素并不十分关心。虽然一些规模较大的家纺企业特别是某些床品企业本身最关注的是品牌含金量，其次才是产品的面料材质，但这与消费者所注重的首选因素有所差异。因此"产品为王"的企业经营理念在广大消费者这里来说并没有过时。因此，大部分家纺企业应注意消费受众的购买因素，以产品材质为导向，满足广大消费者的需求。

（5）家纺产品的购买频次，更换最快的是毛巾，其次是床品，更换最慢的是窗帘，这与各产品本身的特点有关系的同时，也与企业的宣传和消费者的消费习惯有关。值得一提的是，中国家用纺织品行业协会在央视做了"毛巾产品要定期更换，形成健康的消费习惯"的公益广告之后，行业毛巾销量有了明显增长。随着经济的逐渐发展和人民生活水平的不断提高，消费者对床品和窗帘布艺等产品的更换频率也会越来越高，相关企业也应扩大此方面的宣传，让广大消费者形成正确的消费观念。

（6）对于家纺产品的品牌建设来说，虽然家纺行业经历了从规模很小到门类齐全、品种丰富的快速时期，培育出了一批中国驰名商标、中国名牌和地方名牌。但是家纺品牌面临着一系列挑战，比如市场集中度偏低，现有核心品牌占有率不高，尚未形成一批具有很强市场影响力的终端品牌。企业还需加大力度，积极扩大品牌宣传和市场占有率，提高消费者对家纺品牌产品的知名度、美誉度和忠诚度。

家纺消费习惯调研组：吴永茜　闫素

报告撰写人：陈润

专家论坛

新常态下的中国家纺产业创新升级

杨兆华　顾庆良　刘蕴莹

新常态是对当前中国和世界经济发展现状相当准确的表达，是中国纺织产业升级的背景和战略转型的前提。科学地认识新常态，洞察其特征及对中国纺织发展的影响，才能正确应对挑战、突破困境和把握机遇，推动新一轮家纺产业发展之路。

一、新常态和科学发展观

新常态是事物发展过程中特定阶段的一种形态，所谓特定阶段是对应"常态"事物发生质性突变和能级阶跃时的"非常态"——包括"反常态"和"新常态"。

科学哲学家科恩曾以两次科学革命和工业革命的关系系统提出了科学发展的过程：常态研究（Normal Research）以常规理论解释或解决问题——理论和实践的矛盾和不一致（反常态anti normal）——理论危机（crisis）——范式革命（New Paradigm）——新科学理论创立——新常态科学（结构：科学的革命，1962）。

科恩的理论揭示了科学进步和技术创新对社会发展的影响，重点分析了反常态下科学范式革命与经济社会发展的关系，对理解当前正发生的新产业革命具有指导意义。

马克思早就以这种辩证唯物史观分析了社会人类文明的进步，特别是工业文明发展规律：正是因为生产方式的革命，导致生产关系以至整个社会关系革命，从而突破旧体系的束缚，推动新文明的发展（《共产党宣言》，1848）。

熊彼特，纺织企业主的后代，奥地利经济学派代表人物，受马克思创新思想的启发，提出了经济周期与技术创新的关系，他认为经济发展大多数时间是增量式演进，随着原有技术范式的边际收益递减，新的矛盾和不均衡积累，常态下的经济结构和系统趋于崩析，经济危机出现。此时，新技术创新激活要素重组、启动经济转型和新管理与技术范式的创建，促进经济新一轮增长，形成经济新常态（商业周期论，1939）。

二、中国纺织产业正处于一个"新常态"

当前中国纺织产业正处于"五潮聚头"的新常态：新产业革命浪潮方兴未艾，全球金

2014中国家用纺织品行业发展报告

融海啸余波未平，后MFA贸易自由化潮流不可阻挡但阻力重重，中国工业化、城镇化高潮迭起，"中等收入困境"暗潮涌动。

新科学革命拉开了新产业革命的序幕，新材料、新能源特别是移动互联网改变了生产方式和经济发展模式，无限拓展发展空间，财富以前所未有的速度创造出来，而创造财富的源泉不再只是资本、劳动、土地要素。

中国纺织是中国工业化的跳板，助推2020年全面工业化、城镇化和全面小康的过程，又受到新经济的挑战与经济下行、市场疲软和环境压力。

全球经济危机仍在发酵，纺织作为经济实体产业备受伤害，又承载着促消费保就业和经济复兴的重任。

2005年取消配额，中国纺织经过贸易高涨期，正处于世界纺织产业和贸易格局调整期，以及"一路一带"引导的深度融入全球经济阶段。

中国人均GDP已经超过7000美元，人民币储蓄约40万亿元，外汇储备约4万亿美元，然而资本效率低下，经济推动乏力，结构性失衡突出，"中等收入困境"凸显。

新中国成立60年中，经历了两个非常的30年。在第一次改革开放30年中，中国纺织是市场化、民营化改革的受益者和推动者，而更广泛深入、更艰巨的第二次改革攻坚已开始。

三、中国经济新常态的特征和对中国纺织的影响

正因为中国纺织处于时代交叠期，存在着大量的两难困境及有悖于常理的矛盾与悖反现象，现有的模式不相适应，理论滞后思想匮乏；科技、经济、社会等都处于反常态或新常态期，各种因素相互纠结。具体表现在：

（1）由于中国农业的工业化不彻底和土地政策不完善，棉花等原料生产缺规模化和契约信用，价格扭曲波动，现有政策不能维护农民利益，且往往伤害了纺织企业利益；

（2）纺织为实现全面小康、工业化与城镇化提供了就业和社会福利，然而陡升的城市生活成本和劳动力成本，使招工难与就业难同时并存，使纺企举步维艰；

（3）在全球经济危机中深受打击的纺织业仍将是稳增长的民生支柱产业，然而不正确的政绩指标和唯GDP论使一些决策者往往忽视纺织；

（4）当前纺织产能过剩现有后配额纺织提速的惯性突遇国际市场衰退的原因，不能及时换挡刹车，又有收入差距造成结构性社会过剩，即占人口比例很高的低收入人群消费能力不足的因素，而短期动态的市场供需失衡叠加后被放大；

（5）面对经济困局，紧缩和宽松是政策的两难选择，但无论紧缩还是宽松，纺企都是受损者，紧缩使融资难的纺企雪上加霜，宽松不一定推动纺织投入和拉动消费，反使原料和生产成本进一步上升；

（6）中国纺织一方面要把产业规模搞上去，又要面对全球变暖的压力，兑现承诺，将排放降下来，按常规这是不可实现的任务；

（7）长期出口导向的贸易政策和"追底杀低"的恶性竞争，纺织贸易日渐艰难，而累积的贸易顺差使人民币升值压力增加，面对新兴出口国的崛起，中国纺企价格竞争力下降；

（8）移动互联网改变了传统的商业模式，冲击了实体企业，颠覆了生活方式，线上与线下正处分离整合的调整适应等等。

四、新常态纺织产业的时代角色与历史任务

在第一、第二次工业革命中，纺织行业创造了新生产方式和经济形态，是旧常态的颠覆者和新常态的创造者。当今，作为传统的纺织工业不可能担纲新产业革命的技术主导和领先者，但应担当复苏经济振兴产业和破解困境的主角，更要通过改革创新实现纺织业和中国经济协调、和谐和包容性增长。

1. 纺织是经济复苏的动力

作为满足人类衣食住行需求的纺织产业总是经济危机的受害者和救赎者。此次金融危机虽然持续时间长，影响面广，但仍遵循这一规律。危机中世界纺织贸易虽有起伏，但总体上仍高于经济增长率。纺织外贸和内需是中国经济回归均衡的平衡器和恢复增长的动力。

2. 纺织是实现中国梦的力量

中国将于2020年全面实现工业化和小康。其间每年将有超过1000多万的农民进入城市转变为工人，纺织业提供大量的就业岗位，而与纺织服装相关的商业零售是城市经济和就业的主要承载，避免城市空心化，纺织服装是低收入人口脱贫致富的途径之一。而农改非生活方式转变直接拉动服装、家纺等消费。

3. 纺织帮助走出增长困境

当前中国结构性矛盾突现，经济增长缺乏动力和新增长点。但中国市场的广阔性、多样性、多元化给纺织业更多策略调整空间与时间，避免经济失速。纺织让占消费者主体的劳动者有收入并转化为消费。大量的基本需求和不断壮大的中产阶级以及高收入的时尚高端需求促使消费量质齐升。纺织生产与消费两个发动机持续均衡驱动经济的发展。

4. 践行均衡的贸易和包容性增长

后配额时代的自贸区和"一带一路"的建设有深刻战略意义；推动贸易自由化，输出中国富余的资本、产能和优势技术，加强与沿"一带一路"经济体的关系，支持欠发达国家的基本建设，实施包容性的贸易政策，激活各经济体的要素优势，化解发展中国家同质化竞争的矛盾，合奏和谐的乐章，中国向欠发达国家开放纺织服装进口市场，促进了纺织品以及纺机等出口。推动均衡的进出口，特别是利用坚挺的人民币进口先进装备、染化料、纺织原料与资源、高端纺织面料和服装家纺消费品，促进中国纺织产业与市场升级，扩大中国纺织的策略空间，降低人民币升值压力。是一石多鸟，四两拨千斤的巧战略。

五、新常态条件下的家纺产业创新升级

作为中国纺织鼎足之一，在新常态下的中国家纺产业的新一轮发展动力是创新。特别强调根本性的创新，即革命性的范式创新，或其结果是颠覆性的，颠覆了原有的产业结构、市场秩序和竞争格局。简言之，在经济新常态下唯有创新造就家纺产业和市场的新常态。

要发现不均衡、矛盾和冲突，以创新打破原有的格局、体系构架，重组要素使活力倍增，重构新的均衡力量，挖掘新的财富源泉。

熊彼特将打破旧常态创造新常态的创新归为五类：导入新的产品，新的技术流程，新的市场，新的资源和新的生产组织。

1. 创造新产品和新家纺概念

家纺是人类的基本需求，通过创意设计、研发创新向广大消费者提供可支付的高品质美观实用的产品是家纺企业的常态化任务。更进一步，在新的产业革命和消费主张的新常态中，家纺产品应顺应健康、清洁、循环的价值观和从"人类（身体）——家纺——环境（空间）"的哲学观，改变设计理念，充分利用科技新成果，创造新的功用和需求。

家纺是联系人及群体与多维空间组成的环境（空气、声音、光影和香氛）的界面：其功能是动态和静态的物质与信息沟通、交换和物理空间的阻隔、区分、防护、支撑等。从这个抽象概念出发，扩充大家纺概念，即与天地融为一体的人类生活活动所需要的纺织产品，创造新的产业定义。而新科技也提供实现新产品概念的技术支撑，赋予家纺更多更深的文化、艺术的精神内涵和物质功用。

智能化家纺产品，通过记忆材料、功能纤维结合数字化传感、处理和优化控制，联合移动互联网络，构成健康、节能、清洁的活动空间与生态环境。

消费决定了价值。顾客在品鉴、购买、使用、DIY、消费等过程中的体验、享受，都是家纺产品的重要组成。消费者参与家纺产品的设计和创意过程，已成为一种移动互联网条件下新的商业模式。

2. 家纺产品的技术创新

工业革命从纺织技术革命开始，创新技术重组了资本、土地、劳动力要素，之后的印染技术、人造纤维、合成染料等都是纺织技术创新对人类文明的贡献。之后很长时间里，纺织行业大多数进行的是效率改进型和成本节约型的常态化创新。新科技革命和工业智造4.0将改变纺织制成方式、工艺流程、物流配送、生产作业、流通销售，颠覆家纺产业，激活超越成本和效率的核心竞争力。

激光烧蚀技术，运用在家纺产品"印花"和表面处理，相对传统纺织印染是减法，丰富产品的艺术表现力，减少污染排放，适用于小批量、个性化、快速即时的生产。

单位产品系统（UPS）应用于服装流水线已经有三十多年，改进的家纺UPS系统开始在家纺企业中应用，大大提高了劳动生产率和产品品质，符合小批量、多品种的市场趋向，缩短了交货期，降低了劳动成本，优化了工艺流程，规范了绩效考核，提高劳动积极性。

流程再造本质上是突破了原有的生产系统和工艺流程，结合先进设备、信息化数字技术和智能系统。如自动纺纱设备结合操作流程和生产组织再造，万锭用工人数降到17人以下，降低工人劳动负荷，提高了工资收入，解决用工问题等多重困境，企业效益明显提高。

3. 家纺原料和材质定义和创新

材质是家纺的基础，也代表着物质文明的进步。每一次材质的创新——不管是材质应用的创新还是材质本身的创新——都成为家纺业的突破。新产业革命下的新材料革命如纳米材料、复合和杂化纤维、传统的天然纤维材料和其他天然材料的开发，以及新功能、新结构的面料应用，不断推动家纺产业的创新升级。

家纺原料是构成产品物理性质、美学效用和使用功能的一部分，是家纺的时尚材质。正像斜纹牛仔布、亚麻织物创造延绵百年的时尚风，用大麻纤维制作的床品和复合床垫，天然、环保、健康、舒适，亦有可能创造新的传奇。

构成家纺的材质不仅是纤维材料，还包括非纤维材料和其他辅助材料和配饰件，这些新材料和纤维材质的共构和组合，将大大丰富家纺的产品基因和时尚表达实现方式。

4. 家纺产业新的市场和应用领域

家纺产品广泛渗透人类生活衣食住行，覆盖军用、工业、公用等领域。随着全球化、工业化和城镇化，传统家纺的市场空间范围还在扩大，而新技术新材料创造的新功能更不断创造新的应用和市场：如柔性太阳能电池和信息传感技术控制和通信支持的智能家居和户外运动产品，微环境调节和优化产品市场等。企业不仅需要创新产品，更需要创造新需求和新市场，催生新产业。

5. 家纺产业组织创新

组织创新的本质是将要素结构优化重组。流程再造的基础是生产组织的再造，根据流程重组，重建仪器设备，人员配比，简化程序，优化产出。家纺产品的门类众多，产业链上至纤维材料下至最终消费品，商品链则覆盖家居、家饰、家具等，价值网络涉及垂直和水平产业市场组织。中国的家纺产业应摒弃丛林法则，构筑新型产业组织、战略联盟和共赢包容的产业关系。

更高层级的是颠覆原有的价值网结构，创造新的产业模式，或改变企业在价值网络中的地位。渠道创新是典型的在创新技术支持下和消费拉动下的组织创新。体现在业态组织和运营模式的改革，对旧常态的颠覆。快时尚的商业模式创新最初源自家居家饰的宜家模式。海量时尚设计，卖场（POS）场景展示和体验，平板式包装，前店后"仓"，组合家装，顾客DIY，动态陈列快速周转。基于时尚生活方式创造平价快销的方式，成为价值网络的钻石中心和治理者。

在移动互联网条件下，商业流通、电商、物流、制造企业，整合虚拟资本和实业资本、数字渠道和实体渠道，线上与线下（O2O），消费与生产，贸易商"从设计到店铺"（D2S），制造商从"工厂到消费者"（F2C），体现平等、参与、共享新思维。基于价值流拓扑的新型商业模式不断涌现，中国家纺企业正从被冲击到适应调整并开始创造新常态下的生存方式和生态环境。

6. 家纺产业的创新组合

新常态下的五大创新不是孤立的而是创新的组合：技术流程创新改进产品和创造新产品或服务，新的原料材质增加产品功能价值，甚至创造新的产品概念，新产品需要流程再造或生产组织改革，并通过商业组织和模式创新，开拓新的市场，实现新的市场价值。

组合创新才能解开新常态下错综复杂的绳结，打破旧常态系统的羁绊，要素的优化组合释放活力，打开财富之门，创造家纺产业新的蓝海。

六、结论

处在反常态、新常态交替新时代，中国纺织不能以工业化初期的思想和发展模式解决新常态下的新问题，不能以常态的技术管理方法处理新矛盾，不能仅以传统的产品与服务满足市场新需求和消费的新期望。不能以线型的框架解析移动互联网的价值网结构，不能以就事论事的处事方法解决两难困境。

新常态家纺产业需要以技术和管理范式创新，产品和技术流程和材质创新，改革产业组织，开拓新市场，发现新增长点，重建新秩序，促进新一轮增长。

中国家用纺织品行业协会

东华大学纺织经济研究所

中国纺织工业"走出去"进展与重点关注

中国纺织工业联合会市场部、国际贸易办公室
中国国际贸易促进委员会纺织行业分会

一、中国纺织工业进入跨国布局新阶段

根据中国纺织工业联合会市场部于2013～2015年连续三年的跨国资源配置专项调研，我们对行业"走出去"形成一个基本判断：目前中国纺织工业已进入跨国布局新阶段。

提出这个基本判断，离不开宏观和行业的双重背景。简言之，在宏观层面，我们可以清晰地观察到，伴随着中国经济实力明显增强并历史性地进入资本输出阶段这一过程，"走出去"也成为不断升级的国家战略，就纺织产业而言，面对增速相对下降的新常态环境和国内外的多重挑战，通过全球布局进行资源优化配置和提升国际竞争优势是行业转型升级与持续发展的必然选择。

（一）"走出去"的宏观背景

1. 鼓励和引导中国资本"走出去"成为一项持续且不断升级的重大国家战略

早在2000年，中共中央政治局就提出实施"走出去"战略是"关系我国发展全局和前途的重大战略之举"；2011年，国家"十二五"规划要求加快实施"走出去"战略，鼓励制造业优势企业有效对外投资，创建国际化营销网络和知名品牌；党的十八大和十八届三中全会都要求加快走出去步伐，增强企业国际化经营能力，培育一批世界水平的跨国公司。特别是2014年北京APEC期间，中国政府提出"一带一路"构想，并在2015年3月正式发布《推动共建丝绸之路经济带和21世纪海上丝绸之路的愿景与行动》，标志着推进中国资本和产能进行全球布局合作正式上升为重要的国家战略。亚洲基础设施投资银行、丝路基金等新设金融机构和融资平台，加上之前的中非基金等，都是从国家层面鼓励和促进资本输出的顶层设计。

2. "走出去"相关管理政策不断宽松和便利化，尊重企业境外自由投资的市场主体地位

近几年，为鼓励和促进更多的企业对外投资，国内相关行政部门不断改善"走出去"的管理政策。2014年9月，商务部制订了新的《境外投资管理办法》，大大简化了对外投资批准手续，大部分项目由审批制改为便捷的备案制。2014年11月，发改委在2014年版本《政府核准的投资项目目录》取消了大部分境外投资的核准要求。除了投资部门的政策改革，与境外

2014中国家用纺织品行业发展报告

投资密切相关的金融政策也朝便利化方向发展，2011年以来，中国人民银行不断试点和放宽人民币境外直投，改进内保外贷等融资条件，外汇管理局的境外投资用汇政策也不断放松。中国进出口银行、国家发展银行和各大商业银行都逐渐建立起支持中国企业境外投资的专门机构和团队。

3. 随着中国经济实力增强，在继续建设开放型经济的基础上，国内金融和产业资本迫切需要在全球层面进行布局、扩张和增值

当前，中国已是世界第二大经济体、第一大贸易国家、第一大外汇储备国家和第一大吸引外资国，迫切需要在全球层面进行资本布局，特别是2008年金融危机后，中国由资本输入国转变为资本输出国的趋势越发明显。2014年，我国对外直接投资加上境外利润再投资及第三地投资，整体对外投资规模已经达到1400亿美元，超出利用外资200亿美元，而在2002年我国对外直接投资只有27亿美元。截至2013年年底，中国1.53万家境内投资者在国（境）外设立了2.54万家对外直接投资企业，分布在全球184个国家（地区）。截至2014年年底，我国非金融类对外直接投资累计达6463亿美元。

（二）"走出去"的行业背景

1. 中国纺织工业取得巨大发展成就，成为名副其实的制造大国

1978年改革开放以来，特别是2001年中国加入WTO后，中国纺织工业创造了巨大的发展成就。目前中国纺织业拥有规模以上企业达3.8万家。去年，这些企业实现主营业务收入超过1万亿美元。全产业的纤维加工量占全球比重从2000年的25%提高到约55%，其中化纤产量超过4000万吨，直接就业人口超过2000万人。

中国纺织工业经济实力蓬勃向上的同时，国际竞争力也大幅提升。WTO数据显示，中国纺织品和服装的出口金额占世界比重分别从2000年的10.2%、18.3%史无前例地上升到2013年的34.8%和38.6%。2014年，中国纺织品服装出口3069亿美元，占欧盟、美国和日本三大市场当年进口份额分别约为40%、40%和70%，维持明显的领先优势。2001~2014年，中国纺织工业为中国创造贸易顺差累计超过1.8万亿美元。

相比其他发展中国家，中国纺织工业在以下几方面仍然体现出无法轻易取代的显著优势和宝贵活力：一是中国纺织工业持续进行大量先进投资，制造能力和劳动生产率不断提升，仅2014年全产业的固定资产投资就超过1600亿美元，年人均产值也从2001年的不到2万美元增长到目前的超过10万美元；二是中国拥有全世界最为完整的纺织工业全产业链，上中下游产生显著的协同效应。中国的化纤、棉纺、毛纺、麻纺、丝绸、印染以及针织、家纺、产业用纺织品、服装以及纺机产业基本实现自主发展，完善的产业链在创造整体竞争能力的同时积累了大量国民财富；三是数百个兴旺的纺织产业集群和专业市场，通过专业分工和规模效应打造出世界一流的高效供应链体系，能够实现产品高质量下的快速反应；四是中国的国内消费市场快速增长并不断升级，消费渠道创新层出不穷，给纺织业的可持续发展提供了足够的空间；五是产业调整升级和创新的步伐从未停歇，产业用纺织品发展迅速、节能环保技术和自动化的应用水平不断提升，服装和家用纺织品的原创设计水平、品牌影响力明显提升。

2.中国经济和行业经济"新常态"背景下，中国纺织工业的可持续发展受到越来越严峻的国内外多种挑战

近几年来，国内外经济形势都发生了深刻变革。国内经济正在告别高速增长进入结构转型、创新驱动的新常态，制造业投资和最终消费的增速在2014年都明显下降，纺织行业也不例外，主要产品产量、企业销售收入、利润等关键指标增速都回落至个位数。

更值得忧虑的是，国内的中长期挑战非常突出：劳动力、土地等生产要素正经历成本的持续上涨和总量稀缺，据林毅夫等经济学家预测到2020年产业工人的月平均工资将超过1000美元；节能环保的法定强制性标准愈加严格，企业投入不断增加。特别是过去几年棉花原料的行政计划性政策造成的国内外棉价差与下游产品国际市场化竞争之间的巨大矛盾给中国棉纺业乃至全产业链造成深远的巨大伤害。

国际上，世界经济仍然处于金融危机后的深度调整期，消费品市场需求没有实质性增长。综合成本上升使中国纺织企业在与东南亚同行的订单竞争中面临更大的压力。例如，2005～2013年期间，越南的纺织品、服装的出口年均增速分别达到27%和18%，超过中国。我行业占日本纺织品服装进口的市场份额也从几年前的80%以上降到70%以下。因此，从整体上看，我国行业的全产业链比较优势和竞争效率正受到严峻挑战。麦肯锡咨询公司2003年年底对美欧29个服装品牌公司高层的调研显示，72%的公司计划未来五年减少从中国的采购，而孟加拉、越南、印度和缅甸成为采购转移的首选地。

在这种挑战面前，部分行业骨干企业以全球视野进行跨国布局，巩固和维护自己多年积累的制造优势和客户资源，并通过"走出去"实现微笑曲线两端的国际化优质资源配置，不仅是企业自身发展壮大、保持资本增值的重要手段，也是中国纺织业整体上成功应对国内外各种挑战、拓展产业发展空间、建设纺织强国的重要途径。

二、中国纺织业"走出去"的总体情况与推进特点

（一）"走出去"的总体情况和两条主线

总体上，目前纺织业海外投资呈现多区域、多行业和多形式加速推进的态势。据不完全统计，截至2014年年底中国企业在海外设立纺织服装生产、贸易和产品设计企业超过2600家，分布在超过100个国家和地区，涵盖东南亚、北美、欧洲、澳洲、非洲等重点区域，主要投资企业来自浙江、江苏、山东等沿海省份。纺织业对外投资几乎涵盖了整个纺织服装产业链，从上游的棉花、浆粕、麻等原材料，到棉纺、毛纺、化纤等中间产品制造，再到终端的服装、家纺产品和纺织机械等都有涉及。纺织业对外投资形式包括了绿地投资、股权并购、资产收购和合资等典型FDI形式。虽然对外投资的累计统计金额只有几十亿美元，但根据过去三年联合会的专项走访调研，我行业的境外投资呈现加速增长的趋势。

经过对众多行业企业境外投资实践的梳理，我们可以总结出纺织业跨国资源配置的两条主线和目标：简言之，中国纺织业要通过"走出去"实现产业链的跨国整合和价值链的全球突破。具体而言，一条主线是以我国产业资本为主导，通过绿地投资、合作进行生产力的跨国布局，打造 "中国+周边国家"（重点是东南亚和南亚地区）的制造基地布局模式，维持

2014中国家用纺织品行业发展报告

和提升中国纺织工业在全球供应链中的国际领先优势；另一条主线是我国产业资本通过积极主动的海外直接投资、并购对产业链两端的原料资源、设计研发资源、品牌资源和市场渠道资源进行全球范围内的垂直延伸和掌控，带动我行业整体上朝世界纺织产业价值链的高附加值领域渗透。

（二）"走出去"的推进特点

现阶段，中国纺织业境外投资的推进过程体现出以下几个特点：

一是棉纺和针织行业成为境外绿地投资热点，同时境外绿地投资普遍计划打造"中国+周边国家"的制造基地布局模式。

过去几年棉花收储政策导致国内棉价比国际棉价平均高出30%，严重削弱了我国棉纺行业的国际竞争力，2012年、2013年中国分别进口棉纱线153万吨和210万吨，同比增长分别高达69%和37%。这种情况下，国内的棉纺企业开始成规模地进行海外投资，天虹、百隆、华孚、新大东、裕纶等企业在越南的棉纺投资合计已超过100万锭，岱银在马来西亚、科尔在美国的棉纺项目也进入投产阶段。由于缝纫环节的劳动密集型特点，针织服装加工也是我纺织业对外投资的热门行业。申洲国际、即发集团、东渡集团、AB集团等大型企业在柬埔寨、越南等劳动力成本较低的国家进行绿地投资。

同时，从制造层面的跨国生产力布局来看，企业普遍倾向于打造"中国大陆+周边国家"的布局模式，通过在东亚地区供应链的协同配合，达到最优资源配置水平和运营状态。例如，东渡集团就是其中的典型企业：自2003年开始战略布局，东渡在国内苏南张家港本部、苏中（2005年）、苏北宿迁泗阳（2013年），国外马来西亚（2003年）、越南和柬埔寨（2008年）建立了数个生产基地（其中越南为了防控风险采用将订单外包当地工厂的方式进行），东南亚三国的用工人数已经约2万人，2014年，东渡超过一半的服装产量都已由东南亚国家生产，但对技术、环保要求很高的面料生产和研发中心仍布局在国内。江苏华瑞集团在我们调研中也表示国内和东南亚各一半的产能对企业较为理想，其1998年就到柬埔寨设立服装工厂，2002年在越南也进行了投资，目前运营状况都比较良好。

除了棉纺、服装环节，我们注意到国内实力企业对东盟国家急需的织造、染整环节也有加速在其内部布局的趋势。例如2015年3月，鲁泰决定利用自有资金投资1.5亿美元在越南建设6万锭纺纱及年产3000万米色织面料生产线项目。雅戈尔在越南也有棉纺到成衣的垂直产业链的布局。

生产和销售全球化背景下，跨国界发挥各国的比较优势是正确的选择，可预见中期内"中国+东南亚"将继续在世界纺织品服装供应链中居于中心地位。WTO的贸易数据也证实了"中国+东南亚"的制造中心地位：2005～2013年，亚洲国家纺织品、服装出口金额占世界比重分别从47.1%、48.3%上升至59.8%和59.4%，年均增速都高出世界总体增速3个百分点。

二是上游原料、品牌技术的跨国并购日益增多，对国外优质设计资源、市场渠道资源的掌控也多有成功探索。

在上游原料资源掌控方面，2012年如意用约15亿元收购澳大利亚卡比棉田农场和轧棉厂、2011年前后富丽达总计2.53亿美元并购加拿大纽西尔溶解浆公司都是典型的成功案例。

品牌并购方面，2007年雅戈尔收购SMART和XINMA股份，2009年中银绒业收购英国邓肯纱厂，2010年如意收购日本上市公司瑞纳株式会社且在英国、意大利、德国、印度等国进行了一系列的品牌收购，2013年万事利收购法国丝绸企业MARCROZIER，并邀请原爱马仕丝绸控股集团CEO加盟万事利集团进行品牌运营，2014年玛丝菲尔收购意大利 Krizia品牌都较为典型。2013年，江苏金昇完成收购瑞士欧瑞康天然纤维纺机及纺机专件全部资产和股权，交易金额高达42.3亿元，是行业典型的通过并购在全球获取品牌和技术优质资源的努力。

除了对海外现有品牌进行收购，企业自己主动"走出去"获得设计、市场渠道方面的国际优质资源，达到提升企业核心竞争力战略目标，是很多企业共同的心声。例如，2013年，鲁泰米兰办事处正式开业，通过与意大利设计师、意大利设计机构合作，鲁泰把握面料及衬衣流行趋势、提高产品整体设计的能力大大进步，样品选中率大幅提高。同时公司总部与意大利办事处形成良性互动，公司聘请意大利成衣设计团队来公司设计并培训，并外派设计人员赴米兰学习，让公司在面料、服装研发与设计的时尚度和创新度向欧洲靠齐。2014年，鲁泰在美国纽约州设立子公司，主要从事市场调研、新产品的推广及客户关系维护等工作进一步完善了公司主要市场的国际营销渠道，提升了公司的综合服务能力和竞争力。云蝠、岱银在美国市场的品牌、设计、渠道建设也都有非常类似的体会。

家纺企业中，亚光、众望、中亚等企业在海外核心市场中对品牌、设计、渠道的自主掌控和努力也是非常成功的。以亚光为例，2004年，经过充分的考察及论证，亚光在纽约设立美国公司Loftex USA，聘请原世界第一大毛巾品牌Cannon公司的首席设计师担任首席运营官，在美国曼哈顿第五大道著名的家纺区设立了公司和展厅，12人的销售和研发团队全部为海外人士。他们发挥了多年的市场策划和营销经验，Loftex品牌毛巾在短时间内迅速进入美国大型零售商渠道，多款产品深受美国高端客户青睐，赢得了大量的订单和客户。短短的几年时间，亚光家纺由简单的来样加工和竞价接单，转变为自主研发，引导市场趋势的主流毛巾生产企业，完成了公司由代工到自主品牌出口直销的质的飞跃。目前亚光的毛巾产品在美国已进入超市和高档百货商店等主流渠道。同时，亚光在美国还注重实现对客户的全面服务，企业自主品牌形象和知名度大大提高，近几年美国市场的销售额每年都在1亿美元左右。

三是以东渡、天虹和如意等优秀集团为代表的中国纺织企业已经超越了"走出去"的简单概念，而是通过国际化战略朝全球跨国公司奋进。

以东渡集团为例，东渡集团"走出去"是非常典型的充分利用和优化配置海外各种资源，循序渐进主动地向价值链高端进军的实例。世纪之交，东渡选择抛弃外贸公司，自己寻找订单和客户，逐渐打开日本、美欧市场。2002年，东渡开始在新加坡建立全球业务接单中心，最终实现国内不接单，贸易平台完全国际化。随后东渡逐渐在马来西亚、越南、柬埔寨以投资或者合作的方式建立生产网络，与国内苏南、苏中、苏北生产基地协同配合，形成充分满足客户多元化需求的跨国生产体系，实现生产的国际化。强大、高效、高质、环保的生产网络给东渡带来了话语权，从2015年开始东渡原则上不做利润低于8%的订单，财务数据保持超级健康状态，实现零库存、零应收账款、零坏账的奇迹。

除了通过"走出去"实现贸易平台和生产网络国际化，东渡更实现了财务和资本运营的国际化，目前东渡的结算中心放在新加坡，融资中心放在新加坡和香港，融资成本基本上不

2014中国家用纺织品行业发展报告

超过2%，比国内企业有几乎6个点的成本优势。下一步，东渡正努力进行自主品牌和设计的"走出去"。东渡的自主童装品牌"伊思贝得"已通过与合作伙伴——澳大利亚童装著名品牌BONDS在澳洲的300多家专卖店进入澳洲市场，其基础是BONDS与东渡在研发和制造上的多年紧密合作关系。在美国市场，东渡计划和目前有合作关系的几家顶级童装企业在美成立联合设计中心，把握市场趋势和产品需求，实现"东渡设计+东渡面料+东渡加工"的全套解决方案。东渡在代工层面做到世界一流的同时，其长远目标也定位于自主品牌的全球出口和自主销售。

天虹集团作为中国香港上市的国际化公司创始于1997年，目前已成为中国最大的棉纺企业之一，在高附加值包芯纱领域具有领先地位。天虹的营运总部位于上海，产业布局以国际化思维及全球化视野进行延伸发展。自2006年开始实施"走出去"的国际化战略以来，截至2014年年底，天虹已经在国内长三角及山东设有12个生产基地，在越南设有3个生产基地，年产能达到216万纱锭及572台喷气织机。2014年天虹实现纱销量达43.2万吨，销售收入达到104.7亿元。

整体上，天虹集团的全球化体现在生产基地、研发和销售、财务中心的国际化。生产基地以"中国内地+越南"为主，并有在土耳其、乌拉圭布局的考虑，研发和销售中心主体在上海，在中国澳门也设有次销售中心，财务平台则是中国香港的上市公司。

天虹在越南的绿地投资及获益是其国际化的最大亮点。2006～2012年，天虹在越南南部同奈省进行棉纺项目投资，投资规模累计达到49万锭，用工人数5000人，2012～2014年，天虹在越南北部广宁省进行的棉纺项目投资达到50万锭，用工人数也约5000人。目前，天虹在越南共拥有99万纱锭产能，接近中国内地的117万纱锭，并且2015年在广宁还计划建设新的纱锭工程。2014年，天虹进一步在越南广宁省投资建设云南天虹海河工业区，计划吸引更多的纺织服装企业共同打造规模庞大的全纺织产业链生产基地。2012～2014年，天虹依靠越南生产基地不受棉花配额和高差价的影响，取得了比国内大部分同业更好的业绩，其年净利润分别为4.86亿元、11.26亿元和3.06亿元。

四是"走出去"与中国市场密切结合。

我国纺织产业"走出去"是以国内业务的健康发展为基础的，两者相互配合和支撑。很多境外投资业务的最终销售地正是正在飞速发展的中国市场。前述天虹、岱银、科尔集团等棉纺企业在海外生产的大部分棉纱都回销中国。很多海外品牌、技术的投资并购也秉承了"中国动力嫁接全球资源"的战略理念。例如自2010年以来，位于上海的复星集团及其子公司已经收购或入股了希腊时尚品牌FolliFollie、美国时尚女装品牌St John、意大利奢侈男装品牌Caruso、德国中档服装品牌Tom Tailor。复星的投资管理理念是利用自身在中国的资源及渠道优势，帮助收购的海外品牌让更多的中国消费者所认识，并协助其实现在中国市场的销售提升。事实上，以如意为代表的中国纺织企业收购海外品牌也持有类似的战略理念。

五是企业跨国布局日趋理性，对境外融资、综合成本、投资安全和全程风险管理非常重视。

在中纺联对产业境外投资专项调研中，境外投资的融资成本问题一直是个热点问题，企业的境外投资并购都在充分利用当前美元融资成本较低的时间窗口。例如，岱银在马来西亚棉纺项目的6000万美元贷款是由新加坡和香港的银行共同提供的，项目的综合融资成本比国内显著降低。同时，企业也越来越重视投资并购的专业尽职调查和可行性分析，对劳动力充足程度和成本、劳动生产率、原料供应、产业链配套、基础设施、销售市场、管理人才等诸多因素统筹考虑，计算综合成本，注重发挥投资目的地的真正优势。此外，投资安全和风险防控是企业最为关注的因素，全面了解投资地的法律制度、政治和工会环境、文化风俗以及选择恰当的投资交易架构、税务安排和管理团队非常重要。例如，目前自主品牌国际化最为成功的江南布衣，其海外渠道建设就采取了灵活选用当地有实力的代理商为主、稳步推进直营店建设为辅的方式。江南布衣之所以依靠各国的合作伙伴和代理商进行零售网络布局，是因为考虑到各国市场差异较大，公司的国际化管理人才储备也未能尽善尽美地显示，鉴于海外当地公司更加了解市场，了解品牌进入所需的条件和必要行动，因此请当地合作伙伴帮助江南布衣品牌进入市场的成功概率很大。

三、中国纺织业全球布局的重点关注

（一）全球贸易政策变革正在深刻影响全球纺织供应链的重塑，TPP等区域贸易协定将对我国产业发展造成较大挑战

自从多哈回合陷入僵局以来，区域性的自由贸易协定对全球货物贸易带来了巨大影响。例如由于大部分产品双向零关税，中国—东盟自贸区客观上加速了我棉纺、服装的部分产能向越南等国的外移，另一方面也带动了国内面辅料对东盟国家的出口增长，东盟迅速超过日本成为我国第三大出口市场，我国和东盟纺织服装产业链正发生深度融合。未来几年，由于美国、日本巨大的市场容量以及"从纱认定"乃至"从棉花认定"的原产地规则，TPP的签署可能会进一步加速越南等地棉纺、面料和服装产业的大量投资，我国企业需继续顺势而为。此外，日本、欧盟利用优惠国别关税政策，给柬埔寨、缅甸、越南等国零关税或者超低关税。与中国出口上述市场高达6～10个百分点的关税优惠，诱使国际采购商的采购订单在满足质量的前提下向这些享受优惠关税国家大量转移订单，继而加速了我国企业境外投资的步伐。

（二）乐观看待国内产业向外转移的忧虑和挑战

从英国到美欧，到日本，再到亚洲四小龙，改革开放后再到中国，世界纺织服装的中心制造环节经历了典型的转移过程（其中欧洲比英美明显保留了更多的纺织工业）。"走出去"会不会造成我国纺织产业流失和产业空心化？我们的初步判断是乐观的。

1. 人口与产业工人

正如中国经济面临的最大问题可能是养老问题，纺织工业最大的挑战可能不是棉花问题，不是环保问题，而是中国纺织业大批优秀产业工人正在老去的问题。全国的纺织服装企业都面临一个问题：90后和00后进车间当工人的积极性极低。在这种大背景下，很多服装加工环节转移到越南、柬埔寨和缅甸等国是可以理解的，其根本动力不仅是为了较低的劳动力成本，而是为了有充足数量的劳动力。但东盟十国一共只有6.3亿人口，且各国的差别分化又较大，能够从事纺织服装生产的合格劳动力数量不宜高估，较低成本的持续时间也不容乐

观。据即发集团介绍，其越南工厂的工人月工资已从2005年的60美元涨到2014年的250美元，生产效率差不多是国内工人的80%～90%，柬埔寨工人虽然工资在120美元/月，但生产效率只有国内工人的50%，且工会活动越演越烈。

另一方面，产业的时尚设计、科技研发与产品创新、流行引导、品牌的国际和互联网营销等各个环节都需要大量的高质量的受过高等教育的人才。相比东南亚、中南美、非洲区域，中国的纺织专业人才储备量高很多，不应妄自菲薄。

2. 自动化与智能制造

新一轮的工业革命正在进行之中，纺织工业不会例外。大众消费品订单的国际竞争，归根结底是劳动生产率的竞争。用自动化提高效率来化解缺人和劳动力成本上升的困局，是目前众多纺织企业的选择。事实上，中国已经是工业机器人的最大购买国。纺织产业链上的单个工序和整体流程（甚至包括劳动力最为密集的缝制环节），都可以通过信息化、自动化和智能化大大挖掘和提高生产效率。目前我国纺机行业的自动化、智能化创新方兴未艾，未来一段时间化纤、棉纺、印染等上中游环节的大规模自动化、信息化应用可期。这样大规模的资本、新技术投入，不是每个国家都能做到的。只要自动化信息化等先进手段的深度应用能够在劳动力资源减少时继续较快地提高中国纺织工业的劳动生产率，我国产业的比较优势和国际竞争优势就不会受到根本性影响。

（三）国际消费购买力和消费方式的变革对全球供应链布局有重大影响

全球消费革命也正在进行时，突出表现为国际购买力的转移和消费追求与实现方式的变革。

当前，全球消费购买力正在发生历史性的变革，新兴国家特别是亚太地区的纺织品服装购买力增长很快。短短13年时间，欧美日三大经济体的服装进口金额所占世界比重从83.8%下降至63.8%，其他所有地区的进口比重从16.2%上升至33.9%。2013年，"二战"之后第一次发生了发展中国家货物贸易的一半流向了发展中国家。因此，全球购买力正在发生历史性变革。制造基地的布局和品牌国际化的突破需要关注其流动趋势。而这其中，无疑中国的国内市场是最大的增长动力。企业的制造基地和采购基地需要针对消费力的分布进行前瞻性布局，所以"中国+周边国家（特别是东南亚国家）"的制造基地模式值得认真研究。

与此同时，随着快时尚大众品牌的崛起，产品消费周期缩短而品种增多，对设计、制造、物流仓储和分销各环节快速反应、高效连接的要求越来越高。这方面中国纺织工业仍然是不二之选的最优采购来源。

分析当下和展望未来，"互联网+"对纺织品服装生产和消费模式会带来革命性影响。首先，互联网渠道消费快速增长是国内家纺、服装产品消费的一大特征，据估算，2014年服装网购已高达6153亿元，并在可预期时间内仍将快于线下消费增长。此外，随着终端消费与工业生产之间的网络互联越来越成为现实，我们可以预计纺织品服装消费中的个性化定制比重有可能爆发式增长。中国具有移动互联、电子商务渗透率世界领先以及纺织服装工厂信息化、智能化投入世界领先的双重优势，在快速满足这种新的个性化消费需求方面具有不可比拟的综合优势。

另一方面，随着国内收入水平的提高和移动互联时代的流行快速趋同，对于品牌、时尚、品质和产品安全的追求成为越来越明显的消费特征。如何充分挖掘国内供应链的潜力，回归高品质带来好口碑的产品本质，赚取优质品牌层面的较多溢价，是我服装、家纺企业应该重点关注的。

四、结语

我们处在金融危机后世界经济反复动荡、中国资本实力上升的大时代，在内外挑战因素共同推动下，中国纺织业全球布局时代已加速到来。越来越多的行业企业通过"走出去"，在生产力跨国配置、产业链国际垂直整合以及海外优质两端资源的收购合作等方面或初步、或深入的进行了诸多实践，不仅对保持和提升企业的国际竞争力助益良多，客观上也带动了中国纺织产业整体向价值链的高附加值地带进军。

从行业中长期发展的角度看，要成功实现建设纺织强国的战略目标，中国纺织业必须要有一批真正的纺织跨国企业，以全球视野进行优势资源的跨国配置和掌控，摆脱某种意义上我产业局限在优质制造层面的被"锁定"。一批中国纺织企业走出国门，在世界舞台上成长、成熟，需要中国纺织人、纺织企业、行业协会和政府部门的共同努力。我们对未来充满信心。

商业模式

业绩底部回升，电商继续推进，"智能家居"时代到来

——2014年家纺行业上市公司情况概述

花小伟

2014年7月，上证指数启动了一波强劲的上升行情，随后一路上扬，到12月底已经突破3200点（12月31日收盘3234.68点）。整体来说，2014年呈现出两段走势，上半年盘整，7月后进入牛市行情。宏观数据方面，2014年GDP增长7.4%，比2013年降低0.3个百分点；规模以上工业增加值增长8.3%，增速相比2013年下降1.4个百分点；固定资产投资增长15.7%，增速下降3.9个百分点；社会消费品零售总额增长12.1%，增速下降1.1个百分点。虽然整体宏观水平依然较弱，但是市场对国家层面利用资本市场支持实体经济转型的预期、资金驱动带来的良性循环等因素，共同驱动二级市场普遍大涨。

一、家纺业上市公司业绩底部回升

从资本市场看，家纺业目前在A股上市的主要有富安娜、罗莱家纺、梦洁家纺（该三家以内销品牌为主），孚日股份（以出口为主）。

2014年，罗莱家纺、富安娜、梦洁家纺的收入、净利润双增长，见表1；孚日股份虽收入总额略有上升，但净利润却有所下降，同比降幅16.65%。家纺公司当季收入同比增速见表2，家纺公司当季净利润同比增速见表3。

表 1　家纺上市公司 2014 年年度财务指标

指标		罗莱家纺	富安娜	梦洁家纺	孚日股份
营运能力	2014 年营业总收入额（亿元）	27.61	19.70	15.66	45.57
	同比（%）	9.38	5.68	10.08	2.58
	2014 年归属母公司股东净利润额（亿元）	3.98	3.77	1.48	0.75
	同比（%）	19.96	19.56	50.27	−16.65
盈利能力	2014 年毛利率（%）	44.86	51.32	45.63	20.05
	同比（± 百分点）	0.88	−0.06	1.44	−2.31
	2014 年净利润率（%）	14.42	19.12	9.50	1.66
	同比（± 百分点）	1.26	2.22	2.58	−0.43

	指标	罗莱家纺	富安娜	梦洁家纺	孚日股份
偿债能力	2014年资产负债率（%）	20.15	22.40	32.15	64.33
	同比（±百分点）	0.49	−1.97	−0.79	+4.53
	2014年流动比率	3.68	3.27	2.06	0.86
	同比（±）	−0.22	0.29	0.08	−0.09
现金流	2014年经营性现金净流量/营业总收入（%）	18.40	22.12	14.36	3.15
	同比（±百分点）	2.01	10.43	5.05	−19.11
应收账款	2014年应收账款周转率（次）	19.13	27.17	−3.51	11.71
	同比（±次）	1.81	−0.75	0.60	−0.28
存货	2014年存货周转率（次）	2.31	1.74	1.70	1.74
	同比（±次）	0.14	−0.05	0.15	+0.03

数据来源：WIND资讯　中信建投证券研究部

表2　家纺公司当季收入同比增速

公司	当季营业总收入同比增长率（%）				
	2014Q1	2014Q2	2014Q3	2014Q4	2015Q1
罗莱家纺	6.82	−1.68	19.10	9.96	7.32
富安娜	2.99	5.29	2.46	10.17	2.26
梦洁家纺	−4.13	21.23	−0.03	17.79	−17.74
孚日股份	−3.05	22.80	−6.31	−3.59	5.45

数据来源：WIND资讯　中信建投证券研究部

表3　家纺公司当季净利润同比增速

公司	当季归属母公司股东的净利润同比增长率（%）				
	2014Q1	2014Q2	2014Q3	2014Q4	2015Q1
罗莱家纺	15.15	14.16	19.24	27.82	17.65
富安娜	14.47	18.23	15.77	27.18	0.44
梦洁家纺	11.09	13.38	53.82	87.63	12.32
孚日股份	9.71	8.29	211.51	−103.26	16.75

数据来源：WIND资讯　中信建投证券研究部

二、主要上市公司经营业绩分析

（一）罗莱家纺：电商增长、毛利率提升、费率降低共驱业绩稳增

罗莱家纺2014年营业收入27.61亿元，同比增长9.38%；归属母公司净利润3.98亿元，同比增长19.96%。

2014年公司业务增长基本符合预期，存货水平有所降低，存货结构更趋合理。

利润提升的原因：毛利率稳中有升（供应链改善，生产采购成本下降，电商渠道增长等

原因），费用率亦有降低。

2015年公司继续在以下几点布局：

（1）产业+资产的双轮驱动。产业上由家纺向家居转型、批发向零售转型；资本上整合家居产业生态圈优质资源。

（2）试行罗莱合伙人制度，建立内部市场化机制。

（3）以LOVO品牌为基础，打造集团垂直家居电商平台。

（4）打造乐优家新模式积极布局中低端市场。

（5）做好战略人才储备，满足各层级人才需求。

（二）富安娜：增速稳定，费用控制良好，2015年计划业绩稳增

富安娜2014年度收入19.70亿元，同比增长5.68%；营业利润4.85亿元，同比增长18%；净利润3.77亿元，同比增长19.56%。

传统与电商渠道双轮驱动收入增长。公司以大数据为基础，发挥新媒体的作用，开展数据化营销，加大线上销售推广的力度，2014年新推出微信商城等销售平台，为业绩增长助力。2014年电商渠道收入3.6亿元，在去年高基数的情况下仍实现同比增速6%，收入占比提升至18.2%（2013年占比15.1%）。

传统渠道方面，公司充分认识到市场需求不振及电子商务对线下终端的冲击，调整优化终端店铺开店策略，放缓开店速度，保证终端销售面积，与2014年上半年相比，直营店网络减少8家，为566家；加盟网络增加33家，为1449家，公司终端网点总数量为2015家。通过不断创新应对市场变化和加强终端控制，公司克服了经济放缓的不利影响，2014年仍实现线下渠道收入16.1亿元，同比增长5.55%。

2014年公司毛利率有所下滑，降低0.06个PCT至51.32%。得益于新媒体营销和控制终端数目，销售费用控制较好，同比增长0.79%至4.42亿元，管理费用同比下降22.3%至0.8亿元，主要来自于公司二期期权未能行权冲销了前期计提的期权费用。费用的良好控制对公司净利增长提供了主要动力。此外理财收益带来的财务收入的增加也对营业利润率的提升有所贡献。

经营性现金流由2.18亿元增长至4.36亿元，主要原因是提供加盟商"小微企业互助合作基金"贷款，销售收款及时及销售收入增长。

公司在年报中2015年计划销售同比增长10%，预计净利润同比增长5.83%。

（三）梦洁家纺：销售增加、费用有力控制，共驱业绩大幅提升

2014年，公司实现营业总收入15.66亿元，同比增长10.08%。公司营收增加，主要是因为公司聚焦终端，在门店形象，产品研发，门店服务等方面精耕细作，获得市场赞誉，公司直营终端同比增长10%以上。此外通过对线上资源进一步整合，公司全年线上销售收入同比增长60%。从各产品销售情况来看，套件销售收入78776.92万元，同比增长10.87%；被芯销售收入51803.79万元，同比增长6.20%；枕芯销售收入8470.54万元，同比增长17.80%；其他类销售收入17137.00万元，同比增长16.79%。

2014年，公司主营业务成本8.51亿元，同比增长7.45%；销售费用4.18亿元，同比增长

4.83%；管理费用10091.83万元，同比增长11.94%；归属上市公司股东净利润为1.48亿元，同比增长50.27%，主要原因是营业收入增加以及成本与费用控制效果显现。

经营性活动现金净流量同比增长69.70%，主要原因是公司销售增加及大幅度使用承兑汇票。

渠道方面，公司进一步完善了品牌的分类规划，渠道整合以及资源共享，不断提升门店的零售服务能力和盈利能力。2014年，公司直营终端同比增长10%以上。公司将依托强大的线下渠道以及完善线上购物网络，让线上线下互融互通，进一步整合行业内外资源，不断丰富产品品类，提升公司的市场占有率。

公司在年报中计划2015年计划营业收入同比增长5%以上，预计净利润同比增长10%以上。

（四）孚日股份：营业利润大增，光伏项目拖累净利

2014年，公司实现营收45.57亿元，同比上升2.58%；营业利润3.46亿元，同比增长125.27%；利润总额0.61亿，同比下降65.93%；实现净利润0.75亿元，同比下降16.65%。

公司从营业利润到利润总额波动比较大，主要是由于2013年度公司计提了约2亿元的光伏项目相关资产减值准备，2014年度计提资产减值准备金额减少，处置光伏项目相关资产计入损失所致。

在家纺板块，2014年，国内市场整体依然低迷，国际市场缓慢回升，行业竞争进一步加剧，成本刚性上涨，融资环境进一步恶化。对此，公司积极应对各种困难挑战。在国际市场上，公司通过深入实施"深耕日欧美主销市场，发展多元市场"和"进军中高端市场"的营销战略，各业务部门多方出击，抢抓订单，挖掘客户潜力，拓展市场空间，确保了日欧美主销市场地位不断巩固。在国内市场上，在经济下行的压力下，消费需求状况与去年相比没有明显好转，公司通过优化营销渠道，完善品牌运作架构，确保了内销市场的平稳健康运行。

三、2014年二级市场涨幅落后大盘，一级市场无融资

二级市场方面，与实体经济联系紧密又兼备防御特点的家纺板块在2014年11月以后的牛市中普遍处于滞涨状态，涨幅落后大盘，但进入2015年以后呈现补涨态势，见表4和图1。梦洁家纺因业绩增长及销售费用控制良好，股价表现最佳，领先同板块股票；富安娜业绩持稳，管理优秀，股价稳步提升；罗莱家纺因向家居转型、布局智能家居、并购预期等，股价同样明显上涨。

在一级市场融资方面，2014年家纺板块仍无新公司IPO；因家纺公司现金流普遍较好，已上市公司也无定增等再融资操作。

表4　国内家纺上市公司年涨跌幅

指标	2012 年（%）	2013 年（%）	2014 年（%）
上证综指	3.17	−6.75	52.87
纺织服装（申万）	−10.15	8.16	33.27
纺织制造（申万）	−3.92	15.54	30.43
服装家纺（申万）	−14.97	1.84	35.70

指标	2012 年（%）	2013 年（%）	2014 年（%）
罗莱家纺	−41.47	11.75	10.01
富安娜	−16.11	−8.65	17.34
梦洁家纺	−54.57	27.93	35.50
孚日股份	−20.52	6.22	18.26

数据来源：WIND资讯 中信建投证券研究部

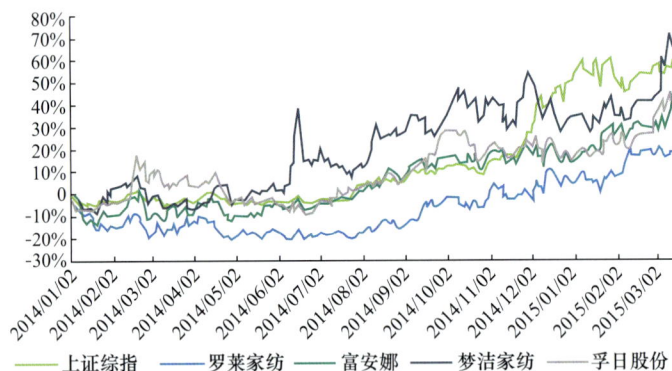

图1　2014年A股市场家纺板块个股与上证指数涨跌幅走势对比
数据来源：WIND资讯　中信建投证券研究部

四、电商继续增长成业绩持续驱动

2014年，淘宝天猫"双十一"成交总额达571亿元，同比增长63%，移动电商则推动网络购物市场快速发展、线上线下合作深度较往年增强、电商全球化与渠道下沉齐头并进的特征凸显。

从2014年"双十一"当日交易的具体数据来看，家纺行业表现较佳，有三家公司入围单店销售前二十，但交易额因上一年的高基数，相对增幅不大，排名有所下滑，见表5。

表5　2013 ~ 2014 年淘宝天猫"双十一"交易额排名变化

排序	2013 年天猫排序	亿元	排序	2014 年天猫排序	亿元
1	小米	5.41	1	小米	15.60
2	海尔	1.75	2	华为	10.60
3	骆驼	1.59	3	海尔	3.24
4	罗莱家纺	1.55	4	林氏木业	2.70
5	杰克琼斯	1.52	5	优衣库	2.60
6	优衣库	1.20	6	韩都衣舍	1.98
7	富安娜	1.16	7	罗莱家纺	1.88
8	茵曼	1.15	8	杰克琼斯	1.72
9	林氏木业	1.10	9	魅族	1.60
10	阿卡（Artka）	1.09	10	全友家私	1.50

资料来源：网络资料、天下网商、中信建投证券研究部

具体来看，富安娜2014年新推出微信商城等销售平台，为业绩增长助力。公司继续加强专业电商人才培养，重点强化创意和创新结合，丰富电商推广手段、力推整体家居概念，形成与竞争对手差异化。同时加大对网络代购、假冒产品行为的打击。

梦洁家纺2014年成立了专门的电商子公司来独立运作，依托强大的线下渠道以及完善线上购物网络，让线上线下互融互通整合行业内外资源，借此实现2014年线上销售收入同比增长60%，累计增至1.6亿元。

罗莱家纺2014年电商发展要点床品类天猫NO.1，总类目排名TOP8。2014年公司尝试寻求国内优秀电商品牌合作，探索寻求电商渠道的良好运作方式，在诸多渠道为消费者提供性价比高的产品。2014下半年，罗莱战略投资大朴，迈出罗莱家纺投资并购第一步。未来，以互联网基因为纽带，罗莱将逐步打造线上线下资源联动的家居立体生态圈，缔造新盈利增长模式。2014年家纺公司电商业务在总收入中占比见表6。

表6　2014年家纺公司电商业务在总收入中占比

公司	2014年实际电商收入（亿元）	公司实际收入（亿元）	2014年占比
罗莱家纺	约5	27.61	约18%
富安娜	3.6	19.70	18.21%
梦洁家纺	约1.6	15.66	10.22%

资料来源：公司公告、中信建投证券研究部

五、家纺智能化时代到来

（一）罗莱家纺与和而泰联手推动家纺行业消费升级

2015年4月16日，罗莱家纺与和而泰签署了合作协议，双方拟研发并制造以科学睡眠为核心理念的智能卧室系列产品。

罗莱作为中国家纺行业市场占有率居首的龙头企业，线下建成遍布各大、中城市超过二千家专卖店的销售网络，同时具备行业领先的互联网电商渠道。在20年的运营过程中，积累了海量用户数据和高能高效的研发、设计、生产和资源整合能力，并已初步建成大数据硬件系统。罗莱家纺深刻了解市场需求和用户痛点，在与新技术结合方面有着得天独厚的优势，以"让人们享受健康、舒适、美的家居生活"为使命，决心在互联网+、家居智能化大趋势下，通过强强联合、战略协同来拓展新的业务。

和而泰是国内家居电子智能控制器行业的龙头企业，拥有大量智能控制技术自主知识产权和技术储备，在研发、测试、工艺、设备、质量管理等领域均具有领先优势，并占据全球高端市场。和而泰已经成智能家居战略布局，实现从智能控制器单品向智能家居互联网在线服务云平台和大数据运营平台的二次延伸，成功搭建了基于智能控制技术、互联网技术、大数据与云计算技术的智能家居在线管理、服务与运营的互联网平台。

罗莱和而泰签订本协议，展开战略合作，双方优势互补，将增强公司在智能家居产品的科研实力，为公司在智能家居产品领域的科技化、规模化的可持续发展奠定扎实的基础，有利于相关产品形成具有市场竞争力的核心技术优势，将推动公司相关业务的健康发展。

（二）梦洁家纺亦与和而泰进行整体智能卧室战略合作

2015年4月3日，梦洁家纺亦与和而泰签订战略合作框架协议，研发并制造以科学、健康、舒适的睡眠为核心理念的智能卧室系列产品，实现优势互补，合作共赢，成为国内领先的整体智能卧室的品牌商和服务商。

双方将共同规划、研究、开发、生产系列化科学睡眠与智能卧室产品，含睡眠状态、生命体征、睡眠质量监测类产品系列，助眠、睡眠环境营造、智能寝具类产品系列，以及针对妇女、儿童、老人、病人等特定人群的智能睡眠监控系统与管理系统。

结合移动互联技术、网络通讯技术、大数据与云计算技术，开发相应云监测与云技术分析平台。双方互相开放数据，资源共享。双方致力于研发在相应领域内领先于国内外同行业的核心技术与关键技术，打造在行业内具有领先优势的新一代科学睡眠产品。

合作方式上，双方各自成立研发团队，紧密合作，以项目合作方式共同开发智能卧室系列产品。双方共同完成产品的测试与验证。在产品研发定型后，由双方根据各自的优势和特点合作进行制造和销售，申请相关自主知识产权。在前期阶段的密切合作后，基于共同的愿景以及技能和互信的提升，双方将进一步寻求包括研发、制造、经营、资本等全方位的深度合作。

中信建投证券研究部

多措并举强化品牌建设 创新思维推进贸易改革
——叠石桥全面实施内外贸一体化战略 加速打造国际化现代产业集群

赵永根

2014年，叠石桥家纺产业集群积极面对日趋激烈的竞争态势，以打造"世界级家纺生产贸易中心"为目标，积极推进现代产业集群建设。集群工作围绕"品牌"和"市场"两大重点，坚持提升速度和提高质量并重，扩大总量和优化结构并举，鼓励企业做优做强。实行"一企一策"，帮助企业加快发展。拉长产业链，实施产业链招商，完善产业结构，既帮助企业做好生产的研发、设计、品牌管理，又积极促进终端的内外销市场的拓展，以及后道的售后、物流运输等服务，并进一步推进完善了"全国家纺产业知名品牌创建示范区""国家4A级旅游景区""全国首批重点培育内外贸结合商品市场"等重点项目的建设与发展，取得了较好的社会效益和经济效益。2014年，整个产业集群完成全社会固定资产投资70.6亿元，同比增长18.6%，叠石桥市场成交额553亿元，再创历史新高。

一、叠石桥家纺品牌建设工作实践

近年来，在叠石桥家纺品牌培育、建设方面主要开展了以下几方面工作。以叠石桥家纺协会为载体，组织年销售超亿元的家纺企业成立叠石桥家纺版权保护合作联盟，在健全制度、强势宣传、严格监管、规范引导的基础上，重点进行培育，用典型示范引路。园区对获得中国驰名商标、省著名商标、省名牌产品，且企业技术创新能力强、具有较强研发与产出能力的规模以上企业，分批进行版权示范企业培育，重点项目进行财政支持，促进企业不断增强新品研发能力，提升核心竞争力和国际影响力。

（一）搭建工作平台 组建工作机构

组建叠石桥家纺产业集群品牌培育管理办公室、专门负责与组织实施品牌培育推进、品牌宣传推广、品牌保护等工作，并下设商标品牌管理协会、品牌维权中心、品牌培育中心、品牌注册中心；成立叠石桥家纺商标品牌管理协会，设立商标品牌培育基金，建立完善品牌管理协会在家纺品牌宣传、品牌培育、品牌申报、品牌运用、品牌保护等方面的服务职能。

（二）出台扶持政策 营造激励氛围

为引导家纺企业走品牌兴企、品牌强企之路，连续数年制定出台《海门工业园区关于鼓励工业企业加快发展的实施意见》一系列扶持政策，促进家纺传统产业转型升级、品牌建设，建立了市区两级奖励体系，加大了对家纺的扶持力度。通过激励政策，大大激励区内家纺企业壮大规模、加大研发，不断做大、做强、做精、做优，创造各种有利环境条件。

（三）健全公共服务　支撑品牌建设

目前，建有质量检测、指数发布、电子商务、现代物流、版权保护、研发设计、专业培训、流行趋势、品牌培育、国际贸易、海关监管等一系列公共服务平台，这些公共服务体系有效地支撑和方便了集群区广大企业加大品牌建设力度，主要为广大企业提供包括家纺花型登记、侵权打击等版权保护服务、产品质量检验检测服务、家纺产品货物中远程物流服务在内的一系列公共服务。

（四）加强质量建设　夯实品牌基础

一直以来，叠石桥都将质量作为产品品牌的核心竞争力提升的重要抓手，通过切实加强质量建设，不断夯实品牌建设基础。通过教育培训引导企业强化质量意识。围绕质量管理体系、计量体系、标准化体系、质量绩效管理四个方面，切实做到强化宣传、加强培训、完善检测机构和规范管理。

（五）引进外来品牌　培育本地品牌

在叠石桥家纺产业发展壮大中，注重引进国际国内著名家纺品牌与积极扶持培育本地家纺品牌并重发展。近年来，叠石桥家纺市场吸引如"华伦天奴""老人头""鳄鱼""金利来"等国外知名品牌以及"波司登""恒源祥""梦洁""水星"等国内一线品牌入驻。与此同时，积极鼓励与支持广大本地企业培育本地家纺品牌，重点培育了"凯盛""梦天姿""天发""春雨"等驰名商标以及"大岛""金美罗"等省名牌产品，遴选创评了"明超""美罗""伊人岛""心愿""兴达""贝妮梦""三联""凡人居""晋帛""春雨"等叠石桥十大家纺品牌，成功创建江苏省优质产品生产示范区、全国家纺床上用品知名品牌创建示范区。

（六）塑造区域品牌　提升产品品牌

随着叠石桥在家纺行业内外的影响力、知名度与美誉度不断扩大与提升，叠石桥越来越成为区域家纺产业的代名词。为了加强对叠石桥区域品牌的保护与宣传，全面启动了叠石桥区域品牌商标注册、保护、推广工作，向国家工商总局申报中国驰名商标，2014年材料已上报国家工商总局，有望2015年获批。同时，将"凯盛""美罗""伊人岛""梦天姿""梦洁""凡人居"等家纺纳入为全国家纺床上用品知名品牌创建示范区标杆性品牌。广大企业也积极借助叠石桥区域品牌对外的影响力加快自身企业品牌、"三名商标"的注册登记，形成了区域品牌与产品品牌同步建设、同步培育的品牌建设工作局面。同时，积极组织集群优势企业整体参加在上海举办的中国国际家用纺织品及辅料博览会，有效地提升了区域品牌在国内外市场的影响。

（七）丰富宣传形式　扩大品牌影响

一直以来，从政府到企业，对于品牌宣传推介都给予高度重视。不惜投入，开展多形式、多渠道、广覆盖、立体式品牌宣传。通过电视、网络、报刊等多种宣传媒体深入推介，与央视（CCTV-4）、《国际商报》、上海交通频道、上海公交等媒体平台等开展合作，借助高速高炮、机场广告、铁路公路交通广告灯各类户外广告，积极探索利用公众微信平台等各类新兴媒体与宣传平台渠道强势宣传，依托国家4A级景区平台开展旅游专题营销品牌推介。连续举办8届中国国际家纺设计大赛、3届中国家纺节等节会，持续有效提升其知名度、美誉度和影响力。

（八）强化行业监管　注重品牌保护

充分发挥"工商、质监、质检、国税、地税"等执法部门职能优势，定期开展专项巡查与突击检查，有效净化集群与市场品牌建设环境，营造公平竞争、规范竞争、合法竞争的发展氛围。注重家纺品牌版权保护，成功创建江苏省正版正货示范街区，组建品牌企业知识产权保护联盟，不定期举办"品牌创建、诚信经营、版权保护"等宣传培训，引导企业以质量兴品牌。

二、依托市场采购贸易方式加速产业国际化发展

数十年来，叠石桥产业集群与专业市场更多的是以内销为主，外贸为辅，叠石桥家纺产品几乎行销至全国各个大中小城市，而外贸占比一直相对较少。一直以来，叠石桥家纺人、民营企业家主要依托在外经商华侨、国外侨商社团组织，采用"前店后厂、跨国直营"外贸营销模式发展外贸。

但仅仅依托少量"走出去"而有局限性的传统外贸发展方式，贸易量不能大幅提升，国际影响力也得不到快速扩大，不能真正实现叠石桥家纺内外贸一体化融合发展，而且当前，正越来越明显遭遇内外发展困境的中国纺织外贸十分迫切地需要加快转变贸易发展方式，以求在经济全球化进程以及纺织行业国际竞争中赢得主动，而在位于纺织产业集聚地的国际化专业市场先行先试"市场采购"贸易方式，吸引更多国际采购商直接前来叠石桥，以内贸方式从事家纺采购，并依托叠石桥日趋完善的外贸综合服务体系与通关出口新平台，将直接有利于引导广大家纺外贸企业有效突破外贸壁垒，大力发展家纺外贸，抢占更多的国际市场份额。市场采购贸易方式在推动叠石桥家纺产业加速转型跨越、促进家纺市场加快提档升级的同时，更为叠石桥区域经济发展尤其是产城融合创新发展理念、创造发展机遇、创优发展环境。

（一）市场采购贸易概念定义与特征特点

1. 市场采购贸易概念定义

市场采购贸易方式（海关代码：1039）是指由符合条件的经营者在经国家商务主管等部门认定的市场集聚区内采购的、单票报关单商品货值15万（含15万）美元以下、并在采购地

办理出口商品通关手续的贸易方式。

2. 市场采购贸易显著特征

市场采购贸易具有"特定区域、特定主体和特定通关地"三大实施要件。即市场采购贸易方式实施的区域范围特定为经认定的市场集聚区；从事市场采购贸易的对外贸易经营者，需经过市场积聚区所在地商务主管部门办理市场采购贸易经营者备案登记；市场采购贸易方式下货物通关出口必须在采购地办理出口通关手续。

3. 市场采购贸易主要特点

（1）五大特点：一从主体看，市场采购贸易参与主体数量多、且成分多元；二从客体看，市场采购贸易以小商品为主；三从形式看，市场采购贸易融合了内外贸；四从装运看，市场采购贸易拼柜组柜普遍；五从结算看，市场采购贸易中现金交易和人民币结算居多。

（2）主要政策：一是明确了市场采购贸易方式概念和适用范围；二是培育多元贸易主体，放宽了主体准入；三是进一步简化了市场采购出口商品增值税征、退管理方式，对市场集聚区的市场经营户以市场采购贸易方式出口的货物，实行了增值税免税政策；四是进一步提高了市场采购出口商品通关便利；五是允许市场采购贸易采用人民币结算，对市场采购贸易外汇收支实施主体监管、总量核查和动态监测。

（3）创新突破：第一，允许外商投资合伙企业办理对外贸易经营备案登记和开立经常项目外汇账户；第二，对市场采购贸易方式出口的货物，实行增值税免税政策；第三，海关增设市场采购贸易监管方式；第四，海关和质检在"质量可控、风险可控、源头可溯、责任可究"的原则下，对市场采购贸易方式下的出口货物采取便利通关措施；第五，允许市场采购贸易采用人民币结算；第六，对市场采购贸易方式报关的每批次货值最高限额15万美元。

（二）先行先试市场采购贸易意义深远

市场采购贸易方式是推动外贸转型升级的标志性工作。当前，正越来越明显遭遇内外发展困境的中国纺织外贸十分迫切地需要加快转变贸易发展方式，以求在经济全球化进程以及纺织行业国际竞争中赢得主动，而在位于纺织产业集聚地的国际化专业市场先行先试"市场采购"贸易方式，将直接有利于引导广大家纺外贸企业有效突破外贸壁垒，大力发展家纺外贸，抢占更多的国际市场份额。

从义乌"市场采购贸易方式"的试行实践来看，其政策红利已经显露无遗：外贸出口快速增长逆势"井喷"，其出口已成为推动浙江全省出口增长的主体力量，试行市场采购贸易对浙江全省出口增长的贡献率超过60%；贸易新政的实施吸引异地外贸公司加快落地，市场贸易主体快速增加，义乌外商投资合伙企业全国达80%。我们认为，在海门叠石桥试行市场采购贸易方式，也必能产生积极、深远而持续的"激活效应"：

1. 有利于依托特色做大家纺产业

叠石桥外贸过程中"本地企业、借单出口、外省通关"现象较为普遍，既不利于发展壮大家纺外贸产业，又不利于培育家纺外贸品牌优势，也不利于提高中国家纺国际竞争力，更在一定程度上大大限制了内外贸结合商品市场试点效应的充分发挥。而通过"市场采购"新型贸易方式尽早尽快先行先试，将能有效激发叠石桥家纺专业市场外贸发展活力，培育中

2014中国家用纺织品行业发展报告

国家纺参与国际市场竞争的后发优势，有利于激发更多中小企业、市场经营户发展家纺外贸业务，有利于吸引越来越多的国际采购商、贸易中介机构依托专业特色做大我国传统家纺产业，并促进外流出口业务的迅速回归，还会对苏、浙、鲁等地区纺织服装类专业市场、出口企业、产业集群产生辐射、集聚效应，市场外贸出口增长潜力相当可观。

2. 有利于全面推进深化改革创新

十八届三中、四中全会吹响了全面深化改革的号角，海门叠石桥先行先试"市场采购贸易方式"就是我们海门针对新形势、新挑战，抢抓新机遇、实现新跨越的积极实践，也必将为基层创新时间拓展探索新途径。特别是在试点工作实施过程中，将对通关、质检、外汇、出入境等多个领域的现行政策进行创新和突破，积累可复制、可推广、可操作的成熟经验，进而形成海门版的政策体系，为南通、全省乃至全国类似区域与专业市场深化改革做示范、当标杆。

3. 有利于打造区域纺织品集散中心

江苏纺织品服装出口额位居全国第二、仅次于浙江，外贸规模十分可观，省内苏州、南通、南京、无锡四市年出口均超50亿美元，常熟服装城、东方丝绸市场、无锡轻纺城、常州湖塘纺织城、江阴轻纺城等重点纺织品专业市场外贸发展态势良好。江苏的纺织产业正不断加大科技研发力度，由以往的劳动密集型向技术密集型转变。叠石桥产品已远销5大洲、130多个国家和地区，实施"市场采购"贸易方式，将有助于集聚区域内的贸易优势，最大限度地发挥辐射带动作用，构建优势互补的区域产业体系，把叠石桥市场的平台优势转化为江苏做大国际贸易的竞争优势，能形成"南有义乌、北有叠石桥"的贸易发展新格局，能在长江以北形成一个辐射长三角乃至整个长江经济带的纺织品全球贸易集散中心。

4. 有利于提升推动产业转型升级

通过"市场采购"贸易方式搭建起来的贸易便利化平台，对国际贸易采购商、参展商、投资商等重点群体会产生较强的磁吸效应，将原有的制造优势转化为贸易优势，推动叠石桥市场由单纯的商品供应者向具有综合服务功能的提供商转变，提升商贸流通等服务业水平，为广大的中小企业开拓国际市场提供一个高效、便捷的专业化平台。同时，依托叠石桥市场商品信息和采购需求高度集聚的优势，充分发挥贸易流通对经济的先导作用，可以推动技术创新、管理创新和产业创新，打造现代服务业和先进制造业双轮驱动的发展新格局，提升产业利润率，实现市场的转型升级。

5. 有利于拉动区域经济持续增长

出口是拉动经济增长的三驾马车之一，在位于纺织产业集聚地的海门叠石桥试行市场采购贸易方式，通过国家、省市等多个层面出台扶持政策，营造更为宽松便利的外贸发展环境，对国际贸易采购商、参展商、投资商等重点群体产生较强的磁吸效应，有利于利用扩大知名度、品牌效应直接吸引国际采购商和贸易商，在江苏直接开展外贸采购，为叠石桥带来更多的人流、物流、信息流、资金流、技术流，既可促进产业的提档升级，也能促进城市的国际化、服务配套的优质化，有效加快促进产业高端化、城市国际化、配套优质化，加速实现"世界家纺制造贸易中心"的宏伟目标，进而对区域经济发展产生极大拉动与促进作用。因此，市场采购贸易方式不仅将成为支撑海门经济跨越发展的最有力引擎，也将对江苏外贸的发展起到有力的拉动作用。

叠石桥市场开展市场采购贸易方式，可以依托海门兼具黄金水道和黄金海岸的叠加优势和海门港、上海港的口岸保障功能放大贸易新政的辐射作用，叠石桥将为周边地区的企业和市场提供最便捷、高效的贸易通道，带动市场经营品种由"小床品"向"大纺织"拓展，预计3年内可增加10亿美元外贸额左右的外贸空间。

（三）叠石桥推进市场采购贸易方式试点实践进展

2012年12月，作为目前全国乃至全球最大的家纺专业大市场——中国叠石桥国际家纺城与浙江义乌国际小商品城、海宁中国皮革城等共同被商务部认定为全国首批三大"重点培育的内外贸结合商品市场"，在此基础上，2013年7月商务部外贸司又就"海门试行市场采购贸易方式"专门发函江苏省商务厅征求意见。我们充分认识到这两项改革试点必将成为支撑区域经济跨越发展的最有力引擎，也将对江苏外贸的发展起到有力的拉动作用，同时还能为专业市场深化改革做示范、当标杆，积极引导广大家纺外贸企业有效突破外贸壁垒，大力发展家纺外贸，抢占更多的国际市场份额。2014年2月22日，商务部钟山部长来海门专题调研时认为：海门叠石桥比义乌市场在一定程度上更有优势，并已具备了试点条件，要全力支持试点申报。同年，4月28日，江苏省委罗书记来海门专题调研时强调，叠石桥市场采购贸易方式试点是江苏转变外贸方式的重要改革举措，要作为省委省政府重要工作全力推进，把叠石桥市场打造成集聚全中国、面向全世界的家用纺织品重要出口基地和江苏对外开放重要窗口。

为此，我们将市场采购贸易方式作为全面深化改革的龙头，专门成立由市委主要领导任组长的领导小组，全速推进各项试点工作，抢抓机遇，全面推进各项试点，积极申报市场采购贸易，努力放大改革试点最大红利。近两年以来，在包括商务、海关、国税、外汇、工商等部门的帮助和支持下，开展了大量基础性工作，并取得了关键性突破和阶段性成效。

1. 持续完善推进机制

从江苏省至南通地区、海门市层层落实责任，环环密切配合，形成了强有力的工作推进体系。在由省、市县、园区直至海门叠石桥协调推进工作机制运行基础上，省委组织部抽调省商务厅外贸处业务骨干挂职海门，直接负责指导市场采购贸易方式申报工作；海门市委组织部也专门在市场管委会派驻了商务、国税、公安出入境等三个职能部门3名挂职领导直接参与试点工作，进一步完善多部门协同合作的推进机制。

2. 积极加快政策创新

积极借鉴上海自贸区、义乌市场的成功经验，围绕投资自由化、贸易便利化、金融国际化和行政高效化等重点，在通关便利、税制改革、外汇结算、出入境管理、返程投资等方面大胆突破，出台了《支持海门试行市场采购贸易方式的若干意见》等一系列文件，初步形成了既具有义乌市场一般特点，又具有海门特色的政策体系，为海门试行工作提供了有力政策支持。公安部已于2014年2月底下放出入境管理相关权限至叠石桥。

3. 健全优化公共服务

相继建成国际贸易服务中心和国际货运服务中心，其中国际贸易服务中心、叠石桥出入境管理大队正式挂牌；省国检也批复同意在叠石桥设立正科级检验检疫机构，目前工商、国税、地税、商务、外汇、出入境等15个职能部门和国企——南通中海物流、省企——江苏远洋国际货运、外企——俄罗斯亿豪国际物流等贸易中介服务机构都已进驻办公。委托南通电子口岸公司开发建设叠石桥市场采购贸易联网信息综合管理平台，预计年底前上线运行。中行、工行、建行、农行等相继在叠石桥开通外汇等国际金融业务，招商银行叠石桥离岸金融服务分中心正式挂牌，"外币兑换点"正式设立。同时，服务于外贸商户和中小外贸企业的外贸综合服务体和国际货币结算平台建设正在快速推进。

4. 完善提升基础设施

以叠石桥国家4A级旅游景区创建为契机，不断加快叠石桥城市化进程，优化叠石桥区域发展环境，全面营造国际化商务氛围。加快相关基础设施建设，叠石桥国际贸易物流港、海关商检服务区、国际贸易服务中心、电子口岸、外贸专区、国际产品会展中心等10大功能平台加快规划，特别是结合东灶港一类口岸开放正式获批契机，大力推进集海关监管点、国检服务区、物流仓储等功能于一体的叠石桥国际无水港建设。海关监管场所、国际物流中心、国际产品会展中心、跨境电子商务平台等项目选址基本确定。商业步行街国际商贸综合服务配套区基本建成，维多利亚、大岛国际、国贸华府、玖星玺园等高档生活配套类项目相继投运或加快推进。

5. 组织开展国际交流

积极组织广大企业以"中国叠石桥国际家纺城"名义，采取"政府搭台、财政补贴、企业主导、企业出资"模式，有目的、有秩序地外赴相关国家与地区参加广交会、国际博览会、国际旅交会等国际会展、高峰论坛。同时，与江苏检验检疫质量研究中心开展合作，分批组织非洲国家与地区商检官员培训班学员考察叠石桥，首批来自刚果、几内亚、马达加斯加等14个非洲法语国家的20名司处级检验检疫官员到访叠石桥市场，真正实现叠石桥与世界零距离接触、无缝隙对接。

6. 创新拓展对外宣传

在继续与央视开展合作与不断提高内外贸结合商品市场官方网站英文版内容和质量基础上，努力寻求更为专业化的传媒机构，创新对外宣传形式、提升宣传效果，2014年8月南通易联科技有限公司开发筹建的"叠石桥国际家纺城公众微信平台"正式建成投运，同时委托上海辅心传媒编制了市场采购贸易专题外宣工作方案，拟展开全方位、立体式的对外宣传，持续提升叠石桥家纺国际国内影响力。

7. 先行先试旅游购物

参照义乌经验做法，在市场采购贸易方式正式获批之前，先行先试"旅游购物贸易"，分别于2014年8月8日、15日采用"旅游购物商品"贸易方式通过南通海关经长江内支线舶至上海，从上海洋山港口岸出口智利4.9万美元家纺床品、9.9万美元圣诞礼物小商品，为后续市场采购贸易方式正式获批实施畅通了通关渠道、积累了实践经验。

8. 重点规划载体项目

一是在336绕城公路北侧，叠港公路东侧规划建设叠石桥国际物流中心，总占地849亩，一期启动地块约141.3亩，主要建设海关、国检办公服务平台。二是加快建设国际产品会展中心，满足举办高规格的纺织品国际贸易展销和高档进口商品展示销售功能。三是加快建设跨境电子商务平台，重点建设1万平方米IDC数据中心和5万平方米科创中心，为市场发展提供便捷服务，促进各项基础平台功能完备化和运作一体化。

（四）贸易改革试点阶段性成效逐步显现

贸易方式大变革带来了市场大发展，商流、物流、信息流、资金流"多流合一"不断推动着叠石桥家纺创新创优、转型升级。越来越多市场经营户、国际采购商、各类贸易中介服务机构了解市场采购采购贸易方式相关知识与便利化贸易环节，各类贸易商都在非常热切地期待市场采购采购贸易方式尽早尽快在海门叠石桥获批实施。来自义乌、上海、南通等地外贸公司、国际物流、货运船代等贸易中介机构纷纷抢滩，累计进驻各类贸易中介服务机构241家，一年时间新增35家，市外采购商达30多万人次，同比增长13.6%，其中，国外贸易商突破1万人次，同比增长35.2%。

（五）叠石桥未来国际化发展目标与思路

家纺专业市场国际竞争力和中国家纺经济国际化程度决定了叠石桥专业市场国际化的发展模式。在中国加入WTO，家纺市场日益开放的情况下，叠石桥专业市场的国际化发展主要取决于家纺专业市场国际竞争力，它是决定专业市场国际化成败的关键。内向国际化经营应该是叠石桥专业市场国际化的最基本模式——"从立足本地，到全国经营，到内向国际化，最终实现外向国际化"是叠石桥专业市场国际化的主要发展路径。

1. 近期目标

以境外企业进场设摊销售产品，构筑国际贸易交易平台，形成国际商品市场网络和品牌优势为标志。经营模式以内向国际化为主，国内经营为辅。境外经营主体入场设摊经销外国商品，意味着专业批发市场从经营本国商品的对外贸易平台，转变成为经营全球商品的国际贸易平台，标志开始形成国际家纺产品交易中心，家纺专业批发市场国际化程度将得以大大提高。

2. 远景目标

以跨出国门，依托网络和品牌优势，经营家纺专业批发市场为标志。家纺专业批发市场将逐步形成国际家纺产品交易关系网络和品牌优势，市场经营户（企业主）开始凭借自身的商品关系网络和品牌优势，到国外投资，经营国际商品。叠石桥市场将成为专门投资、经营、管理家纺成品及其相关产业链其他专业产品与服务的大型跨国上市企业。

对于叠石桥家纺专业市场而言，要实现国际化发展的新的跨越，必须大力提升专业市场国际竞争力，构建国际竞争优势，因为专业市场是一个集商品交易、管理和服务于一体的商贸集群。依托产业集群的叠石桥家纺专业市场国际竞争力主要取决于要素条件、需求条件、相关和辅助产业、企业的策略与结构以及政府和机遇等要素条件，而以内外贸结合试点为基础的市场采购贸易方式即将获批，将为叠石桥依托专业大市场快速推进新一轮产城融合创造各方面有利条件。

3. 国际化发展思路

一是努力提高家纺专业市场高等要素的供给能力。专业市场生产要素包括家纺产业资源、人才资源、基础设施资源和品牌资源等要素条件。这些要素又可以为基本要素和高等要素两类。在叠石桥家纺专业市场的国际竞争中，基本要素的重要性将逐步下降，高级要素的重要性则日益凸显，这已成为众多专业市场国际竞争力的核心要素。因此，要重点加强家纺产业与市场国际化人才、国际化品牌等高等要素的培养和供给，从而使叠石桥家纺专业市场国际化经营具有了较坚实的基础。

二是强化家纺专业市场国际化的需求条件。家纺专业市场内的生产、加工和供应企业、市场经营户和境外采购商的国际化需求，是叠石桥专业市场国际化发展的动力源泉，这些需求的强弱直接决定了叠石桥家纺专业市场的国际化发展前景。家纺行业中小企业国际化经营的需求需要得到进一步重视和挖掘，从而大大促进和提高叠石桥家纺专业市场管理和市场服务国际化水平。

三是建立和完善叠石桥专业市场国际化的相关和辅助产业。专业市场国际竞争力的形成必须有相关辅助产业群的强有力的支撑，如物流、外贸服务、会展和培训等。一要进一步加大发展家纺物流产业，线路要发达，运输网络应对接各国际线路，能够适应国际化经营的需要；二要构建形式多样、服务高效、良好的外贸服务基础。发达的外贸产业和高效的外贸服务系统，必将使家纺专业市场国际化经营具有良好的外贸服务平台支撑；三要大力发展国际会展业，创造和借助各类活动平台，举办各类家纺产品国际展示会；四要不断完善家纺业外贸外语教育培训体系，不断发展的外贸、外语教育产业必将促进专业市场走向国际化。

江苏叠石桥市场管委会

产品开发

家用纺织产品开发带动产业升级重点问题的思考

王易

作为纺织工业的三大终端消费品之一，家用纺织品是人们日常生活的必需品，随着世界经济发展、消费水平的普遍提高及世界人口的增多，家用纺织品的需求量和贸易量不断增加，中国家纺已经成为世界重要的生产、出口和消费大国。2014年，国家统计局统计的1809家家纺规上企业实现主营业务收入2605.4亿元，实现利润总额148.5亿元；中国家纺协会统计的16家产业集群共实现工业总产值2950亿元，说明了我国家纺行业的增长质量和总体效益都有所提高。出口方面，据海关统计数据显示，2014年家纺产品累计出口总额为421亿美元，同比增长5.3%，说明了我国家纺产品的国际竞争力有所增强。同时，2014年家纺行业规模以上企业实现内销产值1997.6亿元，集群内销产值为2362.5亿元；特别是近年来电商的异军突起，线上交易额增速迅猛，也成为内销增长的机会和亮点。

一、中国家用纺织产品开发现状及存在的主要问题

在全球经济、信息一体化与工业化的大潮中，中国家纺行业坚持以市场为导向，以促进行业可持续发展为目标，以提高行业科技贡献率和品牌贡献率为路径，以提升家纺文化为核心，以推动渠道创新为支撑，以实施人才科技战略为保障，深化行业结构调整与产业升级，从而实现了"十二五"的良好进展和行业的持续增长。

总体而言，随着"大家纺"格局的形成，现代家纺产业不断完善，细分门类日渐齐全，产品种类大为丰富，国内需求稳步增长，国际竞争力逐渐强化。但同时由于行业整体起步较晚，家纺行业发展和产品开发等方面仍然存在着一些问题：一是工业基础薄弱，技术装备水平总体偏低，自动化、连续化、信息化和智能化水平落后于国际先进水平；二是产品趋同现象严重，企业在产品研发上投入不足，特别是产品相互抄袭现象严重，加之国内监管机制还不健全，造成了行业较严重的趋同现象；三是人才结构性短缺，产品研发人员整体水平较低，特别是优秀产品设计人员的缺乏，已成为阻碍行业发展和产品开发的又一资源瓶颈。

二、中国家用纺织产品开发的发展趋势分析

未来五年是我国家纺产业结构调整和产业升级的关键时期，所面临的外部环境更加复

杂多变。首先，国际经济复苏长期缓慢，未来走势仍不明朗；发达国家实施再工业化发展战略，对产业高端技术的控制更加严格，都将加剧高端产品的国际市场竞争；国际贸易保护主义变相抬头，技术性壁垒将有所增加；发展中国家在中低档产品市场上的成本竞争将更趋激烈。第二，目前我国原材料、能源价格持续上涨，劳动力成本不断升高，我国低成本后发优势逐渐消失，出口产品利润空间进一步受到挤压。第三，国内经济进入新的增长时期，我国加强生态文明建设，将对节能减排、绿色生产提出更高要求。

同时，我国全面建成小康社会将为作为民生产业的家纺行业创造和扩大更多的市场需求，国际格局的变化也会为家纺行业带来新的机遇。

1. 我国新型城镇化建设稳步推进

我国新型城镇化建设的稳步推进，持续释放出巨大的内需潜能，推动房地产、家电、汽车、家具等耐用消费品销量提速，从而也加大了对家用纺织产品的需求。

2. 旅游服务业需求旺盛

旅游业、医疗及社会福利事业呈现出良好的增长态势，随着公共类家纺产品使用标准的完善和严格执行，均将加大对家纺产品的需求。

3. 经济全球化将不断提供国际机遇

经济全球化的发展趋势仍然不会改变，家纺产品国际贸易规模总体将继续扩大，国际纺织产业分工合作将日益深化，在全球布局产业体系和跨国配置资源方面总体面临有利环境。特别是在全球性经济危机的影响下，国际家纺业也出现了洗牌现象，这为我国家纺品牌发展壮大并走向国际市场提供了机遇。

4. 新兴市场需求潜力正在逐步释放

近几年新兴经济体良好发展，加上世界消费重心、制造业重心、贸易重心都在向亚洲转移，及我国加强周边国家的外交政策，都有利于我国家纺产品扩大对新兴经济体的出口，进一步推进多元化国际市场的建设。

5. 技术进步为产业提升创造有利环境

外部环境的变化将迫使行业加强发挥自主创新能力，积极抢占产业科技发展新战略制高点。同时，随着我国家纺产业的发展壮大，相关产业对家纺的关注度越来越高，家纺产业专用的新装备、新原料、新技术不断推出。我国新型工业化、信息化发展，也将进一步加深家纺与其他产业之间的互动融合。

三、中国家用纺织产品开发结构调整优化方向

为了进一步推进家纺产品的品牌影响力，强化家纺产品的原创设计力，提升家纺产品的科技创造力，挖掘家纺产品的共生共盈力，营造家纺产品的系统审美力，中国家纺产业将继续推动产品结构调整，加快行业转型升级步伐。

1. 争取政策，创造环境

不断争取支持产业发展的优惠政策，支持家纺企业装备升级，技术与设计的研发投入，继续加强工业与商业部门的协调对接，对生产、零售企业加强监督，严厉打击假冒仿冒产

品，创造更有利于企业发展的市场环境，以保障家纺企业自主研发产品的快速成长。

2. 加大研发创新投入，促进产品差异化，保障行业健康发展

鼓励创新，不断提高企业自主研发水平。家纺产品已经实现从模仿、借鉴到自主创新的过程，通过推进产品差异化进程，实现家纺产品差异化，进而通过市场差异化、销售渠道差异化，推进品牌差异化发展，以便有效避免同质化恶性竞争，促进行业健康发展。

3. 加强上下游联动，推动新品开发

加强产学研合作，上下游联动，整合各方优质资源，以产品水平促进生产效率提高。开发多种原料结构的家纺新品，推动家纺产业研发、生产、流通和营销模式的协同创新发展。

4. 加强人才培养，夯实行业基础

人才队伍的建设是行业发展的重要保障。以强化专业技能为核心，以推动科技进步为重点，以突出创新能力为抓手，以提高综合素质为目标培养研发设计人员。企业要特别重视高层次创新人才队伍建设，努力建设权责明确、评价科学、有利于人才创新的激励机制；创新产学研合作机制；充分发挥协会、高校的作用，在行业中建立完善的培训、展示、推介、对接等人才综合服务体系。营造出科学的尊重人才、鼓励创新的行业氛围。

四、中国家用纺织产品附加值提高路径

中国家纺产业经历了二十年的快速发展，近年来，家纺行业面临着更为复杂的市场环境：一是用工成本的提高和起伏不定的原材料价格使我国家纺产品的成本控制难度加剧，在国际市场上与周边国家不断增长的同类低附加值产品的传统竞争力减弱；二是发达国家掌控技术、品牌等核心资源的局面仍将持续，各国将更为严格地控制高端核心技术、品牌及渠道，使中国家纺产品在价值链高端市场处于更为残酷的生存环境；三是行业因长期粗放式增长而积累的各种深层次矛盾依然突出，国内生产和生活方式的改变也对家纺产品提出了更高的要求。因此，中国家纺行业必须以产业链的比较优势和创新实力为基础，向价值链高端转型升级，才能实现由"家纺大国"向"家纺强国"的转变。

而提高家纺产品的附加值要从品牌、渠道、工艺技术、设计等多个方面来实现。

1. 品牌是核心竞争力的综合体现

想要做强家纺自主品牌，促进品牌价值提升，首先要进一步引导企业经营者增强品牌意识，充分认识品牌经营，品牌提升对企业持续发展的重要作用。不断提高企业家创品牌的能力和品牌运作的水平。同时还要树立全新的品牌发展观，以文化为品牌建设的软实力，深挖中国文化元素，提炼中国文化精髓，以提高东方文化和"中国创造力"来加强品牌形象塑造，进而提高产品的国际公认度；二是确定品牌定位，针对家纺自主品牌的结构进行深入细分，形成高端品牌、大众品牌、快时尚品牌共同发展的格局，以满足不同层次、不同市场、不同群体的消费需求；三是以质取胜，进一步推动国家质量体系标准认证，加强对产品质量的全面监管。

2. 渠道建设是企业强而有力的发展推动力

随着整个宏观经济形势的变化，家纺行业的渠道再造步伐在不断加快。企业在不断完善

传统营销渠道的同时，会更有力地推进多层次商业渠道建设：价格驱动型的线上渠道将与线下渠道融合发展，通过产品细分来规避销售冲突；积极推行"大家纺"连锁，提供一站式采购服务；探索与不同产业之间的跨界合作，以补充和完善家纺产品的营销网络，并以配套产品间的互补性为依托，打造出一个颇具竞争优势的渠道新格局。

3. 个性化消费观念的形成推动了家纺产品的多品种和多元化消费

随着家纺行业的逐步成熟，消费者对家纺产品的需求更具体、更具特性，市场多层次细分成为趋势。如婚庆产品、儿童产品等满足了特定消费人群的需求。同时，科学消费家纺观念的形成，也促使家纺产品的日常更新成为市场主流。

4. 科技、工艺和设计是提高家纺产品附加值的重要因素

在国家鼓励创新、提振内需的政策导向下，家纺企业不断对制造环节进行改进和升级，提高品牌的科技含量和功能化水平。在传统功能基础上，赋予产品新的功能并提升材料再生利用水平。同时，通过加大研发投入，家纺原创设计与专利数量逐年增加，产品更加趋于多元化、市场化、品牌化，更加富有人文关怀。

五、中国家用纺织产品开发的重点任务

1. 强化自觉与自主的原创设计理念

家纺产品的原创设计是中国家纺行业永续发展的动力与核心。当中国家纺从追赶者变为超越者，则更需要提升自觉性与自主性的创新力度，更重要的是在原创设计的基础上进而创新，特别是在技术创新的基础上改变市场和产业格局的颠覆性的设计创新。

今后，中国家纺行业需要改变规模大而附加值低、有技术而少设计、有精美物质产品而缺少艺术审美品位的"中国制造"形象。家用纺织品企业需要加强设计中自觉、自主的原创性意识与原创性理念，并将这种意识和理念落实到更新设计理念、创新时尚图案、巧用流行色彩、综合应用工艺、科学使用材料、挖掘产品功能之中。让中国的家纺产品体现出做工精致、细节处理微妙、色彩配搭协调、时尚潮流感明确、原创图案新颖、风格个性独到的富有审美品位的产品，同时要注重低碳、环保概念的生活运用；注重对时尚生活与绿色生活理念诠释的综合水平。

2. 建构与培育品牌的影响力

目前，中国家用纺织品的生产质量已经接近或达到国际水准，但与之不匹配的却是缺少有国际影响力的品牌。有高质量而没有影响力品牌的"金子"产品，也只能卖出低档次的、无名、无牌的"铜铁"价格。因此，执着建构与培育中国家用纺织品产品的"品牌"并着力推动其影响力，是持续创造家用纺织品设计价值与创新空间的关键。

中国家纺行业不仅要继续在品牌产品研发、品牌形象包装、品牌经营模式、品牌媒体宣传等方面下工夫，还要避免品牌建设上"生而不养"或"养而不强"的形式主义，避免"建而不立""立而不久"的昙花一现的现象。要沉下心，用时间精心培育、长期营造与科学推广，才能充分利用"品牌力"来创造可持续发展的广阔空间，将中国家纺品牌真正地根植于人们心中。

3. 提升生态与绿色的科技创造力

在家用纺织品的设计、生产与使用的全过程中，提升其生态设计与绿色科技创造力，既是全世界人类所关注的重点，也是发展与提升中国家纺产品开发的关键之一。"生态·绿色"的概念与内容，主要就是"低碳、环保、节能、可持续性"，其目的一是为了保护人类唯一能生存的地球环境，二是为了家用纺织品设计的可持续发展。而要实现家纺产品全方位的"生态化"与"绿色性"，首先是要把"低碳、环保、绿色、节能、健康"作为一种常态的设计理念，进而有效地利用现代科学技术作为支撑。比如积极研发推广新原料、新技术、新工艺，大力发展超仿真及各种功能性纤维，采用动物、植物、矿物、天然等生化原料，开发生物质纤维，运用先进工艺，实现家纺产品的多样化和高品质化。同时，还要保证与实现家用纺织品产品生产过程中的绿色化、低碳化、环保化、节能化与可持续化。

4. 挖掘跨界与链性的共生共赢

在中国的家纺产品开发中，存在着较严重的同质化、雷同化、低质化、低俗化的情况，除了呼吁设计者、生产者、营销者要进一步锻造崇高思想品质、凝聚正确核心价值观念、提高原创设计创新能力之外，家纺行业还要改变不科学、不合理的产业结构，打破目前积重难返的区域分割、行业分割、所有制分割与各自为政、孤军奋战等现象的阻碍，通过市场进行资源整合、结构整合、行业整合，挖掘与形成跨界联动、产业链完整、资源优势互补的共生共赢力。对于家用纺织品行业来说，完整的产业链包括从上游到下游、从原材料生产到面料生产再到成品制造直至终端销售的全程。这不仅需要有一个不断探索、磨合的过程，更需要有意识地建构多种多样的模式。其中，与上下游企业建立一种紧密的战略合作伙伴关系，对产品进行整合设计、协同创新，共同打造完整的"大家纺"产业链，就是挖掘中国家用纺织品发展潜力的途径之一，并且在未来一个相当长的时期内会一直保持共生共赢的优势。

5. 营造"大家纺"的生活审美

通过整体、系统的家用纺织品产品设计，来满足人们的生活需要与审美需求，最终营造出具有独特审美品质、艺术气息、文化趣味的生活方式，是家用纺织品设计的大势所趋与未来方向。而要利用家用纺织品产品设计来达到营造人们新的生活方式与审美品质，驾驭家用纺织品发展的趋势与走向，就必须要有系统性的"大家纺"理念，要走整合性的、系统化的、生活审美力极强的"大家纺"之路。

"大家纺"不仅仍是近年来的热门话题，也是未来家用纺织品设计的发展方向与潮流趋势。然而，要实现跨界的、系统的、整合性的"大家纺"，还需要走很长的路。从营销角度来说，"大家纺"是一种理想的营销模式，需要通过引导消费者的消费观念和消费方式来实现，目前国内市场的营销方式还有待改进与进一步提升。从企业设计角度来说，"大家纺"是一种科学的延展设计方式，一是需要解决布艺半成品向最终成品延伸设计的问题，这可以通过整合设计来实现布艺产品的成品化；二是需要解决系列家用纺织品产品向最终居室用品延展设计的问题，这可以通过跨界整合设计实现家用纺织品产品的居室化、环境化与适用化。

从消费者角度而言，"大家纺"是一个更广义的概念，也就是说系统整合的"大家纺"设计，应该是面向广大消费者的，是以消费者为中心的"大家纺"，而不是以企业产品设计为中心的"大家纺"，要具有多样化、选择性和兼容性的设计解决方案，具体涉及如何处理好企业产品与市场销售、消费者使用产品乃至整个社会的关系。这种能驾驭家用纺织品设计发展趋势的问题，是有待于我们深入思考的课题，也是有待于我们在家纺产品开发中要探索与实践的事业。

从设计角度而言，营造系统与整体的生活审美力，应该是将家纺软装饰与家具、环境硬装饰有机的融合，软装与硬装本身就是浑然一体的，不该被分割。然而，软、硬分家是当前中国家纺设计师、室内设计师存在的较大问题。虽然大家各有专长，但却缺乏对系统的、整体的居室设计的把控力，以致很多居室设计最终呈现出的风格不一、形态各异、色彩杂乱的炫富性的大杂烩，缺少文化品位、审美力度。因此，家纺设计师要加强全面性的素质培养，提升营造系统与整体的生活审美力，这才能让家纺产品呈现出最佳状态，让中国家纺事业设计力更强、审美品位更高。

中国家用纺织品行业协会设计师分会

交流互动　共促繁荣

——"海宁家纺杯"2014年中国国际家用纺织品创意设计大赛综述

侍锦

　　2014年7月，由中国家用纺织品行业协会、中国国际贸易促进委员会纺织行业分会、法兰克福展览（香港）有限公司、海宁市人民政府共同主办，中国家用纺织品行业协会设计师分会和中国布艺名镇许村镇共同承办的"海宁家纺杯"2014年中国国际家用纺织品创意设计大赛在承办地浙江海宁许村镇落下帷幕。这项由中国家用纺织品行业协会组织，立足院校、企业和专业设计机构的比赛举办12年来，参赛院校和企业逐年增加，参赛作品水平不断提高，影响逐步扩大。它使中国家纺行业开始重视创意、强调设计、推广品牌，不仅是推动中国家纺不断进行创新设计的重要平台，同时对中国家纺业未来的发展方向起到了重要的引导作用。

创意设计大赛金奖《红楼·枉凝眉》

一、大赛组织有序，新举措增强大赛影响

大赛一年一度成功举办，离不开主办方的精心组织和承办方的大力支持。由中国家用纺织品行业协会组织成立的大赛组委会负责大赛的策划、筹备、作品整理、现场评比和宣传等大量工作。海宁许村镇地方政府对大赛高度重视，设置良好的专用作品评比场地，设立专门机构，安排专人负责评比期间的各项工作，保障了大赛作品的最终评比工作得以顺利进行。

（1）今年大赛在招赛阶段，继续采取"走出去"的策略，走访全国多家院校、家纺企业和家纺设计工作室，在国内多所院校进行了2013年设计大赛作品巡展并安排大赛新闻发言人进行专题讲座，在对大赛进行深入宣传和推广的同时，也极大地激发了各单位的参赛热情。最终，本届大赛共收到参赛作品1725幅，参赛单位多达75家，其中包括42所院校、33家企业及设计工作室。

（2）大赛组委会在工作中创新灵活、认真敬业。工作人员认真细致地对参赛作品进行编号、分类、整理，积极配合评委对参赛作品进行评选。整个组织过程严谨有序、有条不紊。

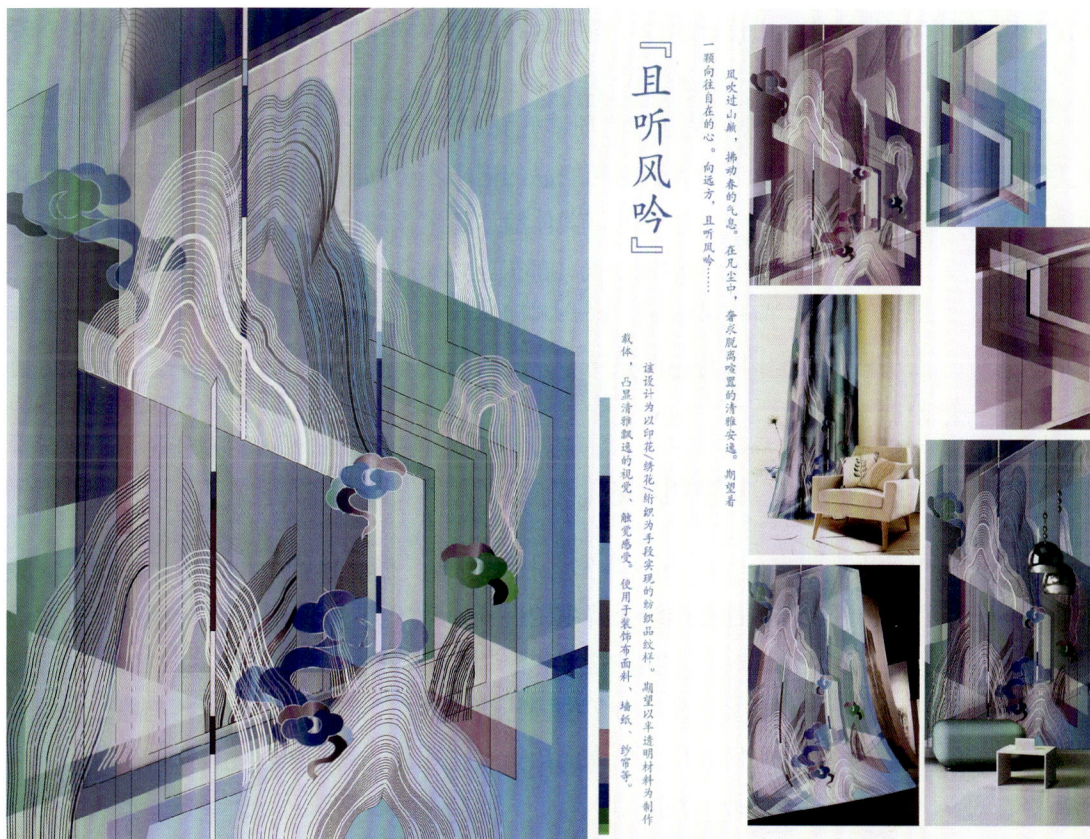

创意设计大赛银奖《且听风吟》

（3）为保证大赛评审的公平公正，凸显其权威性、全面性，进一步加强企业、教育、研发三者的交流与融合，组委会邀请了院校教授、资深设计师和企业负责人组成9人评委会。严

格按照既定评审标准与评审程序，在海宁市公证处的全程公证下，以敏锐的眼光、独特的视角，严谨公正地对参赛作品进行全方位的评定和挖掘，最终选出金奖1名，银奖3名，铜奖5名，优秀奖30名，最佳创意设计应用奖5名。

另外，在奖项、奖励设置上，大赛在2014年又推新举措：

（1）为推出更多、更有特色的设计作品，特别增设了最佳设计创新意识奖、最佳设计题材奖、最佳手绘技法奖、最佳传统纹样表现奖四个奖项，旨在推出更多、更有特色的设计作品。

（2）在保持原有奖励的基础上，组委会为金奖选手提供免费参观2015年德国法兰克福国际家纺展的机会。

（3）建立校企对接平台，印制获奖选手和参赛院校名录，更有效地帮助设计院校和设计师与行业对接，为参赛学生实习就业提供机会，使企业能够吸纳合适的人才。

这些新举措进一步增强了参赛者的热情，扩大了大赛的影响力。

二、大赛主题是引领中国家纺设计的风向标

中国国际家用织品创意设计大赛于2003年设立，每年一届。大赛依据当年家纺行业发展状况和国际家纺流行趋势推出设计主题。每届主题都切中当年的家纺设计方向和中国家纺设计所亟待解决的问题，是引领中国家纺设计的风向标。

2014年大赛主题"美·缘"是基于当前多元化的时代背景下，人们对家纺设计的多元审美需求所命名的。时代的发展使人们对纺织品的需求不再局限于保暖、遮光等简单的物化功能，更加关注文化、精神、情感层面的审美体验，追求家纺设计的风格化、个性化、特色化。"美·缘"就是大赛组委会期望家纺设计师们运用敏锐的审美感知力、丰富的想象力，充分利用一切自然、人文、时代的资源，融合不同民族、不同地域文化的设计，去创造多元风格的家纺产品，编织独具中国特色的家纺梦，让人们在欣赏、体验、领悟中融通意境，碰撞时尚，与美结缘。

三、作品风格多元，构建具有中国文化意蕴的家纺设计风格渐显

综览2014年的大赛参赛作品，题材丰富、技法多样、创意独特、风格多元，如百花盛开、万紫千红。几乎所有作品都能围绕大赛主题展开，对"美·缘"进行了淋漓尽致的解读与阐释。传统、经典、文化、时尚之美在这里齐聚、结缘，集中代表了2014年中国家纺设计的新理念。特别是金、银、铜奖作品糅合了中国传统经典文化与国际家纺流行趋势，在世界多元文化的格局中展现出中华民族博大精深的历史文化底蕴，具有国际化视野的中国家纺设计风格日渐显现。如金奖《红楼·枉凝眉》以《红楼梦》为题材，对名著经典、传统文化进行了时尚演绎，不仅使人们体会到形色、构图、层次、技法之美，更重要的是使人们领悟到一种意境、文化、情感之美，作品既有中国文化气质，又具有国际化形式语意，显现出设计者扎实的设计功力与较高的文化素养。

《华彩·春》

《蛙·趣》
创意设计大赛银奖

　　在大赛多年的倡导和推动下，越来越多的院校、家纺企业和设计师认识到，家纺设计不是图案、色彩、面料的简单堆砌，而是要注入文化元素。本次参赛作品不仅"画功"技法高超，诸多作品还融入"文化功"，注重文化底蕴，正好吻合了文化消费的主流化态势。文化是纺织品设计的灵魂，是家纺企业发展、重塑品牌的强大动力。人们不仅是在购买一种物品，同时也是在购买一种文化趣味，家纺设计所传达的文化和精神理念符合购买者的审美追求，才会得以畅销。我国有着广阔的纺织品消费市场，又有着悠久的、博大精深的传统文化和民族文化，家纺设计师应尽力挖掘这一宝贵深厚的资源，以国际视野和时尚潮流在世界多元化中建构中国家纺设计风格，唯有此，中国家纺设计才能走得更远，家用纺织品行业的明天才会更美好！

《蝶魅》

《定格》

《花融》

《晴》

《青茉》

创意设计大赛铜奖

四、院校、业界互动共赢，共同推进家纺行业发展

大赛迄今举办十二年，拥有持久的生命力和广泛的影响力。它为家纺行业打造了产、学、研对接交流的平台，让企业、专业设计机构了解院校，加强创意与运用相结合、产业与人才相结合；让院校了解企业和产业行情，使专业教学进一步与市场实践接轨，培育更加优秀的专业人才。行业与院校互动共赢，共同推进家纺行业的发展。

1. 大赛是院校教学与实践接轨的最佳手段

综览近几年的大赛，在校学生是参赛的主力军。这些未来的家纺设计师参赛热情高，参赛作品数量多，创意表达丰富多彩，但同时也存在良莠不等、参差不齐的面貌。部分作品对设计元素提炼不精、对文化的表达不透、对市场把握不够。尤其是有些参赛学生依据自己的喜好随意创意，强调自我个性，作品缺乏实用性，与市场的需求存在较大距离。正如评委会的专家所指："综观这次大赛，我们可以发现很多设计教育突出的问题，缺少优秀的设计人才始终是家纺设计，乃至整个行业的一个瓶颈。"中国家纺产业要良性发展，人才是关键。而如何培养具备文化素养与市场实践兼备的符合行业需求的人才是目前教育亟待解决的问题。家纺设计作为一门实用性很强的艺术，不能脱离市场，把大赛引入课堂是院校与市场实践接轨的最佳方式。尤其是每年大赛的主题，都是当时的热点问题或者直接关系到行业发展的现实性问题。通过大赛，院校师生可以了解最新的设计资讯，当前的市场动态，打破封闭式的课堂教学。对于院校师生来说，大赛主题是一道非常好的练习题，相比老师布置的作业，在校学生更有动力，更愿意花时间、动脑子投入设计。教师在指导过程中，也有利于自身教学能力的提高、教学方法的改变、课程内容的更新、解决与社会脱节的问题。

2. 大赛是企业培养设计团队、展示企业创新力的最佳平台

相比院校师生作品，参赛的企业设计师作品表现出实用性有余、创新性不足、文化性缺乏的特点。这也反映出现今企业在家纺产品设计上存在的普遍问题，如求量不求质、堆砌拷贝、模仿跟风等，说明设计师的自信、自觉、自主性还没被激活深化。而企业要发展，必须走从模仿设计到创新设计的道路。

在大赛的推动下，家纺企业逐步开始认识和重视家纺的原创艺术设计，能够积极参加一年一度的大赛，把大赛作为培养设计团队和创新家纺艺术作品发布的平台。一些企业负责人表示：大赛给家纺企业带来了新的动力，极大地提高了设计师队伍的水平和素质。希望依托大赛引导企业抓设计、创品牌、提档次、扩市场，有效促进家纺行业的转型升级。

大赛组委会希望以大赛为契机，实现企业、设计机构和院校的协同共进。在推进中国家纺设计创新的同时，也为家纺行业培养设计人才、推动家纺行业的进步与发展。使家纺设计人才在创意大赛这个平台上，紧跟国际时尚，加强对文化的研究，努力打造经典家纺设计风格，这也是中国家纺行业始终不变的前进方向。

展望未来，踌躇满志，希望在家纺行业的共同努力下，我们能够在构建中国特色家纺梦的道路上共同探索家纺品牌发展之路，协同发展，共创美好生活。

青岛大学美术学院

厚积薄发　继往开来
——"张謇杯"2014年中国国际家用纺织产品设计大赛综述

贾京生

由中国家用纺织品行业协会、中国国际贸易促进委员会纺织行业分会、法兰克福展览（香港）有限公司、南通市人民政府共同主办，中国家用纺织品行业协会设计师分会、中国

《瑶池尽染》

《根》

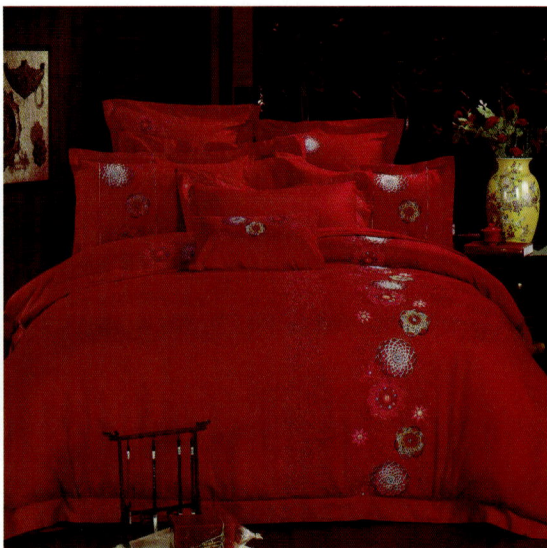

《园·缘》

2014年产品设计大赛金奖

国际贸易促进委员会纺织行业分会展览四部、南通市名牌战略推进委员会、南通市通州区人民政府、海门市人民政府共同承办的"张謇杯"2014年中国国际家用纺织产品设计大赛于7月25日在南通落下帷幕。

2014年是"张謇杯"大赛成功举办的第九年，组委会锐意进取，结合行业发展现状，对大赛进行了大胆革新。更加注重对设计师人才的扶持和推广，参赛作品的质量有了很大程度的提高，大赛的规模和影响力有了进一步的提升，取得了更广泛的社会影响。

一、大赛规模进一步扩大

本届大赛以"美·缘"为主题，共收到来自国内外320套参赛产品，涉及家用纺织品的各个门类。其中既有来自上海罗莱家纺、江苏梦兰集团、孚日集团、滨州亚光家纺、江苏金太阳纺织科技、红豆集团、洁丽雅集团、恒源祥集团、愉悦集团、南通大东、南通卓泰家纺等名牌企业的作品；也有来自美国、英国、日本、澳大利亚、韩国等8个国家的特色作品；还有部分作品来自北京服装学院、天津美术学院、南京艺术学院、南通大学、武汉纺织大学、浙江理工大学等12家高等院校。每件参赛作品都力求从造型、色彩、材质、工艺、风格、韵味等各方面去诠释形式美与内涵美，有些作品还能够顺应现今家纺产业的发展现状，从单纯的家纺产品延展到家居配饰配套产品，很好的凸显出参赛产品的多样化、差异化与个性化。最终，产品大赛评选出金奖3名、银奖6名、铜奖9名、优秀奖30名、品牌产品流行风尚奖3名、产品文化概念奖3名。

二、新举措新亮点增强大赛影响力

本届大赛更加强调公正性和专业性。因此在评比阶段，大赛组委会一改往年封闭式的评比方式，允许媒体和企业设计师代表在不影响评委会工作的情况下，到现场监督、观摩整个评比过程。在评比结束后，组委会又首次组织了评委与设计师代表的面对面对接论坛。请评委们对获奖产品进行了点评分析，并与设计师们就设计创新方面的问题展开了深入的交流研讨。这一举措既保证了大赛的公平公正，又为企业设计师们提供了与行业专家学者们互动学习的机会。在提升设计师个人专业素养的同时，也为我国家纺行业设计水平良性发展逐步奠定了基础。

大赛的亮点还包括：《张謇杯·2015中国国际家用纺织产品设计大赛优秀作品集》成为正式出版物，在上海"中国国际家用纺织品及辅料（秋冬）博览会"上举办发布会后，通过全国新华书店、网络书店及各院校图书馆渠道，面向全国出版发行。同时，"张謇杯"大赛还举办了获奖作品发布展，中韩设计交流会等丰富多彩的配套活动。极大地提升了大赛的广度与深度，使得大赛逐渐演变成家纺行业的设计盛会，培育家纺设计人才的摇篮。

《佛罗伦萨》　　　　　　　　　　《菲拉格慕》　　　　　　　　　　《叶影》

《水墨江南》　　　　　　　　　　《那个地方》　　　　　　　　《缂丝双面蓬莱仙境》（局部）

2014年产品设计大赛银奖

三、大赛参赛作品呈多样化发展态势

本届大赛参赛作品所呈现的特点，不仅是参赛规模增长，而且参赛的原创产品也呈现出"百花齐放"的态势。

1. 从"同质"化走向"个性"化

参赛的家纺产品，充分体现出近年来国内企业产品在原创性上的进步：首先，设计取材广泛、题材多样，不再一味追逐西方华丽宫廷风，品牌风格与定位逐步多样化。产品的艺术形式更加丰富，产品的文化内涵更加突出，产品的品牌形象更加明确。其次，整体而多样性的色彩搭配，是形成此次参赛家纺产品个性化面貌之二。本次的获奖产品无不在色彩方面体现出设计师的艺术智慧与审美修养，彰显个性化的视觉美感。第三，多种新工艺、新技术的巧用，与多元性的综合工艺、综合艺术之综合创造的共用互融，是参赛家纺产品风格的个性化面貌之三。丰富多彩的工艺技术的综合应用，所产生的是奇特新颖的视觉效果与触觉感受，为参赛作品锦上添花、美中增色。

2. 从"设计"化走向"适用"化

家用纺织品既是设计产品，又是生活用品。其设计必须以满足消费者的需求为重点、为

《两用毛巾》

《归宿》

《周末》

《臻现》

《雅致》

《融》

《秋》

《欧·缘》

《清明上河图》（局部）

2014年产品设计大赛铜奖

产 品 开 发

突破口，而不能仅用来展现设计师的自我审美情趣与艺术创造。本届参赛作品中有很大一部分，在充分表达设计品味的同时，又能在"适用"性上下工夫，在"适需"性上作尝试，取得了评委们一致的认可与赞同。

3. 从"文化"性走向"生活"化

要求家纺设计原创性，更深层次的是强调产品设计中的文化性和这种"文化"如何落地、如何走入"生活"，否则"文化"就会单纯地成为"纸上谈兵"。因此，此次很多参赛的企业与设计师很重视挖掘传统文化中的美，从"文化"中汲取内涵，提炼"文化"素材，并将之转化为适用于家纺设计的语言与程式。如有的作者深入研究了汉唐文化，并运用到作品中；有的将写实的绘画形象转换为适合于家纺产品中的装饰图案；也有人大胆尝试将珠宝、手工等多门类艺术融入家纺设计之中。将多样的具有"文化"性的产品推向生活，是产品设计大赛重要目的之一。同时，这些也足以说明，越来越多的家纺企业和设计师已经明确认识到产品文化内涵的多元化与深入性的重要价值。

四、大赛的提升与发展

"张謇杯"产品设计大赛即将迎来十周岁生日，作为国内最具权威的家纺设计类大赛，"张謇杯"在业内已具备相当的影响力与号召力。行业中不少优秀设计师正是缘于参加"张謇杯"才真正走上家纺设计的道路，并取得了不俗的成绩。

未来大赛将继续以促进行业设计创新繁荣为己任，为企业、设计师搭建学习、交流和展示的平台。同时，大赛仍将立足于对中国优秀文化的深层次挖掘与运用，力促参赛者活跃的设计思维，更加强调差异化设计理念，突破家纺产品设计的常规思维约束，探索更加广阔的、多元的设计文化空间。

家纺人的中国梦是让中国家纺由生产制造大国成为创新制造大国，"张謇杯"大赛正是为通向纺织中国梦建造的练兵场，老一代家纺人为我们今天家纺行业的发展奠定了良好坚实的基础，新一代家纺人要厚积薄发、继往开来，将其更加发扬光大。

清华大学美术学院

标准科技

家纺行业标准化工作实施与发展

杨兆华　朱晓红　阮航

随着我国家纺行业的快速发展，家纺产品随市场需求逐步向"品质化、个性化、多样化、功能化"转变，消费者对产品质量要求越来越高，企业对产品标准需求越来越迫切，行业对标准工作也越来越重视。"十二五"期间，中国家纺行业稳步推进行业标准化建设工作，完善行业标准化组织机构，优化标准化体系框架，加强家纺标准制（修）订工作，同时积极推进行业标准化宣传、推广与实施，使得家纺标准化工作为家纺产业发展及质量规范起到重要技术支撑和保驾护航作用。

我国政府及主管部门历来高度重视国家标准化建设工作，2015年3月国务院以国发〔2015〕13号印发《深化标准化工作改革方案》，部署改革标准体系和标准化管理体制，改进标准制定工作机制，强化标准的实施与监督，更好发挥标准化在推进国家治理体系和治理能力现代化中的基础性、战略性作用，促进经济持续健康发展和社会全面进步。家用纺织品作为终端消费类产品，直接关系到消费者切身利益，行业将积极贯彻国务院关于《深化标准化工作改革方案》的精神，加快对行业标准化工作梳理，通过大力推进标准化工作，进一步发挥标准化对推动和促进产业调整升级、转变经济增长方式、提升国际竞争力的技术支撑作用。

一、家纺标准化现状与主要工作建设

（一）家纺标准化机构建设

家纺行业标准化工作主要由全国家用纺织品标准化技术委员会（以下简称全国家标委）负责组织推进。全国家标委（SAC/TC 302）是全国性家用纺织品标准化技术性组织，秘书处设在江苏省纺织产品质量监督检验研究院，负责我国家用纺织品标准的制修订及归口管理工作，由国家标准化管理委员会委托中国纺织工业联合会领导管理。2014年5月第二届全国家用纺织品标准化技术委员会成立，新一届主任委员由中国家用纺织品行业协会会长杨兆华担任。

目前全国家用纺织品标准化技术委员会下设床品、线带、毛巾三个分技术委员会，其秘书处分别由江苏梦兰集团、上海市纺织工业技术监督所、山东滨州亚光毛巾有限公司和青岛

2014中国家用纺织品行业发展报告

喜盈门承担，随着家纺标准化技术机构的不断完善，为推进标准化进程起到重要基础保障作用。家用纺织品标准化技术机构见表1。

表1　家用纺织品标准化技术机构

序号	TC 编号	TC 名称
1	TC302	全国家用纺织品标准化技术委员会
2	TC302/SC1	全国家用纺织品标准化技术委员会床上用品分技术委员会
3	TC302/SC2	全国家用纺织品标准化技术委员会线带分技术委员会
4	TC302/SC3	全国家用纺织品标准化技术委员会毛巾分技术委员会

全国家用纺织品标准化技术机构主要负责家用纺织品领域的标准化工作。其中全国家标委由95名委员组成，全国床品分标委由41名委员组成，全国线带分标委由32名委员组成，全国毛巾分标委由33名委员组成。在全国家标委的委员中，主任委员1名，副主任委员5名，委员兼秘书长1名，委员兼副秘书长1名，顾问4名，秘书处工作人员4名。机构人员组成主要有：中国纺织工业联合会、中国家用纺织品行业协会、家纺企业、检验机构、研究机构、大专院校等。随着家纺产业不断壮大，标准化技术机构也在不断调整扩大，使之更具有广泛代表性。全国家用纺织品标准化技术机构在国家和行业标准化主管部门的指导下，在家纺行业内，认真履行职责，在优化标准体系、提高标准水平、加强标准服务等方面做了大量工作，为提升家纺产品质量和企业竞争力，规范市场秩序和促进贸易公平以及家纺行业的持续健康发展，发挥了不可替代的作用。

（二）家纺行业标准体系及所属标准概况

家纺行业标准体系是通过基础标准、通用标准、产品标准和综合管理标准四个层面进行顶层设计规划，其中涵盖基础通用、试验方法、床上用品（床品分标委）、线带产品（线带分标委）、毛巾产品（毛巾分标委）、布艺装饰类产品、厨浴卫生类产品、公共用纺织品、静电植绒类产品、铺地类纺织品、家用纺织品综合管理以及其他类产品12个门类。

截至2014年12月30日，家用纺织品已颁布实施和正在制定的标准101项，已颁布实施标准72项，其中国家标准18项，行业标准54项；正在制定标准29项，其中国家标准4项，行业标准25项，均为推荐性标准。

已颁布实施72项标准中，基础通用标准3项，方法标准12项，产品标准57项；按家用纺织品类别分：通用标准3项，试验方法标准12项，床品标准15项，线带标准26项，毛巾标准4项，布艺装饰类产品标准5项，厨浴卫生类产品标准1项，公共用纺织品标准 2 项，静电植绒类标准2项，其他类标准2项，涵盖了家纺标准体系中基础、通用、产品等三个层面10大类，唯有铺地类纺织品标准和家纺综合管理类标准暂未有相关标准。具体标准细目见附表1至附表3。

（三）家纺标准构成解析

1.标准级别

已颁布实施的72项家纺标准中，国家标准18项，占比25%，行业标准54项，占比75%，见图1；正在制定的29项家纺标准中，国家标准4项，占比13.8%，行业标准25项，占比86.2%，见图2。国家标准占比相对偏低，主要由于家纺作为终端产品，标准体系中，产品标准占比相对偏高，产品标准一般多以行业推荐性标准申报。

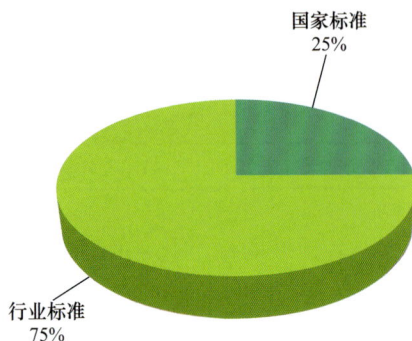

图1 现行家纺国标与行标占比

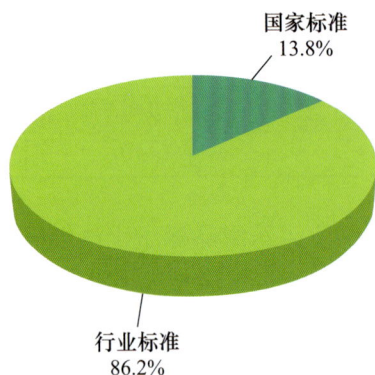

图2 制定中的家纺国标与行标占比

2. 标准性质

家纺行业72项颁布实施标准和29项制定标准均为推荐性标准，其生产企业以不低于GB 18401—2010《国家纺织产品基本安全技术规范》等强制标准的要求为基础，配合相应的推荐性产品标准开展生产及产品质量把关。

3. 标准类别

72项家纺现行标准中，基础通用标准有3项，方法标准有12项，产品标准57项，见图3；其构成比例分别为4.2%、16.7%、79.1%，见图4。29项制定标准中基础通用标准0项，方法标准1项，产品标准28项；产品标准占比96.6%，未来家纺标准体系依然以产品标准为主，这与家纺行业产品更新换代较快密不可分，产品标准应市场需求变化而不断推出。

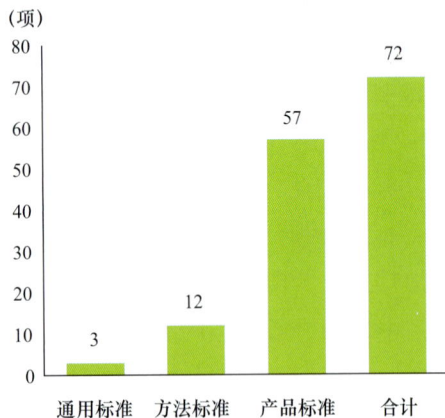

图3 现行家纺标准类别数量分布

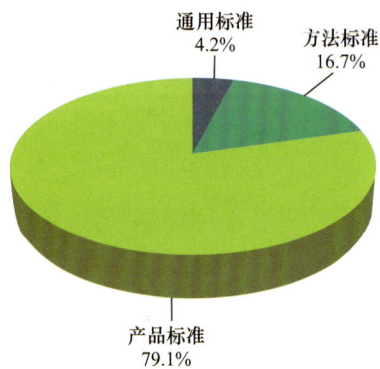

图4 现行家纺标准类别分布比例

4. 标准标龄

从72项现行家纺标准标龄来看，标龄集中在2006～2014年期间，均在10年以内。标龄在5

年内的（2010～2014年）标准32项，标龄在5～10年内的（2006～2009年）标准40项，其中以2009年发布的标准最多，达22项，具体标准年度发布数量分布情况见图5。因此，2014年针对2009年及以前标龄超过5年国家和行业标准进行了复审。确定复审17个标准，其中国标10项，1项继续有效，9项修订；行业标准7项，其中5项继续有效，2项修订，2015年标准修订工作任务艰巨。具体复审标准情况见附件3。

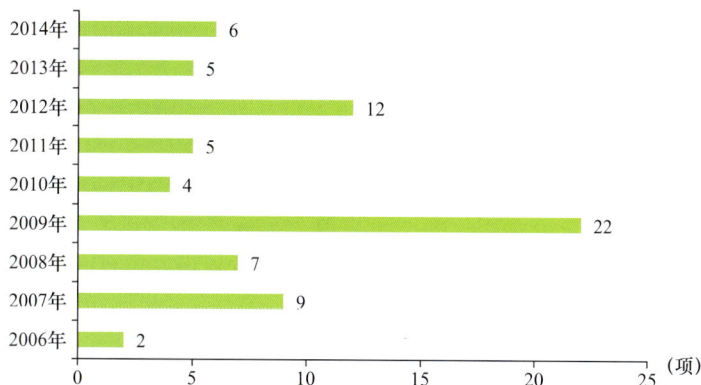

图5　现行家纺标准年度发布数量分布图

5. 标准产品领域

在家纺现行57项产品标准中，按标准应用途径划分：线带标准26项，床品标准15项，毛巾标准4项，布艺装饰类产品标准5项，厨浴卫生类产品标准1项，公共用纺织品标准2项，静电植绒类标准2项，其他类标准2项，见图6。

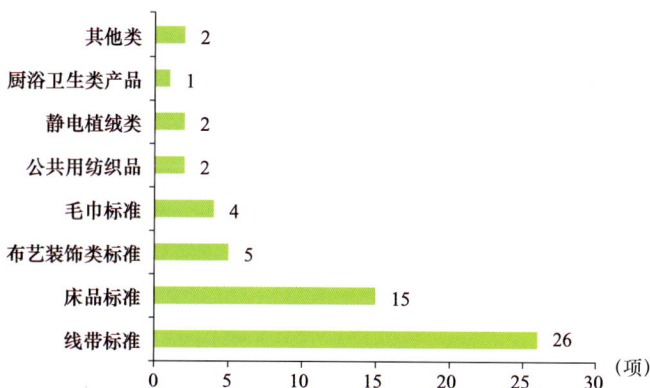

图6　57项产品标准按用途划分情况图

线带类产品作为家纺服装辅料，主要分缝纫线、绣花线、织带及绳索四个领域，由于纤维种类、长短及加工方法不同，导致不同线带产品内在指标不一，所以标准数量相对较多。

57项家纺产品标准中，剔除铺地类纺织品存在标准归口所属问题，暂时没有制定标准，其他基本涵盖了家纺行业全领域。床上用品、毛巾、布艺作为家纺三大终端消费品，标准数量也相对偏多，与市场需求情况基本符合。

二、家纺标准化工作存在的问题

（一）家纺标准化战略定位有待转变

2013年以来，随着家纺行业结构调整深化，家纺行业逐步从过去粗放扩张向精细管理转变，行业发展步入以消费需求为导向的市场主导期。家纺标准化工作，随着市场环境变化及机构改革深入，家纺标准化战略定位也应该逐步向用户需求倾斜，以用户对产品的实际需求和反馈信息作为制定标准的依据，标准的制定要多解决消费过程出现的实际问题，从而使标准更加严谨与科学。

以毛巾产品为例，随着消费习惯的改变，消费者更加注重毛巾的柔软、吸湿、脱毛率等指标，对毛巾强力要求已不是核心购买要素。十年不破不换的毛巾已不是现有消费能力和习惯所倡导的；另外，床品水洗尺寸变化率，也有许多商家反映，只要水洗后满足消费者正常使用，可否将水洗尺寸变化率与规格尺寸偏差率结合考量，诸如此类的事情，如何从消费实际需求入手，通过实验方法改进、技术指标优化等手段使标准化工作更接地气，更能指导实际生产与消费。

（二）家纺标准化机构体系框架有待进一步完善

根据2014～2020年国家标准化体系建设发展规划以及中国纺织工业联合会要求，全国家纺标准化工作人员及机构经过多年的标准化工作推进，已初步建立了从四个层面涵盖12大类的家纺标准化体系框架。但由于纺织行业前期历史遗留等因素，纺织行业的标准化技术委员会既有按原料（棉、毛、丝、麻）区分；也有按最终产品如针织服装、机织服装、家用纺织品、产业用纺织品等区分。因此，标准化专业委员会在各自标准体系框架范围中会出现一些领域交叉与重合，阻碍家纺标准化工作推进力度。

（三）标准的协调推进机制不完善，制约了标准化管理效能提升

我国国家标准、行业标准、地方标准均由政府主导制定，且70%为一般性产品和服务标准，随着标准化工作的逐步推进，标准的交叉协调等问题时有发生，行业内外缺乏统一的标准协调推进机制，从而造成标准的交叉重复及老化滞后问题得不到及时解决，制约标准化管理效能提升。

目前，家用纺织品技术委员会提出的《大麻纤维毛巾》《丝绸床单》《丝绸被套》《睡袋》在标准立项行业内部征集意见的过程中，由于有前道的以原料命名的纺织标准化技术委员会多年来屡次因为归口问题提出反对意见，致使标准不能立项，影响到以大麻纤维为原料的毛巾产品、丝绸床单、被套的生产和销售，各环节无标准可依。协调过程中困难多、难度大、成功率低。

（四）标准制定流程有待进一步优化

家纺作为终端消费品，随着消费需求的转变，消费者对家纺产品的更新速度越来越快。从现有家纺标准体系不难发现，主要以产品标准为主，方法及通用标准为辅。但标准的制定

2014中国家用纺织品行业发展报告

及更新速度往往跟不上产品的更新速度。标准从项目征集、答辩、立项、制（修）订、报批，到最后发布实施过程，短则1～2年，长则3～4年，产品标准以这样的速度来规范产品质量往往显得滞后。未来建议简化程序，缩短计划审批时间。

三、家纺标准化工作指导思想及下一步工作重点

（一）指导思想：深入贯彻领会《深化标准化工作改革方案》精神，推进家纺标准化工作改革进度

《深化标准化工作改革方案》阐述了对标准化改革的必要性和紧迫性，提出了改革总体要求，并针对建立高效权威的标准化统筹协调机制、整合精简强制标准、优化完善推荐性标准、培育发展团体标准、放开搞活企业标准、提高标准化国际水平六个方面提出了具体改革措施。通过改革，简政放权，把政府单一供给的现行标准体系转变为由政府主导制定的标准和市场自主制定的标准共同构成的新型标准体系。政府主导制定的标准由6类整合精简为4类，分别是强制性国家标准和推荐性国家标准、推荐性行业标准、推荐性地方标准；市场自主制定的标准分为团体标准和企业标准。政府主导制定的标准侧重于保基本，市场自主制定的标准侧重于提高竞争力，同时建立完善与新型标准体系配套的标准化管理体制。

家纺标准化工作将深入贯彻《深化标准化工作改革方案》精神，加快理顺行业标准化工作思路，深化家纺行业标准化工作改革。

（二）工作重点

1. 做好家纺行业标准化顶层设计，推进标准调查研究工作

随着国家新型标准体系的完善，政府主导的国家标准、行业标准与市场主导的团体标准、企业标准将不断满足市场需求，家用纺织品作为终端产品，家纺标准体系以产品标准为主，标准对产业发展及满足市场需求具有支撑带动作用。现有的国家标准、行业标准作为行业平均质量水平的体现，旨在满足产品的基本安全及使用要求，而对于产品品质界定、售后服务等方面基本无法涉及。因此在深化标准化改革攻坚时期，协会及标准化机构要加强对标准化工作的顶层设计，加快由市场主导的团体标准制定工作的研究，要从产品定位、服务对象、技术支撑等多维度做好团体标准设计工作，同时积极鼓励家纺企业制定企业标准，通过国家标准、行业标准、团体标准、企业标准的市场定位和划分，推进家纺标准化工作再上新的台阶。

家纺作为终端领域，在标准化工作战略定位转型期要做好基础调查研究工作。调查工作不仅要覆盖检测机构、研究机构、家纺企业等产品供应端，同时要注重需求端的用户需求，通过行业消费行为调研、标准工作会议、标准宣贯等工作手段积极解决端对端信息对称问题，从而使家纺行业标准工作更加科学合理，制定出的标准更具市场竞争力和认可度。

2. 继续完善家纺标准化体系，提升标准工作质量

（1）完善标准体系工作。随着家纺行业快速发展，如何根据行业发展客观需求积极做好家纺标准化体系间的标准细化及标准分类以及行业间的标准交叉及协调工作，是未来完善家纺标准化体系框架的重中之重。逐步建立健全工作机制。此外，积极理顺国家标准、行业标

准和企业标准的关系，充分发挥各标准的作用，以满足市场发展的需要。

（2）提升标准制（修）订工作质量。标准制（修）订流程很关键。首先抓好标准立项，立项标准要以市场需求为导向，敞开渠道征集标准立项需求，立项标准前期要进行充分论证，注重轻重缓急，只有及时合理地反映市场需求的标准才是好标准；其次是公示，广泛征求意见不仅能提升标准的内在质量，同时还能让更多的企业通过标准了解整个家纺标准化机构和体系，无形之中也是对标准化的推进和发展；最后严格规范标准审定制度，标准审定是标准制定过程的重要环节，是对前期征求意见的汇总，审定过程不仅对标准文本进行规范，更要对前期基础工作进行审核界定。

（3）加强标准宣贯与标准化队伍建设。家纺标准的宣贯工作，要针对不同地区、不同群体有目的地开展活动。家纺质量工作人员是产品质量的把关人，只有让生产线的每位工作人员都能了解标准，按标准组织生产，才能提升整个行业的质量水平。未来不仅要对标准本身加强宣贯，同时也要加强质量检测人员的培训工作。

在此基础上，加强标委会委员自身素质建设，提升业务能力，开展业务学习交流和内部培训；积极扩大标委会委员在各个行业的代表性及广泛性，注重行业结构及委员代表的合理性，要把那些懂技术、懂标准、有能力的专家吸收到标委会，壮大队伍；同时加强组织体系之间的专业性和协调性，强化内部组织专业分工，标委会与分标委各司其职，做好行业间的协调统一。

附表1　家用纺织品颁布实施标准一览表

序号	标准编号	标准名称	标准级别	标准类型	发布年份
1	GB/T 5196—2008	绳索　鉴别用的颜色标记	国标	基础通用	2008
2	GB/T 11789—2007	绳索和绳索制品　系船用的天然纤维绳索与化学纤维绳索之间的等效性	国标	基础通用	2007
3	GB/T 27754—2011	家用纺织品　毛巾中水萃取物限定	国标	基础通用	2011
4	GB/T 6839—2013	缝纫线润滑性试验方法	国标	方法	2013
5	GB/T 22798—2009	毛巾产品脱毛率测试方法	国标	方法	2009
6	GB/T 22799—2009	毛巾产品吸水性测试方法	国标	方法	2009
7	GB/T 31128—2014	毛巾产品毛圈抗钩拉力测试方法	国标	方法	2014
8	FZ/T 01101—2008	纺织品纤维含量的测定 物理法	行标	方法	2008
9	FZ/T 60001—2007	缝纫线含油率测定方法	行标	方法	2007
10	FZ/T 60021—2010	织带产品物理机械性能试验方法	行标	方法	2010
11	FZ/T 60027—2007	缝纫线可缝性测定方法	行标	方法	2007
12	FZ/T 60028—2007	缝纫线可缝性试验专用棉带	行标	方法	2007
13	FZ/T 60030—2009	家用纺织品防霉性能测试方法	行标	方法	2009
14	FZ/T 60033—2012	家用纺织品 毛巾不均匀水洗尺寸变化的测定	行标	方法	2012
15	FZ/T 60044—2014	毛巾产品毛圈高度测试方法	行标	方法	2014
16	GB/T 22796—2009	被、被套	国标	产品	2009
17	FZ/T 60032—2012	被、被套规格	行标	产品	2012

序号	标准编号	标准名称	标准级别	标准类型	发布年份
18	FZ/T 62019—2012	工艺绗缝被	行标	产品	2012
19	GB/T 22797—2009	床单	国标	产品	2009
20	GB/T 22843—2009	枕、垫类产品	国标	产品	2009
21	FZ/T 62020—2012	经编间隔床垫	行标	产品	2012
22	FZ/T 62023—2012	枕、垫类产品荞麦皮填充物质量要求	行标	产品	2012
23	FZ/T 62024—2014	慢回弹枕、垫类产品	行标	产品	2014
24	GB/T 22844—2009	配套床上用品	国标	产品	2009
25	GB/T 22855—2009	拉舍尔床上用品	国标	产品	2009
26	FZ/T 62012—2009	防螨床上用品	行标	产品	2009
27	FZ/T 62018—2009	家用羊毛制品	行标	产品	2009
28	FZ/T 61005—2006	线毯	行标	产品	2006
29	FZ/T 61007—2012	家用纺织品 超细纤维毯	行标	产品	2012
30	FZ/T 62013—2009	再生纤维素纤维凉席	行标	产品	2009
31	GB/T 6836—2007	缝纫线	国标	产品	2007
32	FZ/T 63004—2011	维纶缝纫线	行标	产品	2011
33	FZ/T 63008—2009	锦丝长丝缝纫线	行标	产品	2009
34	FZ/T 63009—2009	涤棉包芯缝纫线	行标	产品	2009
35	FZ/T 63012—2009	涤纶长丝高强缝纫线	行标	产品	2009
36	FZ/T 63016—2012	锦纶长丝邦迪缝纫线	行标	产品	2012
37	FZ/T 63022—2014	芳纶 1313 缝纫线	行标	产品	2014
38	FZ/T 63002—2009	粘胶长丝绣花线	行标	产品	2009
39	FZ/T 63003—2011	棉工艺绣花绞线	行标	产品	2011
40	FZ/T 63007—2007	棉绣花线	行标	产品	2007
41	FZ/T 63010—2007	涤纶长丝绣花线	行标	产品	2007
42	FZ/T 63015—2012	粘胶长丝染色单纱	行标	产品	2012
43	FZ/T 63018—2013	本色粘胶长丝绣花线	行标	产品	2013
44	FZ/T 63005—2010	机织腰带	行标	产品	2010
45	FZ/T 63011—2009	锦纶长丝民用丝带	行标	产品	2009
46	FZ/T 63013—2010	涤纶长丝民用丝带	行标	产品	2010
47	FZ/T 63014—2011	粘胶纤维民用丝带	行标	产品	2011
48	FZ/T 63017—2012	全棉薄型机织带	行标	产品	2012
49	FZ/T 63019—2013	丝绒带	行标	产品	2013
50	FZ/T 63023—2014	锦纶单丝织带	行标	产品	2014
51	FZ/T 63024—2014	经编双针织带	行标	产品	2014
52	FZ/T 63006—2010	松紧带	行标	产品	2010
53	GB/T 8050—2007	聚丙烯单丝或薄膜绳索特性	国标	产品	2007
54	GB/T 11787—2007	聚酯复丝绳索	国标	产品	2007

序号	标准编号	标准名称	标准级别	标准类型	发布年份
55	FZ/T 63020—2013	混合聚烯烃纤维绳索	行标	产品	2013
56	FZ/T 63021—2013	聚酰胺复丝绳索	行标	产品	2013
57	GB/T 22864—2009	毛巾	国标	产品	2009
58	FZ/T 62015—2009	抗菌毛巾	行标	产品	2009
59	FZ/T 62016—2009	无捻毛巾	行标	产品	2009
60	FZ/T 62017—2009	毛巾浴衣	行标	产品	2009
61	FZ/T 62011.1—2008	布艺类产品—帷幔	行标	产品	2008
62	FZ/T 62011.2—2008	布艺类产品—餐用纺织品	行标	产品	2008
63	FZ/T 62011.3—2008	布艺类产品—家具用纺织品	行标	产品	2008
64	FZ/T 62011.4—2008	布艺类产品—室内装饰物	行标	产品	2008
65	FZ/T 62022—2012	家用纺织品—窗纱	行标	产品	2012
66	FZ/T 62021—2012	厨浴清洁巾	行标	产品	2012
67	GB/T 28459—2012	公共用纺织品	国标	产品	2012
68	GB/T 22800—2009	星级旅游饭店用纺织品	国标	产品	2009
69	FZ/T 64013—2008	静电植绒毛绒	行标	产品	2008
70	FZ/T 64011—2011	静电植绒织物	行标	产品	2011
71	FZ/T 62014—2009	蚊帐	行标	产品	2009
72	FZ/T 62003—2006	手帕	行标	产品	2006

（截至2014年12月底）

附表2　家用纺织品制定标准一览表

序号	标准编号	标准名称	标准级别	标准类型	下达年份	阶段
1	2013—1757T—FZ	毛巾产品单位面积质量测试方法	行标	方法	2013年计划	制定中
2	20111019—T—608	羊毛、羊绒被	国标	产品	2010年计划	送审中
3	2013—1702T—FZ	手工粗布被套	行标	产品	2013年计划	报批中
4	2013—1703T—FZ	磨毛面料被套	行标	产品	2013年计划	报批中
5	2013—1704T—FZ	针织被套	行标	产品	2013年计划	报批中
6	2013—1699T—FZ	手工粗布床单	行标	产品	2013年计划	报批中
7	2013—1700T—FZ	磨毛面料床单	行标	产品	2013年计划	报批中
8	2013—1701T—FZ	针织床单	行标	产品	2013年计划	报批中
9	2014—0394T—FZ	聚乙烯、聚丙烯管粒型材料填充枕、垫类产品	行标	产品	2014年计划	制定中
10	2014—0395T—FZ	乳胶枕	行标	产品	2014年计划	制定中
11	20130724—T—608	婴幼儿机织床上用品	国标	产品	2013年计划	制定中
12	2012—1037T—FZ	摇粒绒毯	行标	产品	2012年计划	报批中
13	2012—2384T—FZ	纤维素纤维绒毯	行标	产品	2012年计划	报批中
14	2014—0393T—FZ	经编网眼织物复合凉席	行标	产品	2014年计划	制定中
15	2012—1039T—FZ	涤纶长丝弹力缝纫线	行标	产品	2012年计划	制定中

序号	标准编号	标准名称	标准级别	标准类型	下达年份	阶段
16	2013—1797T—FZ	涤纶长丝邦迪缝纫线	行标	产品	2013年计划	制定中
17	2014—0397T—FZ	涤包涤包芯缝纫线	行标	产品	2014年计划	制定中
18	2013—1796T—FZ	涤纶金银丝线	行标	产品	2013年计划	制定中
19	2013—1799T—FZ	金银丝带	行标	产品	2013年计划	制定中
20	2013—1800T—FZ	色织格子带	行标	产品	2013年计划	制定中
21	2013—1802T—FZ	涤纶单丝织带	行标	产品	2013年计划	制定中
22	2013—1801T—FZ	涤纶长丝印刷丝带（更改为：印刷机织带）	行标	产品	2013年计划	制定中
23	2014—0396T—FZ	编织鞋带（更改为：编织抽绳）	行标	产品	2014年计划	制定中
24	20100816—T—608	超高分子量聚乙烯纤维8股、12股编织和复编绳索	国标	产品	2010年计划	报批中
25	20100817—T—608	聚酯与聚烯烃双纤维绳索	国标	产品	2010年计划	报批中
26	2013—1798T—FZ	超高分子量聚乙烯网线	行标	产品	2013年计划	制定中
27	2013—1760T—FZ	超细纤维毛巾	行标	产品	2013年计划	制定中
28	2013—1758T—FZ	机织毛巾布	行标	产品	2013年计划	制定中
29	2012—1034T—FZ	卷帘窗饰面料	行标	产品	2012年计划	送审中

（截至2014年12月底）

附表3　2014年家用纺织品标准复审标准情况表

序号	标准编号	标准名称	结论
1	GB/T 5196—2008	绳索 鉴别用的颜色标记	继续有效
2	GB/T 22796—2009	被、被套	修订
3	GB/T 22797—2009	床单	修订
4	GB/T 22798—2009	毛巾产品脱毛率测试方法	修订
5	GB/T 22799—2009	毛巾产品吸水性测试方法	修订
6	GB/T 22800—2009	星级旅游饭店用纺织品	修订
7	GB/T 22843—2009	枕、垫类产品	修订
8	GB/T 22844—2009	配套床上用品	修订
9	GB/T 22855—2009	拉舍尔床上用品	修订
10	GB/T 22864—2009	毛巾	修订
11	FZ/T 62012—2009	防螨床上用品	继续有效
12	FZ/T 62013—2009	再生纤维素纤维凉席	修订
13	FZ/T 62015—2009	抗菌毛巾	继续有效
14	FZ/T 62016—2009	无捻毛巾	继续有效
15	FZ/T 62017—2009	毛巾浴衣	继续有效
16	FZ/T 62018—2009	家用羊毛制品	修订
17	FZ/T 60030—2009	家用纺织品防霉性能测试方法	继续有效

（截至2014年12月底）

中国家用纺织品行业协会

2014年度中国纺织工业联合会科学技术奖成果选编介绍

王冉　摘编

　　2014年，中国纺织工业联合会共评选出"科学技术进步奖"135项，其中一等奖15项，二等奖47项，三等奖73项。家纺企业在本年度有较大突破，共有7家家纺企业获得该奖项。其中，愉悦家纺有限公司是首个获得该奖项一等奖的家纺企业，实现了家纺企业该项目一等奖零的突破。本文摘编了与家纺行业相关的科技成果10项，内容涉及床上用品、毛巾、布艺、地毯等领域的纤维、印染节能减排方面的新技术、新工艺，技术成熟，具备前瞻性，有助于推进家纺行业的技术进步及产品开发。[1]

一、特宽幅织物高精度清洁印花关键技术研发于产业化（一等奖）

　　该项目针对影响特宽幅织物高精准度印花技术实现的一系列技术难点和系统要求，优化构建了印花颜色数据库及颜色管理系统、自动分色描稿系统、快速喷墨打样仿色和只能调浆与清洁印花系统，创新研发了特宽幅高精度制网和圆网印花技术，解决了传统圆网印花技术存在的花型精度低、一次成功率低、分色描稿周期长、生产效率低、颜色层次差、色彩不鲜活、色浆浪费、制网成本高和印花废水排放量大等技术问题，实现了特宽幅织物高度精准度清洁印花技术的产业化。通过产业化的实施，最大化地减少了染料的浪费，降低了污水排放，实现了印染化学品及生产工艺的精细化管理，满足清洁生产和节能减排要求，有利于推动环境保护和可持续发展。

　　该项目主要对高精度制版系统创新设计、快速喷墨仿色打样系统、智能调浆与清洁印花系统新兴路研发。突破了七大关键技术：构建八色印花图案颜色数据库及分色描稿系统技术、特宽幅圆网的高精度制网技术、搞得色量活性染料墨水和专用上浆技术、低给液定量上浆设备设计制造技术、黏度稳定的海藻酸钠糊料及高纯度液体染料优选复配技术、性染料印花色浆智能化精确调配系统设计与集成技术、特宽幅圆网八分色清洁印花生产工艺技术。申请技术专利14件，已获得授权专利3件。项目技术达到国际先进水平。

　　该项目由愉悦家纺有限公司参与完成，该公司位于山东省滨州高新技术产业开发区，拥有山东省认定企业技术中心等科研部门，是中国纺织技术创新示范企业，承担国家、省级等

---

❶　本文摘自《中国纺织工业联合会科学技术奖主要成果及完成单位简介（2014年）》。

科技发展计划项。已累计荣获得国家授权专利23件。

二、棉织物低温快速连续练漂工艺技术（一等奖）

该项目技术开发了高效分散、乳化、渗透、稳定的快速低温练漂助剂，在现有常规连续氧漂生产线上研究采用高给液等工艺技术、实现了棉织物高效低温连续一浴一步法退煮漂工艺。较之常规冷堆工艺，该新技术堆置时间从12~24小时减少为75~90分钟，练漂温度有100℃降低到40℃，耗气、耗水、化学品用量均减少50%以上，耗电量减少48%以上，解决了连续气蒸工艺能耗高的弊病。该项技术实现了产业化大批量生产，工艺技术安全，技术成熟，有广阔的推广前景。

该项目于2013年9月被国家科学技术部列为"国家火炬计划产业示范项目"；2014年9月25日，由中国纺织工业联合会科技发展部、中国印染行业协会、中国家用纺织品行业协会、纺织之光科技教育基金会等，将该项目列为纺织之光"重点科技成果"，进行了现场推广活动。

三、高弹工艺地毯关键技术开发（二等奖）

该项目通过研究地毯弹性受力与回复原理，确定了地毯受力与回复原理，确定了地毯弹性主要来自于纤维基体弹性，纤维形态弹性和背胶层弹性。首先采用超细旦涤纶，开发了高温定型、高压膨化技术，与同质异构并列复合、多分组分混纤技术，制备了具有良好弹性的工艺地毯。针对地毯纤维背胶层回弹性较差的特点，建立了无甲醛鼻孔化学发泡体系，解决了胶黏剂制备过程中甲醛释放难题，提高了地毯用微孔弹力胶的回弹性、压缩永久变形等性能。通过乳胶配方与工艺优化，实现了年产万吨级工业化生产，解决了传统的地毯胶乳硫化发泡成型后地毯胶乳的泡壁刚性小，材料抵抗外来冲击载荷能力不足的问题，使弹力胶性能大大改善，并降低了1/3的成本。结合文化生活等元素，开发了高割低圈、簇绒、3D织造等地毯工业化技术，制备了环保清洁地毯、涤纶超纤地毯、咖啡碳聚酯纤维弹力地毯、荧光高弹印花地毯等产品，实现了地毯弹性与功能化、与艺术的高度融合。

四、少水短流程复合功能性织物关键技术研究及产业化（三等奖）

无捻毛巾以其柔软的手感、蓬松的外观、优良的吸水性成为毛巾产品中的王者，需求量也不断上升。该项目突破了传统无捻毛巾在生产过程需要除去纱线中的水溶丝、棉织物染色、抛光工艺流程复杂的传统观念，攻克了少水短流程新型环保无捻毛巾制备关键技术，开发了系列新型环保无捻毛巾产品。

主要技术创新点：1. 研究了环保型无捻棉纱线生产技术，更有利于毛巾织物的进一步加工，降低了毛巾成品的脱毛率，提高了洗后外观效果，提高毛巾生产效率。2. 研究了毛巾的低光变化问题。同事缩短后处理工艺流程，节能减排。3. 研究了系列功能性环保毛巾及生产技术：远红外负离子毛巾、耐汗渍毛巾、浅色毛巾防黄变新技术、原生态毛巾的生产工艺、冷感冰爽毛巾制备方法。整体技术达到国际领先水平，对提升我国高技术毛巾系列制备水平有重要示范意义。

该项目由滨州亚光家纺有限公司研制完成，该公司是一家集设计研发、生产制造、物流、销售及终端服务为一体的大型现代化国际知名家纺品牌。综合指标在全国同行业名列前两位。

五、环保型超柔印花（三等奖）

环保型超柔印花是一种超细粒子印花技术。纳米级色料采用微胶囊包裹技术，通过固色剂与纤维点对点结合固着，黏合交联剂配比减少了50%，通过生产技术的公关，手感和印花精细效果实现了极大的突破，达到高网目精细印花不堵塞的效果。该项目节能环保，工艺流程比传统染料印花短，节省了水洗、蒸化、皂洗工序，减少水电汽使用量及污水排放，缩短生产流程，提高生产效率。

该技术生产及控制方便，效率高。产品具有活性染料印花产品的手感及性能要求，同时在某些特殊指标方面：耐氯漂牢度、洗涤沾色有明显的突破。从根本解决了活性染料不耐氯漂的问题。

六、GB/T 28463—2012《纺织品 装饰用涂层织物》和GB/T 28464—2012《纺织品 服用涂层织物》（三等奖）

该项目为涂层织物国家标准，属于纺织面料产品标准，可作为企业组织生产、采购面料、相关机构评价镀层产品质量的标准依据。该项目由中国纺织科学研究院、浙江中天纺检测有限公司、浙江和心纺织有限公司、浙江浪莎尔维迪制衣有限公司联合完成。

GB/T 28464—2012适用于各类服用涂层织物，GB/T 28463—2012适用于各类装饰用涂层织物，两个标准分别规定了服用涂层织物和装饰用涂层织物的分类、要求、实验方法、检验规则以及包装、储运和标志等技术内容，均从安全性指标、内在质量、外观质量对涂层织物的性能做出要求。

该项目完善和补充了涂层织物相关领域的产品标准，可作为涂层织物生产企业控制产品质量的依据。对生产企业组织生产有很好的指导意义，有利于企业及科研机构开发出更高水平的涂层面料。

七、纤维枕芯高效制备系统（三等奖）

该项目研究了枕芯纤维棉制备设备工艺及技术。开棉机的原棉输送部分采用分段式变速输送，两台垂直加大储棉箱可存储棉400千克左右。交替进行供棉。研究了纤维枕芯充制设备工艺及技术。自动称重喂棉设备的称重料斗箱选用铝合金材料，使料斗箱自重减少，在上方增加吹气气嘴，使纤维能够完全落到输送带上。松棉设备采用变频变速防静电输送带，整体效率加快，并具备金属检测功能。震动整形设备上下采用半弧形拍打板，不仅更加贴合枕芯外形，而且拍打板采用透气结构设计，使充棉机的气压可以快速散去。

该系统低成本、低损耗、高效率特点显著，彻底解决了大规模人力集中化生产的成本日趋提高和质量不稳定等关键问题，对整个家纺生产的技术进步将产生巨大的促进作用。通过项目研究成果的应用，目前分别在深圳、南充、常熟建立了三套系统，提高了企业产品研发能力和核心竞争力。

该项目由深圳市富安娜家居用品股份有限公司研发完成。该公司是一家集研发、设计、生产、销售于一体的综合性家纺龙头企业，产品现已涉及家居床品、饰品、家居用品等多个系列，引领了独特的艺术家居生活方式。

八、汉麻在家纺产品中的开发与应用（三等奖）

该项目针对汉麻纤维特点，优选了汉麻/棉花混纺比例，以保证产品的抑菌性能；针对汉麻单纤维较短现象，毛经纱线采用较强捻技术，毛圈采用中低毛圈高度控制技术，已解决脱毛现象；采用无张力物理柔软技术和柔软剂整理技术相结合，解决了手感僵硬的问题；采用生物酶前处理技术，避免了碱处理工艺对汉麻损伤现象，保证了汉麻家纺产品的质量。获发明专利一项。其产品以独特的技术构思、新颖的组织工艺设计以及蓬松柔软、吸水性好、有天然持久的抑菌功能，而受到广大客商的一致好评。先进工艺增加了产品的附加值，取得了良好的经济效益。

该项目由孚日集团股份有限公司研发而成。孚日集团经过20多年持续的创新发展，现已成为以家用纺织品为主导的多元产业于一体的大型企业集团，是全球生产规模最大的家用纺织品公司，形成从产品研发设计、纺纱、织造、印染、整理包装到全球贸易的世界家纺产业最完整的生产链。成为全球生产规模最大、技术装备水平最高、产品品类最全、配套能力最强的家纺生产基地，是国家级高新技术企业。

九、新型有捻蓬松纱及面料的开发研究（三等奖）

该项目进行了全棉纱线物理改性技术、新型蓬松毛巾产品加工技术、毛圈织物蓬松度测定方法的研究。主要研究内容：通过对纱线施加特殊复合捻线加工，实现全棉纱线的物理改性，使纱线中的纤维间含有一定的排斥能力。利用纱线含有内应力在使用过程中逐渐释放，可保持产品持久蓬松，提高产品的吸水性，解决现有蓬松类毛巾产品洗后板结问题。获授权发明专利一项，实用新型专利一项。目前该技术应用于多种不同类型毛巾及毛圈面料产品，形成规模生产，产品广受好评。该项目的成功，开拓了毛巾市场发展新领域，为毛圈蓬松类产品的蓬松性能衡量和检测提供了有效手段。

该项目由南通大东有限公司研发完成。公司拥有全套国际先进水平的浆、织、漂、染、缝、绣、整巾生产线，年产染色、印花、色织、提花、割绒、绣花等各类毛巾产品8000吨。其中采用纯棉、彩棉、竹纤维、木纤维、牛奶纤维、甲壳素纤维等天然纤维生产的优质中高档毛巾产品，以其优良的适用性和绿色环保特性深受国内外消费者青睐。

十、桑皮纤维的绿色高效制取及其功能性纺织产品的开发（三等奖）

桑树皮中富含桑皮纤维和果胶，提取果胶副产物可作为功能整理助剂。我国约有800万亩桑田，每亩桑田的废桑枝条可产桑皮纤维100千克。每年夏伐冬整，可剪伐桑枝4吨左右。对桑皮纤维的开发，保证蚕桑废物减量化、资源化、无害化，复合循环经济发展要求，可以科学地解决桑枝燃烧带来的环境问题。

该项目采用微波、超声联合脱胶，高效、绿色，采用桑枝剥皮机、循环脱胶装置、循环染色装置、成膜装置开发产品，利于其产业化，填补了国内外空白。纺制高档产品，开发功能纺织面料，提升产品的附加值，产业化前景和市场前景非常广阔。

该项目由盐城工业技术学院、江苏悦达家纺有限公司、江苏富安茧丝绸股份有限公司、江苏斑竹服饰有限公司联合研发完成。项目实施过程中共授权发明专利4项，授权实用新型专利13项。

中国家用纺织品行业协会

相关产业

2014年中国棉纺织行业运行报告

中国棉纺织行业协会

2014年，全球经济低迷下行，市场需求不振，棉花内外价差缩小；高征低扣破冰，实施棉花直补，出口退税率提高，利好政策刺激行业发展。我国纺织行业深度调整阶段性特征进一步显现，行业经济增长继续由高速转向中速，同时纺织行业结构调整继续取得积极进展，支撑行业运行态势全年基本保持平稳。

一、棉纺织行业运行情况

1. 国内棉花政策调整，国内棉花价格下跌

2014年，国内棉花价格遭遇"阶梯式下跌"。数据显示，第一季度，在临时收储政策支撑下，中国棉花价格保持平稳，约为19400元/吨；随后，自2014年4月1日起，国家取消临时收储政策，储备棉投放竞卖底价由18000元/吨调整为17250元/吨，4月棉花价格下降，受国内外需求不旺和目标价格政策改变的影响，棉花价格在第二和第三季度缓慢下跌；第四季度，纺企下游需求依然较为低迷，随着新棉大量上市，棉花现货价格重回跌势，12月棉花价格稳定在14300元/吨左右，全年棉花每吨下跌5100元，跌幅达26.3%，如图1所示。

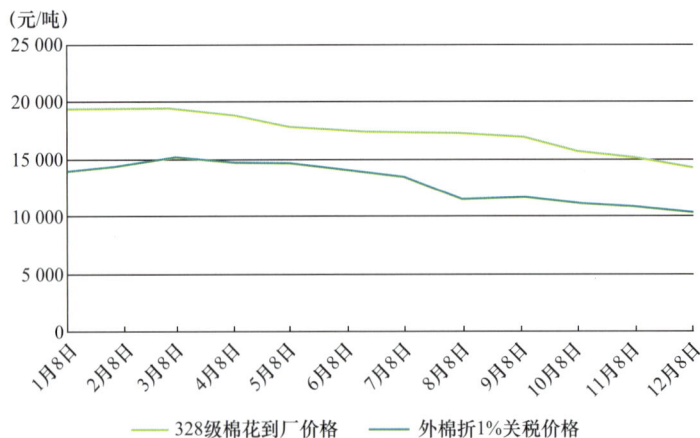

图1　2014年国内外棉花价格走势图

2014中国家用纺织品行业发展报告

2.国际棉花振荡下跌，内外棉花价差缩小

2014年第一季度，国际棉花价格由1月的14000元/吨，上扬至3月的15200元/吨，涨幅约为8.6%；但国际市场低迷国际棉价自4月由扬转跌，截至8月，国际棉花价格约为11500元/吨，跌幅为24.3%；自9月份，新的棉花年度，国际棉花跌幅减缓，截至12月，国际棉花价格约为10400元吨，全年每吨下跌约3600元，跌幅为25.3%；国内外棉花价差由1月每吨5300元，逐步缩小为12月每吨3800元。

3.国际原油价格下跌，化纤短纤价格下行

2014年度化纤短纤整体价格表现为下跌趋势。粘胶短纤价格1~2月为全年高位，自3月开始急速下跌，5月起粘胶短纤价格缓慢回升，一直到11月表现较为平稳，在12000元/吨震荡，进入12月后急速下跌，全年跌幅4.5%。涤纶短纤全年价格波动较大，涤纶短纤价格1~2月为全年高位，受PX价格大幅下跌、PTA期货持续走低和库存压力等负面因素影响，聚酯原料下跌幅度加大，而下游行业需求恢复缓慢，聚酯大盘疲弱不堪，经自3月开始急速下跌，截至5月跌幅达10.3%，6月PX持续反弹带动聚酯原料上涨，成本推动型的行情上涨导致涤纶短纤价格强势反弹，截至8月，价格又重回全年最高价位，但随着国际原油价格暴跌，涤纶短纤价格也开始进入下行通道，截至12月，涤纶短纤价格为8200元/吨，全年累计下跌17.2%，如图2所示。

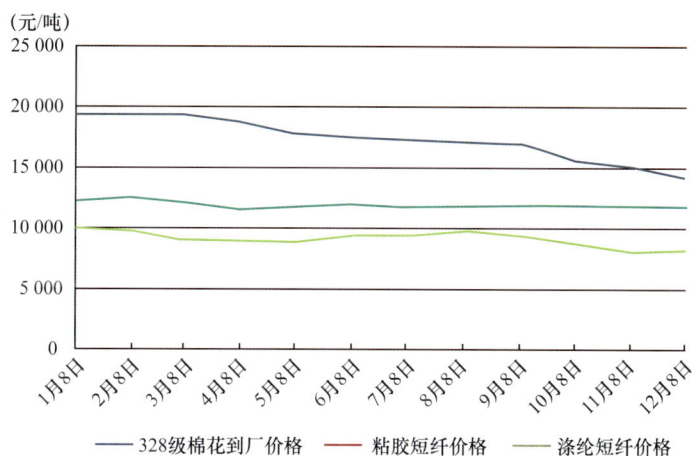

图2　2014年棉及短纤价格走势图

4.全球需求持续疲软，纱布价格弱势下行

2014年，纱布市场受棉花原料价格下行影响，全年呈下跌趋势，32英支纯棉普梳纱线价格走势全年与棉花价格走势基本一致，第一季度价格走势较为平稳，第二、第三季度受产品市场需求落后和原料采购成本下行影响导致纱线持续下跌，在第四季度下跌速度加快，全年纱线价格由25500元/吨跌至21500元/吨，全年下跌15.6%。纯棉坯布（32英支，130×70，47英寸）全年呈持续下跌趋势，跌幅比纱线较为缓和，全年价格由6.38元/米，跌至6元/米，全年下跌6%，如图3、图4所示。

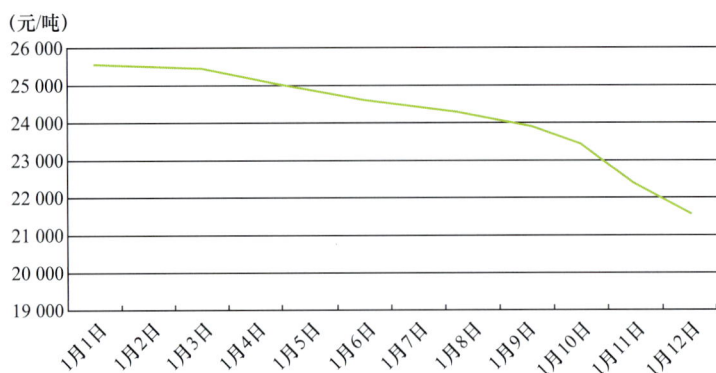

图3   2014年32英支普梳纱价格走势图

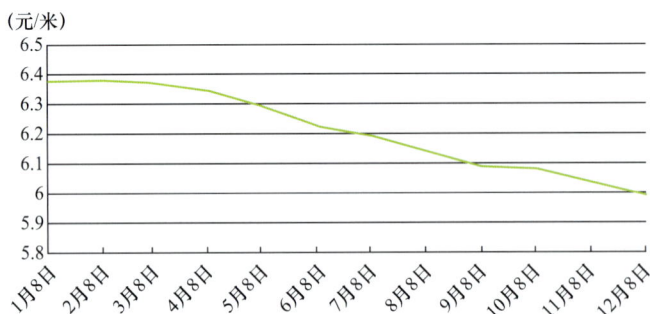

图4   2014年32英支普梳坯布价格走势图

二、行业运行质效

1. 全年订单不足，原料库存从紧

2014年，在全球经济增速放缓的背景下，棉纺织企业发展速度放缓，中国棉纺织行业协会对全国重点棉纺省份进行调研，从调研中了解到，棉纺企业的开工率平均为80%，较2013年略有下降，发展较为平稳。企业间开工率差异较大，在开工较满的企业中，一部分企业利用自身具有生产水平、自动化程度较高的装备保持正常生产；一部分企业通过加强内部管理、加大研发力度，紧随市场调整产品结构，订单较满，一部分企业主攻差别化产品路线，根据市场需求开发生产差异化纱线产品，始终保持了稳定的开工率；还有少部分企业依托当地政府在贷款融资方面给予特殊政策的支持，运行良好。而部分中小企业由于缺乏竞争力产品以及资金支持，经营较为困难。由于全年棉花价格整体下行，棉纺企业采购原料较为谨慎，原料库存一般为15～30天，甚至有些小企业为了规避原料下行风险，棉花随用随买。棉纺企业原料来源以购买渠道以国储棉为主，特殊产品则需进口高等级棉花。

2. 企业产销疲软，库存压力较大

受全球市场低迷、下游需求持续疲软影响，协会跟踪企业产品产量、销售同比均下降，整个行业运行增速放缓。整个棉纺产业链对后市预期不佳，各环节都尽可能减少原料储备，

随用随买，产业链产销压力较大。

中棉行协跟踪企业数据显示，2014年，纱和布的产量均较去年有所下降，纱产量累计同比下降2.43%，其中纯棉纱同比下降5.12%，混纺纱和纯化纤纱同比增幅分别为5.43%和1.22%；布产量累计同比下降2.87%，其中纯棉布、混纺布和纯化纤布同比下降1.28%、9.12%和4.50%。

跟踪销售数据显示，2014年，纱累计销售量同比下降0.60%，其中纯棉纱下降2.98%，混纺纱和纯化纤纱分别上升7.61%和0.53%，布累计销售量同比下降1.69%，纯棉布、混纺布和纯化纤布分别下降0.83%、4.95%和3.39%。

跟踪企业产品库存数据显示，2014年，纱累计库存量同比上升1.29%，其中纯棉纱、混纺纱、纯化纤纱同比上升0.70%、2.78%和0.52%。布累计库存量同比下降5.21%，其中纯棉布、混纺布分别下降7.44%、1.98 %，纯化纤布库存上升5.44%。

3. 企业利润降低，发展速度放缓

市场原料下跌过程中，库存产品的跌价损失和资金占用成本也是影响企业经济效益的重要因素。

国家统计局数据显示，2014年，棉纱规上企业实现主营业务收入1.48万亿元，同比增长6.93%，低于2013年增长率7.83个百分点，增速明显放缓；棉织造规上企业实现主营业务收入5793亿元，同比增长5.55%，低于2013年增长率3.41个百分点，棉布收入增长速度连续三年放缓。棉纺纱规上企业利润自2012年连续三年增长，但增速也明显放缓，2014年棉纱规上以上企业利润总额为794亿元，同比增长1.90%，低于2013年增速16.49个百分点。棉织造规上企业利润额311亿元，同比增长5.50%，低于2013年增速12.77个百分点。如图5、图6所示。

从协会跟踪数据分析，2014年，跟踪骨干型企业主营业务收入同比增长3.85%，增速较2013年减小2.76个百分点；跟踪企业利润总额同比减少1.10%，增速减小4.00个百分点。

图5　2014年棉纺企业纱、布主营业务收入

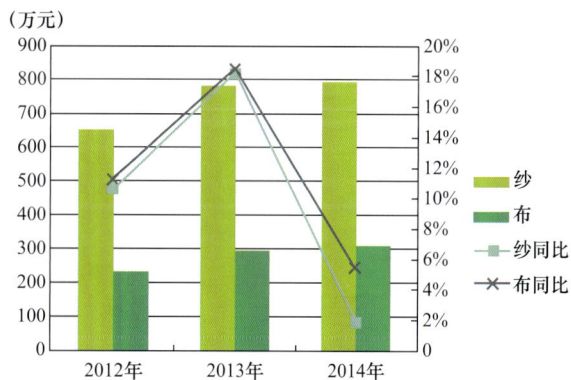

图6　2014年棉纺企业纱、布利润总额

三、棉纺织品进出口情况

1. 棉花进口逐年下降

由于棉花配额减少，棉花进口量大幅下降。国内用棉企业受原材料、人工成本不断上

升，出口竞争力下降，外贸订单减少，2014年，我国全年累计进口棉花244万吨，同比下降41.21%。2014年我国进口棉花前五位的市场依次为印度、美国、澳大利亚、乌兹别克斯坦、巴西，分别下降31.01%，52.21%，9.71%，37.66%，37.71%。尽管进口棉花的数量下降，但是印度、美国、澳大利亚市场依然占据绝对的优势，特别是进口印度棉花的比例已经占到33.60%，如图7所示。

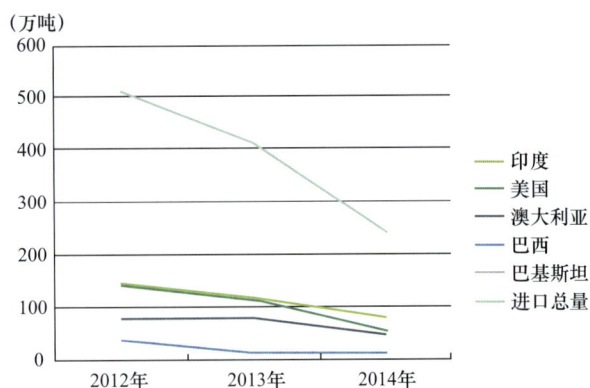

图7　中国近三年从主要进口国进口棉花量走势图

2. 棉纱线进口保持稳定

2014年，我国累计进口棉纱线201万吨，同比下降4.21%，进口量依然巨大。进口棉纱前三位的国家依次是印度、巴基斯坦和越南，印度依然成为中国第一棉纱进口国，三个国家已经连续三年成为中国的前三位棉纱进口国家。虽然巴基斯坦依然排在第二位，但是所占的比例已经由2012年的36.6%下降为2014年的25.4%，而越南已从2012年的11.1%上升到2014年的19.9%，如图8所示。

2014年，我国累计出口棉纱43.1万吨，同比下降17.56%。出口市场前三位的国家和地区依次是中国香港、越南、孟加拉国，中国香港依然成为中国第一棉纱出口地区，三个地区已经连续三年成为中国的前三位棉纱出口地区。从图中可见，虽然中国香港依然排在第一位，但是所占的比例已经由2012年的47.4%下降为2014年的37.6%，而越南已却从2012年的9.8%上升到2014年的19.2%，如图9所示。

由此可见，中国不论是进口棉纱，还是出口棉纱近三年越南在其中所占比例有明显增加。

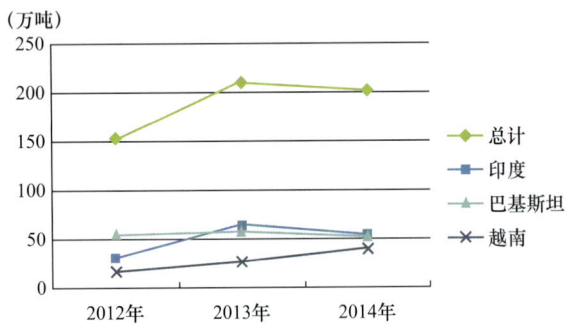

图8　中国近三年从主要进口国进口棉纱量走势图

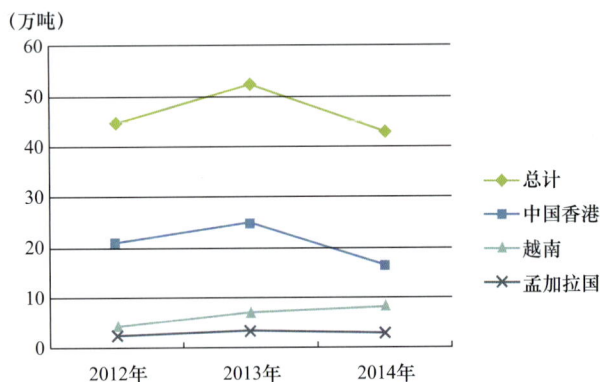

图9　中国近三年主要出口国和地区出口棉纱走势图

3. 化纤短纤纱线出口疲软

2014年，我国化纤短纤纱线进口数量为6.88万吨，同比下降14.51%，已是连续三年下降，出口数量为66.8万吨，同比下降1.03%。与棉纱贸易不同，我国化纤短纤纱线以出口为主，且远大于进口。由于国内外棉花价差削弱了国内棉纺企业，2014年很多企业通过调整产品结构，加大了化纤短纤维纱线的生产。

4. 棉织物进出口大幅下降

2014年，全年我国累计进口棉类织物6.54亿米，同比下降17.28%，已是连续三年下降，且为三年降幅最大。出口数量为83.8亿米，同比下降8.05%。对比进出口单价，我国进口棉织物单价约为2.44美元/米，高于出口单价1.69美元/米。

我国棉织物进口前三位的国家中：巴基斯坦，占进口比例为39.6%创历史新高，处于绝对的优势，其次是日本和韩国。出口前三位的国家依次是越南、孟加拉国、贝宁，越南依然成为最大的棉织物出口国。

四、2015年我国棉纺发展趋势

1. 棉花问题仍然突出

2014年，尽管停止棉花收储，棉花"目标价格改革"试点实施，国内棉花政策实现了突破，新的种植补贴政策有利于逐步恢复国内棉价的市场机制，但由于棉花国储库存余量过大，恢复市场调节的政策效果短期内无法显现，国储棉、进口配额等政策也将对棉价产生影响。总体上看，纺织企业面临的棉花采购不畅、价格持续下跌、品质偏低等问题在2015年仍不能立刻解决，国内棉价仍将高于国际市场，棉纺企业的发展压力依然突出。

2. 成本上升压力较大

由于我国人口结构与就业偏好的改变，近年来纺织企业用工结构性短缺已成常态，用工成本连续多年以不低于10%的速度持续提升。融资、土地、营销渠道、环保投入等费用持续增长，染料、物流等生产要素价格上涨，企业综合运行成本显著提升。小微企业由于缺少规模效益支撑，成本上升造成生存压力更大。

3. 转型升级任重道远

近年来，国内外市场需求增长动力均相对减弱，部分行业产能仍在一段时间内延续惯性增长态势，显现出了生产能力阶段性、结构性的相对过剩现象，以及常规产品同质化竞争加剧的问题。相比而言，产业链中下游环节结合市场变化，产能调整相对较快。加强自律以及强化差别化产品开发等任务亟待落实。

4. 产业布局持续调整

"十二五"以来，纺织产业转移进度明显放缓，部分转移项目出现停滞，资源、成本、政策、体制等均是影响因素。产业区域结构需按照市场经济规则，因地制宜进行必要调整。企业跨国配置资源，特别是对外直接投资，受到海外政治、文化、劳动力素质以及基础设施等各种因素影响，需要从行业角度加强调查研究，稳妥引导和有序推进。面对中西部地区承接转移放缓的问题，行业将进一步深入调查研究，发挥好中西部地区在国内布局体系中的作用。还要加强跨国资源配置的力度，充分利用国内外两个市场谋求新的发展。

5. 新技术应用举例

（1）超仿棉：超仿棉是一种改性涤纶的差别化纤维，也是备受世界关注的棉花替代品之一，其优良的动态热湿舒适性能得到社会认可。《纺织工业"十二五"发展规划》和《建设纺织强国纲要（2011～2020年）》都把发展新型纺织纤维材料列为纺织工业未来发展的重要任务，提出到2020年，包括超仿棉在内的化纤仿真占化纤比重达到20%，化纤差别化率达到75%。

（2）喷气涡流纺：喷气涡流纺是在喷气纺的基础上通过精确控制喷射气流在纺纱腔内形成涡流场，控制纤维尾端自由端进行包缠加捻，形成皮芯结纱线使纺纱速度得以大幅提高，极大地提高了生产效率。涡流纺的发展符合国家产业发展政策，迎合了我国棉纺产业升级的客观需求，是我国棉纺产业升级的发展方向。

（3）无PVA上浆技术：减少纺织废水中的PVA含量是保护环境、推动印染减排的一条有效途径。从2012年至今，在纺织浆料产品开发过程中，已经先后有15个可替代PVA的上浆产品陆续被研发生产，并达到预期效果。同时，纺织上浆行业也涌现出了如半糊化上浆技术、泡沫上浆技术等具备大规模工业化推广基础的新型环保上浆工艺，为行业实现无PVA环保上浆提供了基础，为后道绿色印染生产打好坚实基础，是未来发展的趋势。

总之，纺织行业还面临着各种风险和挑战，但国内外经济政策环境较为有利，行业加快转型升级的内外动力不断增强，发展机遇依然存在。企业应主动适应经济发展"新常态"，抓改革创新、促结构转型，努力促进纺织经济平稳健康发展。

2014年化纤行业运行分析与2015年运行预测

吴文静

2014年，在"新常态"下，我国化纤行业运行也出现了一些新的特征：化纤产量增长速度继续放缓，化纤市场价格下行、库存增加；企业在困境中求生存，生产经营更加理性，主动控制生产负荷，投资意愿下降；行业积极适应"新常态"，进一步深化结构调整，加大研发和品牌推广的力度。在全行业的共同努力下，行业运行态势总体平稳，经济效益有所回升。

一、2014年化纤行业运行情况

（一）生产

据国家统计局统计（表1），2014年化纤产量继续保持增长，全年共完成产量4389.75万吨，同比增长5.5%，比2013年下降2.4个百分点，与我们年初的预测基本吻合。其中，涤纶3565.8万吨，同比增长6.48%，增速微降0.16个百分点；锦纶产量同比增长10.21%，在化纤主要品种中增速是最快的，但也比2013年下降了2.23个百分点；粘胶长丝、腈纶和丙纶的产量出现负增长。

表1　2014年化纤行业生产情况

	2014年（万吨）	同比（%）	2013年增速（%）
化学纤维	4389.75	5.50	7.90
人造纤维	372.29	−2.81	17.07
其中：粘胶短纤	309.67	0.62	20.73
粘胶长丝	24.09	−9.97	−10.05
合成纤维	4017.46	6.20	7.02
其中：涤　纶	3565.80	6.48	6.64
锦　纶	259.16	10.21	12.44
腈　纶	67.57	−2.69	0.43
维　纶	11.07	9.75	15.83
丙　纶	26.70	−0.83	−3.02
氨　纶	49.30	9.50	27.31

资料来源：国家统计局

和前几年相比（图1），化纤产量增长速度继续回落，和GDP增速变化的走势基本保持一致，但降速快于GDP，说明一方面宏观经济降速影响了对化纤产品的需求，另一方面行业确实存在阶段性和结构性的产能过剩。

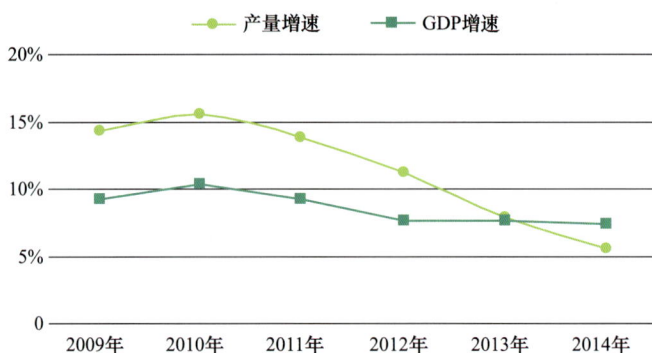

图1　2009年以来化纤产量增速与GDP增速变化
资料来源：国家统计局

（二）市场

2014年，化纤市场需求较为平淡，化纤产品价格上半年相对平稳，受棉价和市场需求不旺的影响有一定下跌，下半年随着石油价格的大跌，涤纶、锦纶、氨纶等石油链化纤产品价格也出现了大幅下跌，粘胶短纤价格也受原辅料成本下降和棉花价格下跌的影响而弱势下行。粘胶长丝和腈纶由于供需相对平衡，加上行业自律，价格走势相对平稳（图2~图7）。

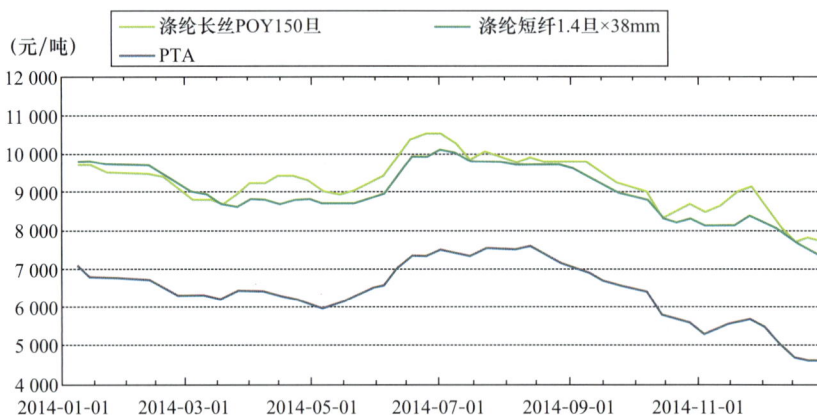

图2　2014年涤纶长丝、涤纶短纤与PTA价格走势图
资料来源：中纤网

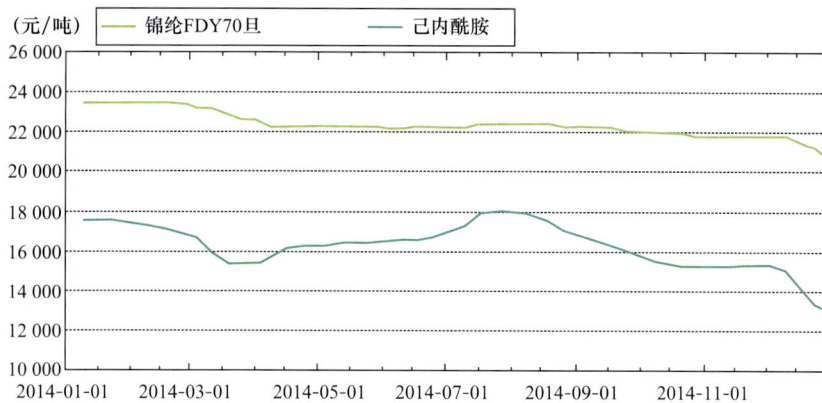

图3 2014年锦纶与CPL价格走势图
资料来源：中纤网

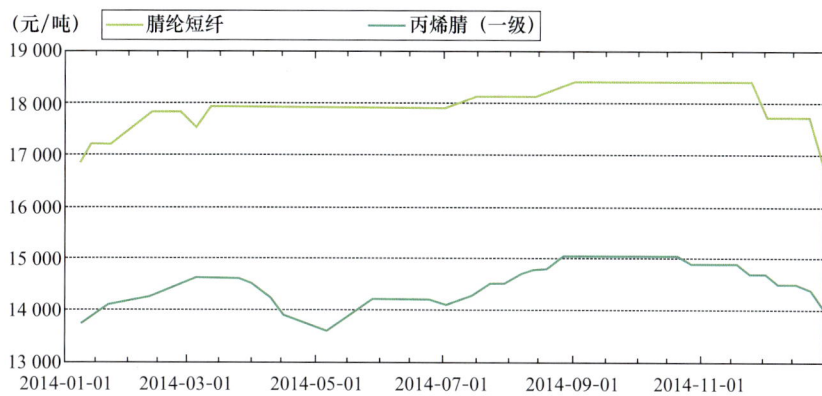

图4 2014年腈纶与AN价格走势图
资料来源：中纤网

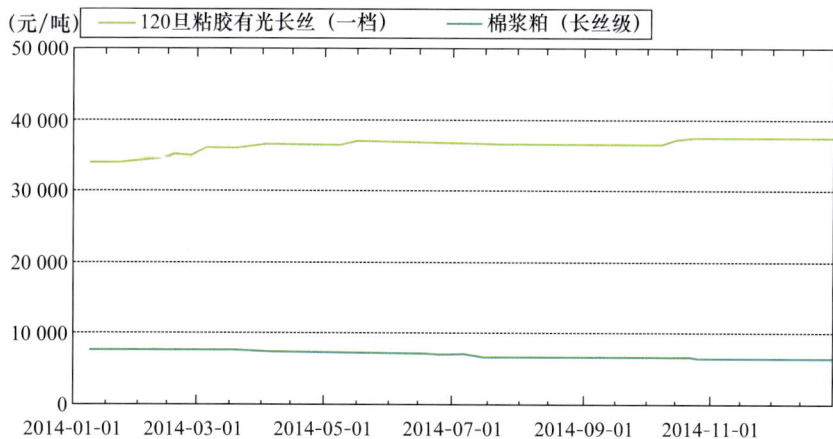

图5 2014年粘胶长丝与长丝级棉浆价格走势图
资料来源：中纤网

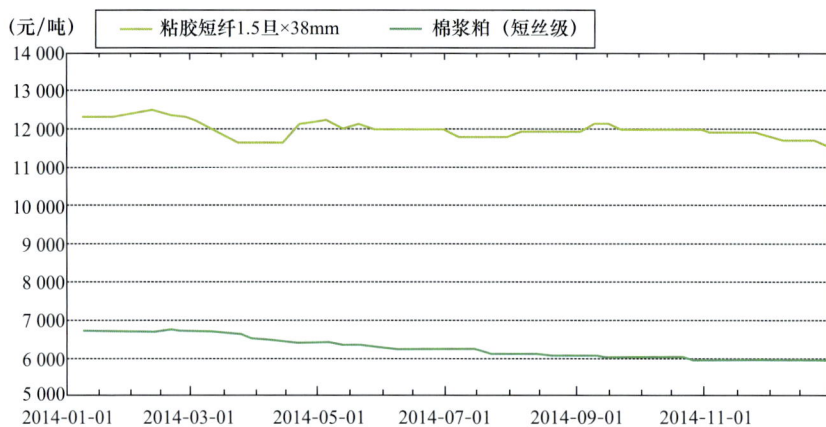

图6　2014年粘胶短纤与短纤级棉浆价格走势图
资料来源：中纤网

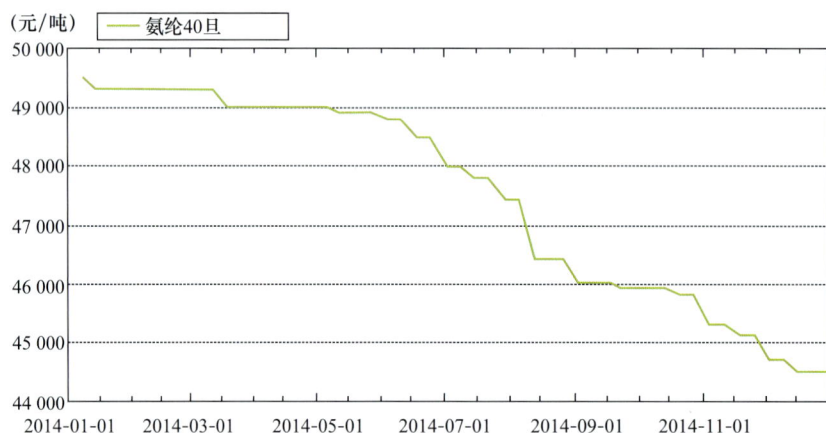

图7　2014年氨纶价格走势图
资料来源：中纤网

2014年，除粘胶长丝外，化纤主要产品价格出现不同程度的下跌，涤纶短纤跌幅最大，达25.51%，涤纶POY跌幅也达20.62%，锦纶FDY和氨纶40旦产品价格跌幅在10%左右，粘胶短纤下跌5.69%，腈纶由于供需平稳，价格变化不大。和原料价格变化相比，除腈纶外，其他化纤产品价格跌幅均小于原料，因此加工区间有所放大。但在价格下跌通道时，会造成原料和产品的库存跌价损失，影响企业利润的放大（表2）。

表2　2014年化纤主要产品价格变化表

品名	单位	年初	年末	涨幅
PX	美元/吨	1418	848	−40.20%
PTA	元/吨	7420	4610	−37.87%
涤纶POY 150旦	元/吨	9700	7700	−20.62%
涤纶短纤 1.4旦×38mm	元/吨	9800	7300	−25.51%
CPL	元/吨	17600	12900	−26.70%

续表

品名	单位	年初	年末	涨幅
锦纶切片	元/吨	19400	14850	−23.45%
锦纶 FDY 70 旦	元/吨	23500	20700	−11.91%
AN	元/吨	13300	14000	5.26%
腈纶短纤	元/吨	16800	16700	−0.60%
棉浆	元/吨	6700	6000	−10.45%
粘胶长丝 120 旦一档	元/吨	34000	37500	10.29%
粘胶短纤 1.5 旦 ×38mm	元/吨	12300	11600	−5.69%
PTMEG	元/吨	25800	20600	−20.16%
氨纶 40 旦	元/吨	49500	44500	−10.10%

资料来源：中纤网

（三）库存

3月、4月的春季旺季是化纤产品去库存化的过程。涤纶长丝和涤纶短纤在3月去库存很成功，到6月底库存处于正常偏低水平，7月、8月淡季上升明显，9月、10月再次回落；锦纶库存持续处于高位，9月之后才略微有所下降；氨纶行业虽然整体运行不错，但由于一直保持较高开工率，因此库存上升明显，应当引起警惕（表3）。

表3 化纤主要产品月末库存天数变化
单位：天

品名	1月	2月	3月	4月	5月	6月	7月	8月	9月	10月	11月	12月
涤长 POY	14	25	30	17	18	16	15	15	15	16	16	15
涤长 DTY	29	36	35	25	25	26	26	27	27	26	25	24
涤长 FDY	18	26	29	15	16	17	16	18	21	24	21	18
涤短	10	18	21	17	19	19	17	15	20	26	20	12
锦纶	18	26	30	32	31	31	31	33	35	36	37	36
腈纶	7	10	10	14	15	15	15	14	10	9	9	10
氨纶	31	36	23	17	18	19	16	10	14	15	19	21
粘长	76	82	77	80	82	84	84	85	82	81	78	80
粘短	4	5	17	14	13	13	12	13	15	16	15	20

资料来源：中国化学纤维工业协会

（四）进出口

2014年，共进口化纤82.21万吨，同比减少5.68%，虽然下降，但降幅不大（可能与出口复进口的贸易方式有关）。分品种看：粘胶短纤进口量超过腈纶，成为最大进口品种，进口量17.12万吨，同比增加8.72%，占化纤进口总量的20.82%，分析显示主要是来自奥地利和印度的莫代尔纤维进口量增加；腈纶进口受反倾销申诉消息的影响大幅减少25.22%，结束了自2005年以来进口量始终保持第一的历史（表4）。

表 4　2014 年化纤产品进口情况

品名	进口数量			进口金额		
	2014 年（万吨）	去年同期（万吨）	同比（%）	2014 年（亿美元）	去年同期（亿美元）	同比（%）
化学纤维	82.21	87.17	−5.68	29.94	32.09	−6.71
其中：涤纶长丝	10.76	11.02	−2.31	3.20	3.54	−9.73
涤纶短纤	13.25	12.85	3.15	2.40	2.42	−0.60
锦纶长丝	14.00	16.16	−13.35	5.89	6.79	−13.17
腈纶	15.86	21.21	−25.22	5.20	6.68	−22.09
粘胶长丝	0.66	0.87	−25.07	0.59	0.74	−20.35
粘胶短纤	17.12	15.74	8.72	4.13	4.27	−3.32
氨纶	2.46	2.02	21.82	2.23	2.03	9.99

资料来源：据中国海关数据整理

2014年，化纤出口324.59万吨，是进口量的4倍，同比增长21.13%，比2013年增速提高12.56个百分点。化纤出口市场以土耳其、巴基斯坦、美国、越南和印度尼西亚为主，对美国出口占我国化纤出口比重依然保持在10%左右，对土耳其、巴基斯坦、越南、印尼等国出口量继续增长，说明这些新兴国家的纺织产业快速发展加大了对化纤的需求。在全球经济弱复苏的情况下，我国化纤出口能取得这样的成绩，反映出我国化纤产品的开发能力在提高、国际竞争力进一步提升。分品种看，涤纶长丝出口157.33万吨，占化纤出口总量的48.47%；涤纶短纤出口89.1万吨，占27.45%；粘胶短纤出口量大幅增长45.6%；腈纶出口市场取得明显突破，出口量近2万吨，比2013年翻了一番（表5）。

表 5　2014 年化纤产品出口情况

品名	出口数量			出口金额		
	2014 年（万吨）	去年同期（万吨）	同比（%）	2014 年（亿美元）	去年同期（亿美元）	同比（%）
化学纤维	324.59	267.97	21.13	68.98	62.33	10.65
其中：涤纶长丝	157.33	129.22	21.75	28.39	25.18	12.76
涤纶短纤	89.10	73.37	21.43	11.32	10.14	11.60
锦纶长丝	14.81	13.66	8.44	5.99	5.62	6.48
腈纶	1.93	0.94	105.76	0.52	0.31	66.88
粘胶长丝	8.60	8.19	5.06	4.86	4.84	0.28
粘胶短纤	26.30	18.06	45.60	4.55	3.53	29.05
氨纶	4.55	4.67	−2.69	3.17	3.30	−3.87

资料来源：据中国海关数据整理

（五）投资

2014年，化纤制造业新开工项目数同比减少4.53%，是2009年之后再一次出现负增长。

实际完成投资1081.16亿元，同比增长4.92%，增速比2013年回落11.73个百分点，比2012年回落15.42个百分点。其中，涤纶行业新开工项目数和实际完成投资额同比均出现明显下降，说明行业投资热潮正在悄然消退（表6）。

表6 2014年化纤行业固定资产投资情况

品名	新开工项目数	同比（%）	实际完成投资额（亿元）	同比（%）	2013年增速（%）
化学纤维制造业	654	−4.53	1081.16	4.92	16.65
纤维素纤维原料及纤维制造	153	−12.07	209.07	−6.79	17.38
化纤浆粕制造	23	−25.81	31.06	−36.95	62.63
人造纤维制造	130	−9.09	178.01	1.70	8.85
合成纤维制造	501	−1.96	872.09	8.18	16.45
锦纶制造	44	−29.03	161.20	42.82	28.18
涤纶制造	167	−16.50	316.88	−13.51	14.00
腈纶制造	10	66.67	12.33	234.55	−32.68
维纶制造	8	−11.11	45.07	149.60	54.08
丙纶制造	13	−38.10	21.99	8.84	−17.73
氨纶制造	33	50.00	48.57	20.64	54.55
其他合成纤维制造	226	18.32	266.06	8.73	13.79

资料来源：国家统计局

（六）质效

国家统计局数据显示（表7），2014年，化纤行业工业增加值增长速度为8.5%。化纤行业实现利润总额277.3亿元，同比增长11.21%。行业亏损面18.01%，同比提高0.63个百分点，并且亏损企业亏损额同比增加9.46%。说明行业内企业盈利能力两极分化态势明显。

分行业看：涤纶行业实现利润总额104.09亿元，同比增加10.64%，增速提高13.71个百分点；氨纶行业效益继续增长，但增幅明显回落；人造纤维盈利主要表现在醋酸纤维，实际上粘胶纤维行业运行比较困难。

从行业实际感受来看要困难许多，我们分析主要是PTA因素所造成的。2013年是有史以来PTA行业最困难的一年，按国家统计局归类，PTA不在化纤行业，而在现实中又多数在化纤企业生产，因而导致生产在化纤行业、亏在石化行业的局面。

表7 2014年化纤行业经济效益情况

品名	利润总额			亏损企业亏损额		
	2014年（亿元）	去年同期（亿元）	同比（%）	2014年（亿元）	去年同期（亿元）	同比（%）
化纤	277.30	249.34	11.21	49.80	45.50	9.46

品名	利润总额			亏损企业亏损额		
	2014年（亿元）	去年同期（亿元）	同比（%）	2014年（亿元）	去年同期（亿元）	同比（%）
其中：人纤	83.26	81.89	1.67	12.42	11.30	9.92
锦纶	40.10	38.93	3.00	3.70	2.22	66.54
涤纶	104.09	94.08	10.64	25.64	21.60	18.72
腈纶	−0.95	−1.47	——	1.59	2.13	−25.49
维纶	2.40	−0.15	——	0.45	0.88	−48.73
丙纶	2.54	2.81	−9.80	0.34	0.23	48.14
氨纶	26.17	18.52	41.30	0.78	1.45	−45.80
其他合成纤维制造	12.09	10.22	18.25	1.80	1.62	10.73

资料来源：国家统计局

从化纤行业运行质量来看（表8）：行业平均负债水平有所下降，偿债能力略有提高；资金使用效率与2013年相当；盈利能力有所提高，主营业务利润率为3.85%，同比略微提高0.27个百分点；发展能力增长放缓；百元销售收入三项费用均有不同程度的增加。

表8 2014年化纤行业运行质量情况

项目	2014年	去年同期	同比（%）
偿债能力指标			
资产负债率（%）	61.87	63.53	−1.65
产权比率（%）	162.28	174.18	−11.90
已获利息倍数	3.21	3.09	0.12
营运能力指标			
应收账款周转率（次）	15.02	16.28	−1.26
产成品周转率（次）	17.39	16.12	1.26
流动资产周转率（次）	2.31	2.26	0.05
总资产周转率（次）	1.12	1.14	−0.02
盈利能力指标			
主营业务利润率（%）	3.85	3.58	0.27
成本费用利润率（%）	3.99	3.69	0.30
总资产报酬率（%）	5.59	5.36	0.23
净资产收益率（%）	11.27	11.15	0.12
发展能力指标			
销售增长率（%）	3.46	8.46	−5.00
总资产增长率（%）	5.23	10.13	−4.90
百元销售收入三项费用			
销售费用（元/百元）	1.0385	0.9667	7.42

项目	2014 年	去年同期	同比（%）
管理费用（元 / 百元）	2.4615	2.2746	8.22
财务费用（元 / 百元）	1.8001	1.5998	12.52

资料来源：据国家统计局数据整理

二、关注的几个问题

（一）新增产能

2014年，行业投资热潮逐渐消退，部分项目建设计划推迟或取消，也有部分项目虽已建成，但根据市场情况并未释放全部产能。初步统计，2014年，聚酯新增产能348万吨，仅占年初统计的计划投产项目的一半，其中薄膜50万吨，瓶片30万吨，新增涤纶产能246万吨。预计2015年，计划投产的聚酯涤纶项目有340万吨，大部分是从2014年延迟建设或投产的，根据实际情况，估计约50%的产能可以实际达产。

（二）原油价格大幅下跌

2014年，国际原油市场受多重因素影响，出现暴跌（图8）。2014年年底，WTI油价跌至55美元/桶，比6月高点几近腰斩，相关石化产品受此拖累，价格也一路下滑。合成纤维原料失去成本支撑，价格也大幅下跌。

2015年，影响油价的因素依然集中在供需基本面、金融属性、地缘政治等方面。供应面可能继续保持宽松，OPEC减产可能性不大，需求或许随着全球经济的弱复苏而有所改善，但仍难达到供需平衡。美元仍可能维持强势格局。预计2015年油价可能呈先抑后扬的走势，上半年将继续下探寻底，当低价格把美国页岩油公司逼至破产减产，或者地缘政治危机出现转机，原油市场才有反弹机会。

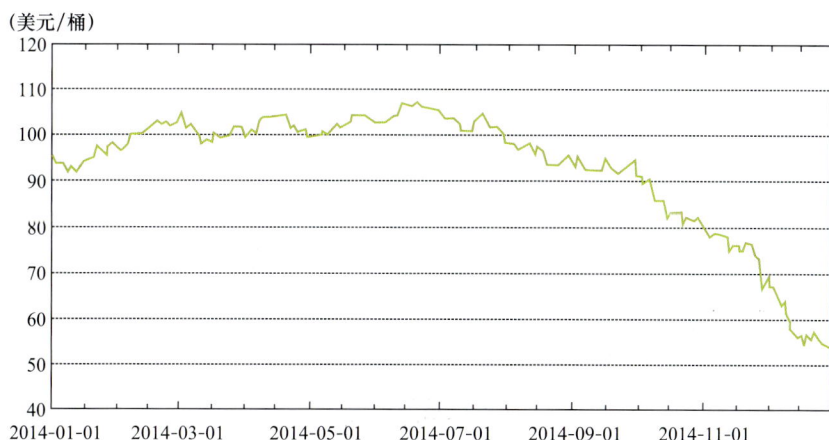

图8　2014年WTI原油价格走势图
资料来源：中纤网

（三）短纤与棉价差缩小

受国内棉花政策调整的影响，国内棉价大幅下跌（图9），与涤纶短纤和粘胶短纤价差不断缩小，形成一定的价格比较优势，对化纤短纤的市场用量会产生一定影响。

但棉价放开后，对于我国纺织工业整体竞争力的提升是重大利好，从长远看化纤行业也将受益于纺织行业的整体进步。

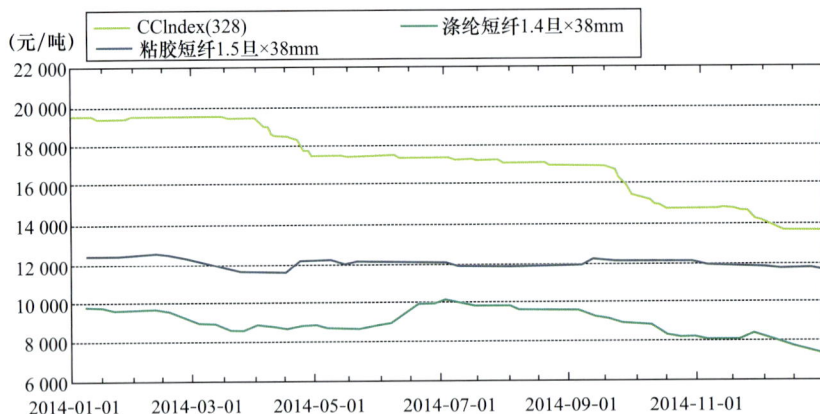

图9 2014年涤纶短纤、粘胶短纤与棉花价格走势图

资料来源：中纤网

（四）重组和退出

2014年，依靠市场调节和行业引导，资本市场出现了同行业间、上下游产业链间的资产流动和重组，化纤行业并购重组取得进展。同时，PTA行业开启淘汰落后产能序幕，天津石化、洛阳石化等四家国有企业的PTA装置，由于设备陈旧、单线产能小，加工成本高，与业内其他企业相比没有竞争优势，已分别于2014年下半年开始停产，进入落后产能淘汰阶段。

（五）产品开发和品牌建设

2014年，由工信部和化纤协会推动的"纤维流行趋势发布"取得实质成效，入围产品平均销售利润率超过18%，是行业产品平均销售利润率的4.8倍，2015/2016中国纤维流行趋势已于2015年3月发布（见附件）。在"纤维流行趋势发布"的带动下，预计行业内将有更多企业将注意力从扩能转移到新产品开发和品牌建设。

三、2015年化纤行业运行预测

（一）宏观经济形势和纺织化纤行业走势判断

世界经济仍处于国际金融危机后的深度调整期，2015年增速可能略有回升，但总体复苏疲弱的态势难以明显改观。美国经济复苏的势头较为强劲，明显好于欧日等其他发达经济体，新兴经济体的潜在增长率也可能出现下降。联合国和IMF分别预计2015年世界经济增长为3.1%和3.8%，均比2014年提高0.5个点。

2015年，是中国实施"十二五"规划的收官之年，是承接"十三五"创新发展的关键之年，也是中国大改革和大调整全面推进的一年，中国继续处于经济增长速度换挡期、结构调整阵痛期和前期刺激政策消化期"三期叠加"之时，中国经济发展也将延续新常态模式。中国经济下行压力依然较大，但是随着稳增长再次成为政府经济工作的首要任务，GDP仍有希望保持在7%以上。

从纺织行业来看，部分纺织服装产品全额退税、棉花市场相对平稳等，有利于纺织行业提高竞争力，预期2015年纺织行业运行将保持平稳增长的发展态势。

化纤行业在运行发展中，要主动把握和积极适应经济发展新常态，着重引导化解产能过剩，优化存量、控制增量、拓展应用；继续做好行业自律工作，保障行业平稳运行；节能减排压力仍然突出，行业要大力推广节能减排先进技术，色丝也要抓住发展机遇；加快推动兼并重组，提升集中度，加快落后产能退出。

（二）化纤行业运行具体预测

根据上述判断，2015年全球经济将继续保持弱复苏态势，中国经济保持中高速平稳增长，将为化纤行业创造平稳运行的宏观环境。纺织行业平稳运行使化纤需求有望好转。国际油价可能前抑后扬，化纤产品价格可能随之反弹，但PTA过剩局面难改，仍需要依靠减产来稳定市场，加上聚酯涤纶新增产能的压力，预计涤纶产品反弹力度不大。化纤行业整体运行略好于2014年。

预计2015年化纤产量4600万吨，增长5%左右；利润总额比上年有所增长，运行质量有所好转。

中国化学纤维工业协会

附件：2015/2016中国纤维流行趋势

中国纤维流行趋势发布已连续四年，其发布的宗旨和目的是带动纺织产业链配套向以新产品开发、创新拉动需求为导向的价值链整体提升和根本转变，增强产业链整体竞争能力，提高纤维品牌对纺织化纤产业发展的贡献率。中国纤维流行趋势的发起，是化纤行业的一个创举，是在化纤企业生产、营销传统模式的基础上，对行业引导和服务的一个具有前瞻性的突破，也是对整个纺织行业产业链携手发展的一个全新的，并且正在被证明是卓有成效的模式。

2015/2016中国纤维流行趋势代表企业及产品如下。

（一）纤·科技畅想

产品类别	产品名称	品牌	生产企业
智能纤维	导电间位芳纶智能纤维	泰美达	烟台泰和新材料股份有限公司
	导电涤锦复合智能纤维	中杰澳	江苏中杰澳新材料有限公司
	相变储能粘胶智能纤维	海龙	恒天海龙股份有限公司
生态抑菌纤维	铜碳纳米聚酰胺6生态抑菌纤维	文峰	江苏文凤化纤集团有限公司
	聚乳酸生态抑菌纤维	乳丝	马鞍山同杰良生物材料有限公司
	异形聚酰胺6生态抑菌纤维	华鼎	义乌华鼎锦纶股份有限公司
	超细旦多孔再生聚酯生态抑菌纤维	佳人	浙江佳人新材料有限公司
功能保暖纤维	阻燃抑菌聚酰亚胺功能保暖纤维	轶纶	长春高琦聚酰亚胺材料有限公司
	异形中空聚酯功能保暖纤维	宝绒莎	太仓振辉化纤有限公司
	蓄热聚丙烯腈功能保暖纤维	奇峰	吉林奇峰化纤股份有限公司
功能凉感纤维	抑菌抗紫外聚酯功能凉感纤维	库思玛	上海德福伦化纤有限公司
	聚酰胺6功能凉感纤维	美达	广东新会美达锦纶股份有限公司
	异形聚酯功能凉感纤维	爽丽丝	苏州金辉纤维新材料有限公司

（二）纤·舒馨生活

产品类别	产品名称	品牌	生产企业
仿棉纤维	常压可染聚酰胺酯仿棉纤维	仪纶，逸绵	中国石化仪征化纤股份有限公司
	全消光抗紫外吸湿速干聚酯仿棉纤维	富达纶	江苏盛虹科技股份有限公司
	长效吸湿速干聚酯仿棉纤维	逸绵	中国纺织科学研究院纤维新材料分院
弹性纤维	耐高温氨纶弹性纤维	千禧	浙江华峰氨纶股份有限公司
	竹节聚酯复合弹性纤维	永盛	南通永盛纤维新材料有限公司
轻柔纤维	细旦粘胶轻柔纤维	白鹭	新乡化纤股份有限公司
	细旦聚酰胺6轻柔纤维	LIHENG	长乐力恒锦纶科技有限公司
	中低温水溶聚乙烯醇轻柔纤维	川维	中国石化集团四川维尼纶厂
	雅赛尔轻柔纤维	雅赛尔	宜宾丝丽雅股份有限公司
无染、易染纤维	聚丙烯腈无染纤维	菲贝丝	中国石化上海石油化工股份有限公司
	黑色氨纶无染纤维	艾妮	诸暨华海氨纶有限公司
	异彩竹节聚酯复合易染纤维	斯绵	徐州斯尔克纤维科技股份有限公司
	段彩纱聚酯易染纤维	盛虹	江苏盛虹科技股份有限公司

（三）纤·美妙生态

产品类别	产品名称	品牌	生产企业
生物基纤维	亲水改性壳聚糖生物基纤维	海斯摩尔	海斯摩尔生物科技有限公司
	竹代尔生物基纤维	竹代尔	唐山三友集团兴达化纤有限公司
	生物绒聚酯生物基纤维	生物绒	海兴材料科技有限公司
	蚕蛹蛋白生物基纤维	圣桑	宜宾惠美纤维新材料股份有限公司

（四）纤·安全防御

产品类别	产品名称	品牌	生产企业
工程纤维	防护聚苯硫醚复合工程纤维	凯泰	中国纺织科学研究院纤维新材料分院
	防护聚酰亚胺工程纤维	ASPI	江苏奥神新材料有限责任公司
	防裂高强高模聚乙烯醇工程纤维	皖维	安徽皖维高新材料股份有限公司
	拒海水型聚酯工程纤维	古纤道	浙江古纤道新材料股份有限公司

2014/2015年中国印染行业发展报告

刘添涛　林琳

一、2014年印染行业经济运行情况

2014年，印染行业主要运行指标实现增长，增速有所放缓，总体运行基本平稳。经济运行主要呈现以下特点：

（一）产量增速持续负增长

2014年1～12月，规模以上印染企业印染布产量536.74亿米，同比减少2.50%。1～12月，浙江、江苏、福建、广东、山东等东部沿海五省产量507.43亿米，占全国总产量的94.54%。五省中浙江、广东和山东省印染布产量同比分别下降2.02%、7.75%和7.34%；江苏和福建省印染布产量同比分别增长5.47%和0.77%，见表1。

表1　2014年1~12月主要省市印染布生产情况

产地	全国	浙江	江苏	福建	广东	山东	五省合计
产量（亿米）	536.74	324.02	63.6	47.27	42.46	30.08	507.43
同比（%）	−2.50	−2.02	5.47	0.77	−7.75	−7.34	—
占全国比重（%）	100.00	60.37	11.85	8.81	7.91	5.60	94.54

资料来源：国家统计局

2014年1～12月，规模以上印染企业印染布产量增速较2013年同期下降0.29个百分点，全年增速保持在−2.5%～−0.1%。2014年印染布产量降幅虽然比2013年有所收窄，但仍未突破负增长。"十二五"以来，印染布产量增速明显回落，2012年开始已连续三年负增长，如图1所示。实际上，印染行业已经不是国民经济新常态的中高速增长，也不是整个纺织工业低速增长的新常态，而是进入了负增长的"新常态"。

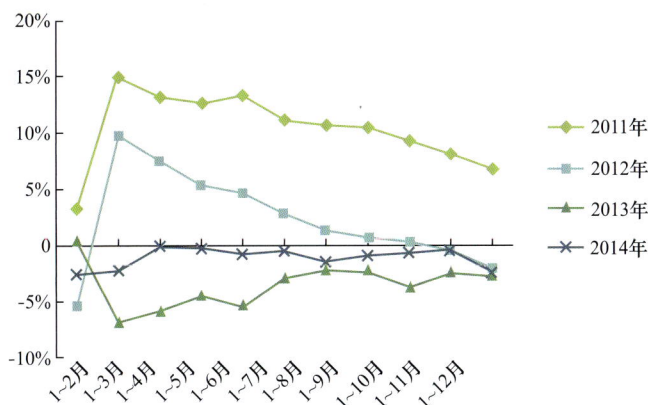

图1　规上企业印染布产量同比增速
资料来源：国家统计局

（二）固定资产投资增速较2013年有所回落

2014年1～12月，印染企业500万元以上项目固定资产实际完成投资367.93亿元，同比增加22.36%；施工项目数744个，同比增加16.25%；新开工项目数582个，同比增加15.94%；竣工项目数589个，同比增加36.03%。其中，棉印染精加工企业的实际完成投资额、施工项目数、新开工项目数及竣工项目数增速均高于化纤织物印染精加工企业，同比增长分别达32.09%、19.87%、20.94%和46.81%，见表2。

表2　2014年1~12月印染企业500万元以上项目固定资产投资情况（不含农户）

项目	单位	棉印染加工		化纤织物印染精加工	
		数值	同比（%）	数值	同比（%）
实际完成投资	亿元	292.75	32.09	75.17	-4.92
施工项目数	个	537.00	19.87	207.00	7.81
新开工项目数	个	410.00	20.94	172.00	5.52
竣工项目数	个	414.00	46.81	175.00	15.89

资料来源：国家统计局

2012～2014年，印染企业500万元以上项目固定资产实际完成投资同比增速连续三年都在20%以上，如图2所示。2014年1～12月，实际完成投资增速较2013年同期回落4.29个百分点。

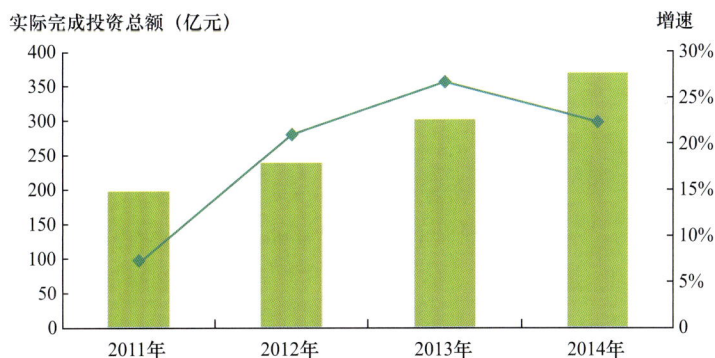

图2　印染企业实际完成投资额情况
资料来源：国家统计局

（三）总体效益有所回落

1. 盈利能力下滑

2014年1~12月，规模以上印染企业三费比例5.96%，同比增长0.13个百分点，其中，棉印染企业为5.83%，低于化纤织物印染企业2.67个百分点。成本费用利润率5.32%，同比下降0.09个百分点；销售利润率5.04%，同比下降0.07个百分点。产成品周转率26.73次/年，同比下降0.65%；应收账款周转率10.72次/年，同比下降0.62%；总资产周转率1.36次/年，同比下降3.47%，见表3。

表3　2014 年 1 ~ 12 月印染行业运行效益指标

印染企业	三费比例（%）	同比（百分点）	成本费用利润率（%）	同比（百分点）	销售利润率（%）	同比（百分点）
规模以上印染企业	5.96	0.13	5.32	−0.09	5.04	−0.07
棉印染精加工	5.83	0.13	5.33	−0.09	5.05	−0.07
化纤织物染整精加工	8.5	−0.25	5.13	0.03	4.88	0.01

印染企业	产成品周转率（次/年）	同比（%）	应收账款周转率（次/年）	同比（%）	总资产周转率（次/年）	同比（%）
规模以上印染企业	26.73	−0.65	10.72	−0.62	1.36	−3.47
棉印染精加工	26.71	−0.65	10.88	−0.84	1.39	−4.04
化纤织物染整精加工	27.16	−0.69	8.29	4.60	0.91	6.95

资料来源：国家统计局

"十二五"以来，规模以上印染企业平均销售利润率保持在3%~5%，如图3所示。2014年1~12月，化纤织物染整精加工企业销售利润率同比增长0.01个百分点，棉印染精加工企业销售利润率同比回落0.07个百分点。

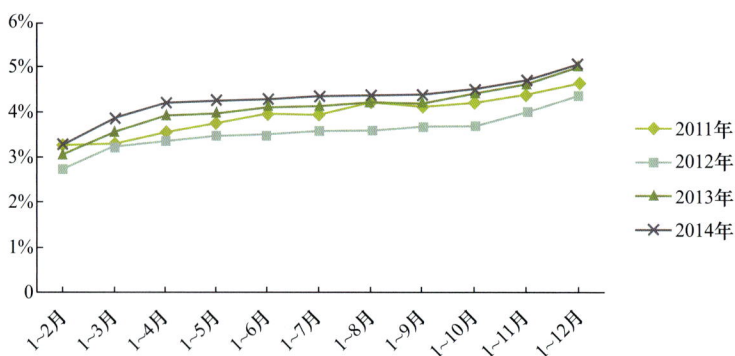

图3　规上印染企业销售利润率
资料来源：国家统计局

2. 主营业务收入、利润总额增速较2013年同期回落

2014年1~12月，规模以上印染企业实现主营业务收入3747.10亿元，同比增长3.2%，增

速较2013年同期回落4.81个百分点；实现利润总额188.91亿元，同比增长1.78%，增速较2013年同期回落16.37个百分点。2014年1~12月，规模以上印染企业主营业务收入及利润总额均实现增长，但增速低于前三年，尤其是利润增速，同比回落十几个百分点，如图4~图7所示。

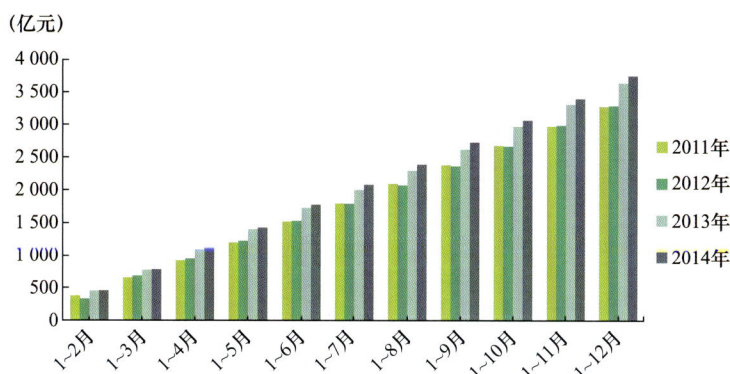

图4　规上印染企业主营业务收入
资料来源：国家统计局

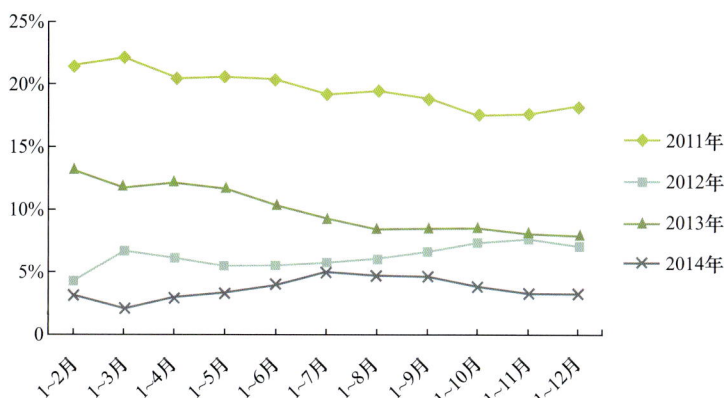

图5　规上印染企业主营业务收入累计增速
资料来源：国家统计局

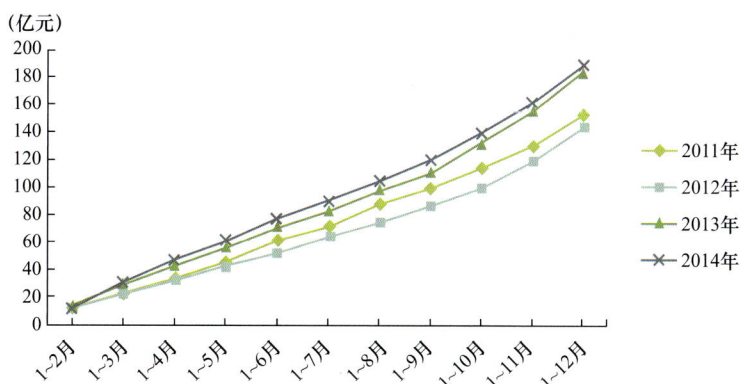

图6　规上印染企业利润总额
资料来源：国家统计局

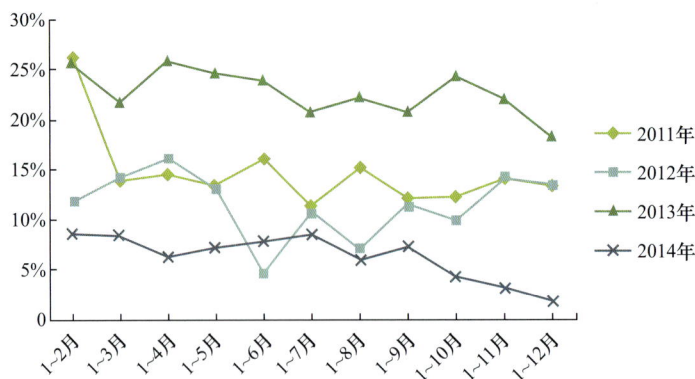

图7 规上印染企业利润总额累计增速
资料来源：国家统计局

3.亏损面收窄，亏损额增加

2014年1～12月，规模以上印染企业亏损企业户数207家，亏损面11.24%，较2013年收窄1.25个百分点。2014年行业亏损面低于前两年，近三年亏损面不断收窄，如图8所示。亏损企业亏损总额7.85亿元，同比增长0.46%，增速较2013年同期大幅提高23.25个百分点。

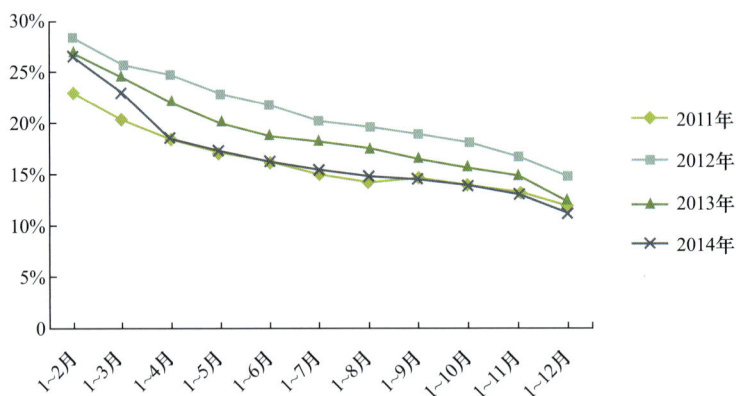

图8 规上印染企业亏损面变化情况
资料来源：国家统计局

（四）进出口总额增速较2013年同期回落

2014年1～12月，印染八大类产品进出口总额271.48亿美元，同比增长8.56%，增速较2013年同期回落2.71个百分点；贸易顺差218.84亿美元，同比增加13.20%，增速较2013年同期回落5.15个百分点。

1.进口增速继续下降

2014年1～12月，印染八大类产品进口数量12.68亿米，同比减少11.18%，增速较2013年同期回落2.86个百分点；进口金额26.32亿美元，同比减少7.24%，增速较2013年同期提高0.34个百分点；进口平均单价2.08美元／米，同比增长4.44%，增速较2013年同期提高3.64个百分点。

2. 出口增速有所回落

2014年1～12月，印染八大类产品出口数量202.95亿米，同比增长8.20%，增速较2013年同期回落4.20个百分点；出口金额245.16亿美元，同比增长10.58%，增速较2013年同期回落3.67个百分点；出口平均单价1.21美元／米，同比增长2.20%，增速较2013年同期提高0.55个百分点。由图9～图10可知，2009年以后印染八大类产品出口金额、出口数量不断增加；2011～2014年，出口金额增速高于出口数量；2012～2014年，出口平均单价增速逐年上升，说明印染行业出口产品的附加值不断提高。

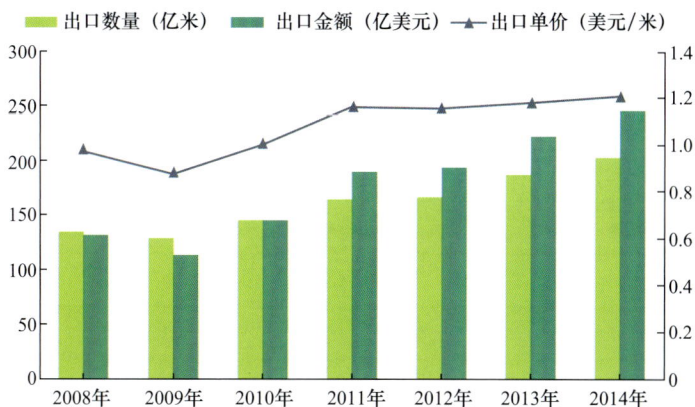

图9　印染八大类产品出口情况
资料来源：中国海关

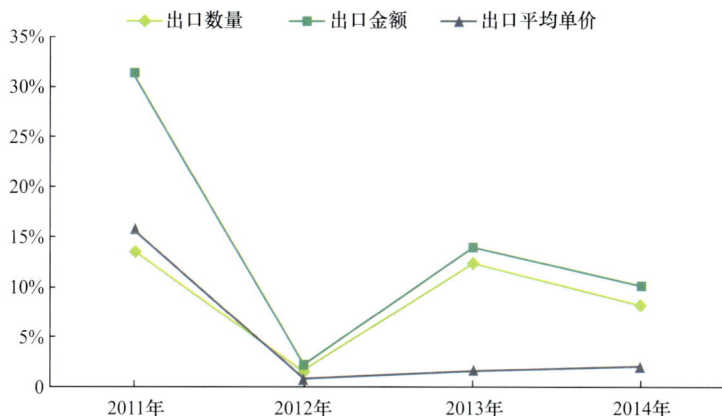

图10　印染八大类产品出口增速
资料来源：中国海关

（1）印染八大类产品出口情况。2014年印染八大类产品出口情况如表4所示。八大类产品中，棉混纺染色布和棉混纺印花布出口数量同比分别增长29.06%和47.36%，出口金额同比分别增长28.44%和39.62%，但其占比较小。出口占比最大的合成长丝织物出口数量和金额同比分别增长6.19%和3.23%。八大类产品中，纯棉染色布、棉混纺染色布、棉混纺印花布、合成长丝织物和涤纶短纤织物出口平均单价同比减少或持平，其他产品平均单价同比有不同幅度的增长，尤其是T/C印染布和人纤短纤织物，平均单价同比分别增长17.42%和17.31%，表明一些产品附加值提高，我国印染布的出口增长方式逐步由低价数量型向效益增长型和质量提高型转变。

表4　2014年1~12月份印染八大类产品出口情况

品种	数量 （亿米）	金额 （亿美元）	单价 （美元/米）	数量同比 （±%）	金额同比 （±%）	单价同比 （±%）
纯棉染色布	12.74	28.06	2.20	10.02	10.38	0.00
纯棉印花布	19.95	26.78	1.34	1.20	2.06	0.75
棉混纺染色布	2.62	6.06	2.31	29.06	28.44	-0.43
棉混纺印花布	0.82	1.63	1.99	47.36	39.62	-5.24
合成长丝织物	112.42	115.27	1.03	6.19	3.23	-1.90
涤纶短纤织物	14.38	12.23	0.85	13.99	13.58	0.00
T/C印染布	19.25	29.89	1.55	7.38	25.89	17.42
人纤短纤织物	20.77	25.24	1.22	20.17	40.33	17.31
合计	202.95	245.16	1.21	8.20	10.58	2.20

资料来源：中国海关

（2）主要出口市场情况。印染八大类出口数量前五市场分别为越南、贝宁、阿联酋、孟加拉国和印度尼西亚，五市场占总出口数量的26.46%，见表5。五市场中，出口数量和出口金额增速除对阿联酋呈负增长外，对其他四个国家都保持增长。对越南出口数量及出口金额增幅分别达42.40%和84.23%，出口平均单价增幅达29.38%；对贝宁、阿联酋、孟加拉国和印度尼西亚出口平均单价增速分别下降1.8%、6.85%、3.00%和1.77%。

表5　2014年1~12月印染布出口主要市场情况

国家和地区	数量 （亿米）	金额 （亿美元）	单价 （美元/米）	数量同比 （±%）	金额同比 （±%）	单价同比 （±%）
越南	17.27	32.81	1.90	42.40	84.23	29.38
贝宁	10.52	12.68	1.20	11.64	9.63	-1.80
阿联酋	9.33	11.23	1.20	-11.74	-17.79	-6.85
孟加拉国	8.41	13.72	1.63	5.69	2.52	-3.00
印度尼西亚	8.17	9.80	1.20	11.82	9.84	-1.77

资料来源：中国海关

（3）传统出口市场情况。对欧盟市场出口数量同比增长16.67%，出口金额同比增长14.5%。对欧盟、中国香港和日本市场出口平均单价同比分别下降1.86%、3.74%和0.45%，对美国出口平均单价同比增长10.51%，见表6。"十二五"以来，印染布出口欧盟和美国市场占总出口数量的比重基本稳定，出口中国香港占比逐年下降，出口日本市场占比也逐年小幅下降，如图11所示。

表6　2014 年 1~12 月印染布出口传统市场情况

国家和地区	数量 （亿米）	金额 （亿美元）	单价 （美元 / 米）	数量同比 （±%）	金额同比 （±%）	单价同比 （±%）
欧盟	14.5	17.95	1.24	16.67	14.50	−1.86
美国	4.52	5.69	1.26	−6.26	3.59	10.51
中国香港	3.94	6.69	1.70	−18.29	−21.34	−3.74
日本	1.62	1.33	0.82	1.92	1.46	−0.45

资料来源：中国海关

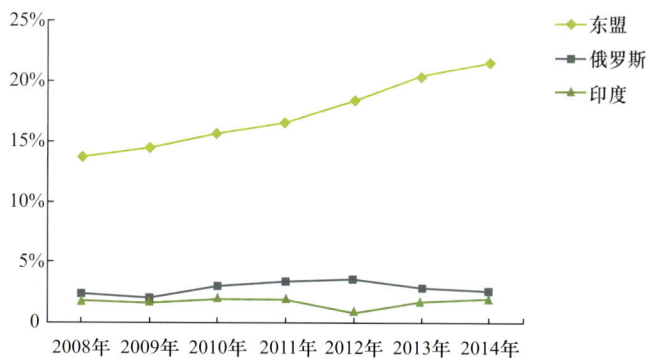

图11　近几年年印染布传统出口市场占比情况
资料来源：中国海关

（4）新兴市场出口情况。对东盟和印度出口数量和出口金额保持了两位数的增长速度，出口数量同比分别增长14.34%和30.57%，出口金额同比分别增长33.91%和24%；对东盟、俄罗斯的出口平均单价同比分别增长17.12%和0.08%，见表7。自2008年开始，印染八大类产品出口东盟市场占总出口数量的比重逐年上升，得益于东盟自贸区的建立；2012年开始，出口俄罗斯市场占比逐年下降，出口印度市场占比逐年上升，如图12所示。

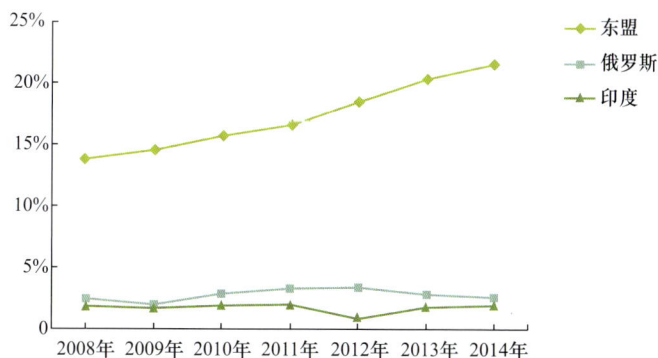

图12　近几年年印染布新兴出口市场占比情况
资料来源：中国海关

表7　2014年1~12月印染布出口新兴市场情况

国家和地区	数量 （亿米）	金额 （亿美元）	单价 （美元/米）	数量同比 （%）	金额同比 （%）	单价同比 （%）
东盟	43.68	63.58	1.46	14.34	33.91	17.12
俄罗斯	5.27	6.21	1.18	-4.10	-4.02	0.08
印度	4.15	3.45	0.83	30.57	24.00	-5.04

资料来源：中国海关

二、2014年印染行业面临的主要问题

2014年，印染行业主要经济指标实现了增长，行业运行总体平稳。同时，印染行业在发展过程中，也面临综合成本大幅上涨，先进技术推广面小，终端市场需求不旺等诸多困难和现实问题。

（一）综合成本不断上升

由于融资、土地、用工、营销渠道、环保投入等费用持续增长，染料、物流等生产要素价格上涨，企业综合运行成本显著提升。综合成本上升成为印染企业不能躲避的困难，不但增长了企业运营成本，更会影响企业对市场的断定，导致企业库存增加、订单削减、利润下滑，部分生存压力加大。

（二）先进工艺技术推广应用不够普遍

近年来，越来越多的先进适用技术在行业中得到推广应用，但由于印染行业利润率不高，这些先进技术推广应用覆盖面小，在行业中应用还不够普遍。印染企业要适应新变化、新常态，着力于结构调整和转型升级，必须要发展自动化、智能化、信息化，大力提高劳动生产率，降本增效，提升要素水平。

（三）市场需求缺乏向好动力

国际经济形势依然复杂，世界经济仍处在金融危机后的调整期。从国内发展来看，我国的经济进入了新常态，国内投资和经济增长放缓。在疲软经济环境下，衣着消费总量增速难以明显加快，印染布市场需求缺乏向好动力，生产和效益情况提振困难。

（四）比较优势减弱，新的竞争优势尚未形成

30多年来，我国印染行业在发展过程中拥有依托劳动力、土地充分供应所形成的要素成本比较优势，产业链配套所形成的生产效率比较优势，经济社会发展、人民生活水平提高所形成的市场比较优势，这些比较优势支撑了印染行业30多年的发展。新的历史阶段，传统比较优势正在逐渐消失，支撑行业优化升级的劳动生产率、创新驱动、可持续等新的竞争优势亟待形成。

三、"十二五"以来印染行业经济运行情况

2014年，规模以上印染企业印染布产量536.74亿米，比2010年减少3.91亿米。"十二五"以来，印染布产量年均增长率为-2.8%，产量逐年下降，总量规模逐渐缩小。2010～2014年，规模以上印染企业主营业务收入从2777亿元增长到3747.1亿元，年均增长率为7.78%；利润总额从134.37亿元增长到188.91亿元，年均增长率为8.89%；实际完成投资额从125.22亿元增长到367.93亿元，年均增长率为30.93%。"十二五"期间，印染行业加大淘汰落后产能力度，推广、应用先进技术及装备，降耗提质增效，行业转型升级，结构优化调整扎实推进，在印染布产量下降的情况下，行业主营业收入、利润、投资等主要经济指标均实现增长。

"十二五"以来，东部沿海五省规模以上印染企业印染布产量占全国比重由2010年的91.37%上升到2014年的94.54%，提高了3.17个百分点。在综合成本不断提高，环保压力不断加大的形势下，东部沿海地区集中度不断提高，印染行业没有出现明显的向中西部转移的现象，东部地区依然是印染布生产的集聚地。

2010～2014年，印染八大类产品出口数量从144.71亿米增长到202.95亿米，年均增长率为8.82%；出口金额从144.66亿美元增长到245.16亿美元，年均增长率为14.1%；出口平均单价从1美元/米增长到1.21美元/米，年均增长率4.88%，说明印染行业出口产品的附加值不断提高。印染八大类产品出口平均单价比同期进口单价低，中国印染产品档次及附加值还有较大提升空间。

四、2015年印染行业发展趋势展望

2015年，印染行业仍面临复杂多变的国内外环境，但生产要素、政策环境等方面的有利因素好于2014年。2015年印染行业开局行情好于预期，也好于往年，部分优势企业春节后开工率达到90%以上，行业基本上实现平稳开局。

（一）国际形势向好，但回升空间有限

国际方面，市场稳中趋好，尤其是美国经济复苏将带动印度、越南等新兴市场服装出口，我国纺织面料对这些国家的出口增速也将回升。越南统计总局统计资料显示，2014年越南进口中国面料同比增长20.7%，2015年1月，越南纺织成衣鞋类等原配料进口金额大幅增长43.2%，工业生产指数纺织业成长33.8%，中国仍为越南最大进口来源。但由于2015年美国经济强劲增长的可能性不高；新兴经济体总体仍处于增长调整期；欧日经济将依然低迷，欧洲的高失业率和结构问题，使其内在增长动力严重不足；日本安倍经济学的刺激效应，使其经济再陷低迷状态，2015年整个全球市场回升空间有限。此外，由于目前我国原材料、人工成本仍将增加，在日益激烈的国际竞争环境下，我国纺织面料出口压力仍然存在。预计2015年，印染布出口仍将保持平稳增长，出口东盟、印度增速将好于2014年。

（二）国内消费需求变化成为行业发展新的增长点

国内方面，经济运行新常态的阶段性特征将更加凸显，经济下行压力加大与转型升级优化并存。随着宏观经济运行总体平稳、就业形势持续向好、居民收入增幅加快以及城镇化稳步推进，内需规模将继续扩大。近年来，我国面料进口产品替代率不断提高，目前，除了少数高档品牌服装采用进口面料外，国内中低档服装以及部分高档服装均采用国产面料，因此，面料的内销市场将随服装消费的增加而增长。在科技进步和经济发展的同时，人们的着装理念发生了变化，更加注重环保、多种功能性和智能化，为满足这一市场需求，高性能、多功能面料市场潜力大。预计2015年，印染布内销市场保持增长。

（三）行业总体有望继续保持平稳运行态势

2015年，印染行业面临的国内外经济形势依然复杂，不确定因素仍然较多，既有有利条件，也存在诸多风险因素，但国内外经济环境总体有利于行业保持稳定发展，总体上预计基本保持2014年的增长水平，各项运行指标增速基本持平或略有提升。

中国印染行业协会

附件：毛巾印染技术发展趋势

毛巾产品是直接接触人体的日用品，它的品质会直接影响到人们的身体健康。一条好毛巾应具有产品质地优良，绿色安全环保，实用性要强，有一定的功能性，装饰性要强，符合当前流行色。同时，毛巾在生产过程中要满足节约能源、保护环境的要求。毛巾印染技术发展趋势主要有以下几个方面。

（一）连续化生产工艺

1.毛巾织物的连续前处理和染色过程

在溢流喷射染色机中采用活性染料完成染色工序以后接着进行水洗和皂洗，能够节约60%左右的水和能源，另外也使溢流染色机的生产效率得到提升。如果使用冷轧堆方式进行漂白处理，并连续进行水洗和冷轧堆染色，节水节能情况与单纯在溢流喷射机中完成全部工序相比可以节省80%左右，如图13所示。

冷轧堆漂白+ 冷轧堆染色	喷射染色+连续皂洗	喷射染色
耗水　　18L/kg 耗能　　4 500kJ/kg	耗水　　34L/kg 耗能　　9 500kJ/kg	耗水　　90L/kg 耗能　　22 000kJ/kg

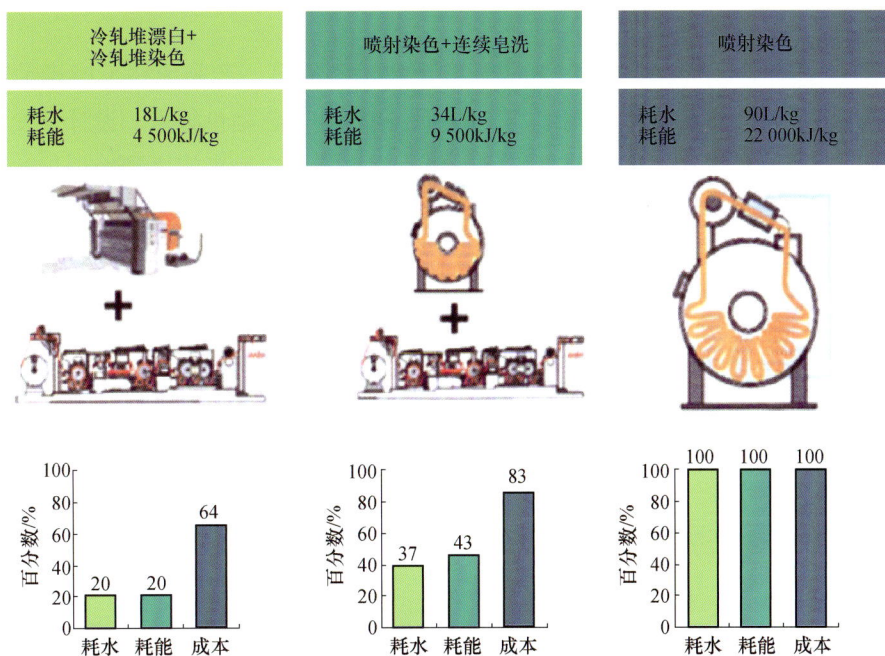

图13　毛巾织物漂白和染色的消耗和成本（Benninger公司）

前处理采用连续式加工，然后在溢流染色机上进行染色，这种生产方法的优点在于加工过程中不需要对机器做出太多的调试，同时具有很高的工艺重现性和节水性，每千克面料只需要耗水 10~12 L。这种加工方法可以节水、节能 40% 左右，与单纯在溢流染色机中加工相比，总体生产成本降低 15%。如图14所示。

如果采用全连续加工方式，包括前处理工序和轧—轧—蒸染色工序等全部连续化生产，可以降低总体生产成本 30% 左右。如果生产工序足够优化，可以达到节水 78%、节能 58%（图14）。这种全部工序连续式加工具有较高的生产稳定性和工艺重现性，并具有较好的染色均匀性。

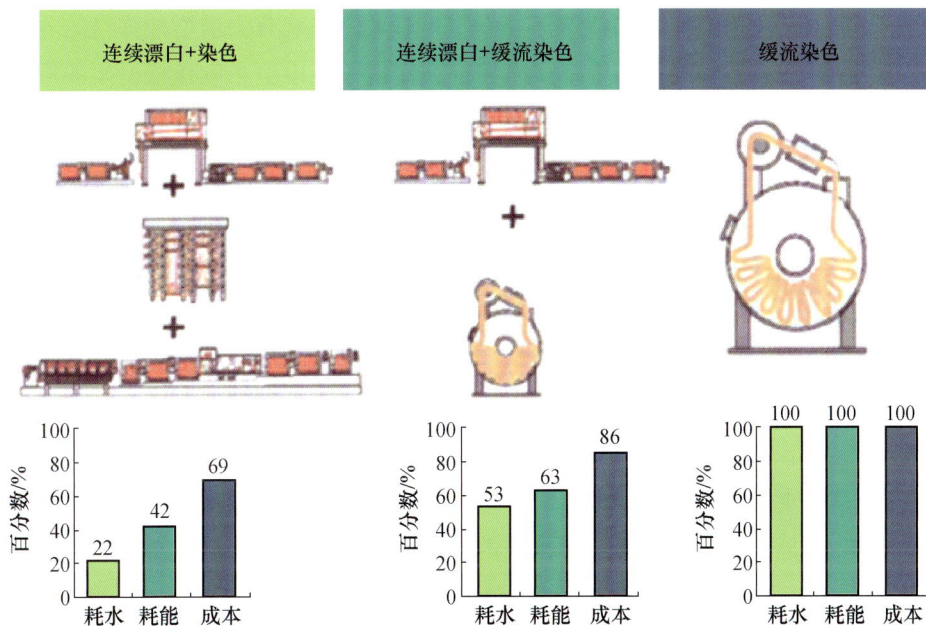

连续漂白+染色	连续漂白+缓流染色	缓流染色

图14　毛巾织物漂白和染色的消耗和成本（Benninger公司）

2. 毛巾织物连续轧染及整理技术

该技术针对国内外巾被织物连续轧染和整理技术不成熟，产品风格不能满足客户要求等难题，通过开发活性染料染色专用助剂，创新一次给液轧蒸染色技术，设计开发毛巾织物专用后整理和前处理设备及工艺，通过集成创新，攻克毛巾织物平幅连续短流程前处理不匀透、一次给液染色的难题，以及毛圈倒伏造成的产品风格问题。

基本原理：根据巾被织物的组织结构特点和产品风格要求，研究活性染料的固色和水解反应特性，利用特殊分子结构的表面活性物质改变染料分子在溶液中的构象和聚集状态，在活性染料的活性基团周围构建OH-防护屏障，避免染料在染浴中的水解，开发活性染料碱性染液专用助剂，并设计开发巾被织物专用平幅连续前处理和后整理设备及工艺，攻克全球毛巾织物连续轧染所存在的染色和风格难题，实现毛巾织物的连续染整生产。

（二）新纤维、新材料应用

1. 玉米纤维毛巾

玉米纤维是利用玉米淀粉发酵生成乳酸，再经合成工艺制成聚乳酸纤维，是一种可自然降解的环保型合成纤维，具有无菌、健康、环保的优质特性。玉米纤维毛巾悬垂性好、滑爽、吸湿性强。

2. 无捻纱毛巾

无捻纱毛巾利用棉纱与合股纱反正捻等量的加工方法织成坯巾后再由染整工艺采用将棉与可溶性PVA交捻的纱溶去PVA产生无捻绒圈。手感柔顺如脂，而且吸湿性好，有保护肌肤的作用，是一种时尚的美容巾。

3. 木纤维毛巾

木纤维毛巾采用100%纯天然木纤维、经过脱糖去脂先进工艺精制而成。天性柔软、拒油污、抗菌、抗静电，拥有其他纺织品无可比拟的新品质。

4. 竹浆纤维毛巾

竹子有自然的抗菌防臭作用和特殊保健作用，对人体皮肤有去皱增加弹性的养护作用，是极佳的卫生保健用品。竹浆纤维毛巾卫生保健，比常规毛巾更柔软蓬松、柔顺舒爽、吸湿透气，更具舒适感，是美容用毛巾中的上品。

5. 甲壳素纤维毛巾

甲壳素纤维具有灭菌防癌功能，而且无任何毒副作用。甲壳素中的甲壳胺又是良好的保湿因子，对肌肤有保养功能，用它织成的毛巾是集抗菌、防臭、养颜护肤于一体的高能保健毛巾。

6. 竹炭纤维毛巾

竹炭纤维毛巾能深层清洁脸部毛孔污垢，抗菌消炎，保持脸部洁净清爽，碳纤维可以长久保持活性，令脸部增加润泽，不易发黏发臭，耐洗涤。

7. 超细纤维毛巾

超细纤维毛巾是由一种超细纤维丝构成的，是一种无污染的高科技新型纺织材料，其成分为涤纶和锦纶的有机复合所生成的一种超细微纤维。

（三）产品差别化与功能化

毛巾作为家纺的一部分，可开发的角度很多，随着国家城市的发展和人民消费水平的不断提高，毛巾的消费量会越来越大，这也意味着未来毛巾市场发展空间会越来越大。

目前人们对毛巾质量的重视程度不够，一些毛巾生产厂家还处于给国外做代加工或按照国外标准来生产的水平，尚未达到国际化运作的阶段。

未来，毛巾产品将聚焦于对婴儿、儿童和女性的关注，主要功能需求包括面巾、浴巾、睡衣，这可能也会成为更大的一个亮点。毛巾产品在工业毛巾、医用毛巾领域的应用将可能会有更多的发挥。此外，提高产品附加值，提高产品功能化，包括抗菌功能、保健功能，提升生活质量。

附 录

2014年中国纺织工业联合会奖项

2014年度创新人物（家纺）

陆文龙　真北集团有限公司董事长

2014年全国纺织行业实施卓越绩效模式先进企业（家纺）

南方寝饰用品有限公司
杭州奥坦斯布艺有限公司

社会责任年度报告先导企业

江苏梦兰集团有限公司
罗莱家纺股份有限公司
孚日集团股份有限公司
南通大东有限公司
山东芸祥绣品有限公司

2014年中国纺织工业联合会产品开发贡献奖（家纺）

浙江巴贝纺织有限公司
江苏宝缦卧室用品有限公司

品牌培育管理体系有效运行企业（家纺）

浙江洁丽雅纺织集团有限公司

纺织服装品牌价值前50强（家纺）

浙江洁丽雅纺织集团有限公司

孚日集团股份有限公司

罗莱家纺有限公司

鑫缘茧丝绸集团股份有限公司

滨州亚光家纺有限公司

上海水星家用纺织品股份有限公司

江苏堂皇集团有限公司

青岛纺联控股集团有限公司

2014年全国纺织行业优秀质量管理小组（家纺）

企业名称	班组名称
福建龙岩喜鹊纺织有限公司	织造厂织造工段 QC 小组
	漂染分厂溢流工段 QC 小组
孚日集团股份有限公司	梦圆家居溢流染色 QC 小组
	准备浆纱 QC 小组
	喷墨印花工艺流程优化小组
	毛巾四公司筒染 QC 小组
南通大东有限公司	大东之星 QC 小组
	风云 QC 小组

2014年全国纺织行业质量信得过班组（家纺）

企业名称	班组名称
北京京冠毛巾有限责任公司	科二班组

2014年全国纺织行业质量管理小组活动卓越领导者（家纺）

企业名称	获奖者
孚日集团股份有限公司	田建伍

"纺织之光" 2014年度中国纺织工业联合会科学技术进步奖获奖名单（家纺）

一等奖

项目名称	主要完成单位	主要完成人
特宽幅织物高精度清洁印花关键技术研发与产业化	愉悦家纺有限公司	张国清、胡立华、房宽峻、赵义斌

三等奖

项目名称	主要完成单位	主要完成人
少水短流程复合功能性织物关键技术研究及产业化	滨州亚光家纺有限公司	王红星、王兴明、杜换福、胡增祥、王小强、于春波、李 飞
环保型超柔印花	山东欧化印染家纺有限公司	刘 忠、裴晓博、全亦然、欧翠英
GB/T 28463—2012《纺织品 装饰用涂层织物》和GB/T 28464—2012《纺织品 服用涂层织物》	中国纺织科学研究院、浙江中天纺检测有限公司、浙江和心纺织有限公司、浙江朗莎尔维迪制衣有限公司	姜慧霞、郑园园、王宝军、方春锦、顾洁萍
纤维枕芯高效制备系统	深圳市富安娜家居用品股份有限公司	付 磊、施建平、林国芳、陈永胜、颜义平、胡振超、谭 珍
汉麻在家纺产品中的开发与应用	孚日集团股份有限公司	王 军、蔡文言、刘显高、周文国、赵红玉、张树明、周吉柱
新型有捻蓬松纱及面料的开发研究	南通大东有限公司	高 军、顾用旺、黄亚军、沈三群、缪 斌、苏闪龙
桑皮纤维的绿色高效制取及其功能性纺织产品的开发	盐城工业职业技术学院、江苏悦达家纺有限公司、江苏富安茧丝绸股份有限公司	瞿才新、张荣华、周 彬、徐 帅、刘 华、王曙东、张圣忠

2013~2014年度中国纺织服装企业竞争力500强名单（家纺）

500强位次	企业名称	500强位次	企业名称
18	孚日集团股份有限公司	226	越美集团有限公司
21	浙江洁丽雅纺织集团有限公司	240	浙江双灯家纺有限公司
27	滨州亚光家纺有限公司	255	众望控股集团有限公司
29	愉悦家纺有限公司	283	烟台北方家用纺织品有限公司
34	江苏梦兰集团有限公司	295	广东志达纺织装饰有限公司
44	罗莱家纺股份有限公司	318	文登市芸祥绣品有限公司
50	泰丰纺织集团有限公司	325	杭州中亚布艺有限公司
54	深圳市富安娜家居用品股份有限公司	326	浙江怡通工艺有限公司
74	山东金号织业有限公司	328	上海红富士家纺有限公司
90	上海水星家用纺织品股份有限公司	349	海宁金永和家纺造有限公司
92	江苏红柳床单有限公司	353	雅芳婷布艺实业（深圳）有限公司
95	安徽鸿润（集团）股份有限公司	361	海宁市玛萨琪纺织有限公司
96	湖南梦洁家纺股份有限公司	371	山东万得集团有限公司
107	东方地毯集团有限公司	393	宇宙家纺有限公司
109	江苏堂皇集团有限公司	394	凯盛家纺股份有限公司
120	宁波维科精华集团股份有限公司	398	江苏蓝丝羽家用纺织品有限公司
130	山东滨州豪盛巾被有限公司	404	江苏龙马纺织集团有限公司
133	江苏康乃馨织造有限公司	409	江苏三联家用纺织品有限公司
160	达利丝绸（浙江）有限公司	412	杭州华辰植绒有限公司
162	宁波博洋纺织有限公司	418	浙江玛雅布业有限公司
184	东升地毯集团有限公司	422	杭州柯力达家纺有限公司
191	龙福环能科技股份有限公司	432	江苏美凯珑纺织品有限公司
197	江苏金太阳纺织科技有限公司	441	兰溪市圣宇毛巾有限责任公司
204	大连东立工艺纺织品有限公司	442	杭州奥坦斯布艺有限公司
208	山东千榕家纺有限公司	456	上海珍奥生物科技有限公司
209	南通大东有限公司	461	青岛金泰家纺有限公司
210	浙江巴贝纺织有限公司	476	桐乡市鑫宝莱纺织有限公司
218	威海毛纺织集团有限公司	478	浙江飞帆纺织有限公司
220	福建佳丽斯家纺有限公司		

2014年中国家纺金销奖获奖名单

全国十强

专业市场十大实力经销商	十大零售商	十大电商
重庆聚好年商贸有限公司	沈阳市佳艺布艺公司	多喜爱家纺股份有限公司
浙江红山芋家纺有限公司	黑龙江现代布艺饰品公司	上海罗莱家用纺织品有限公司
新疆好运布艺有限责任公司	成都靓惠诚居室布艺商场有限公司	宁波博洋控股集团有限公司
沈阳市宽羽纺织有限公司	杭州大洋窗帘装饰有限公司	上海水星电子商务有限公司
山西奥瑞特布艺店	北京芬迪家居饰品有限公司	湖南梦洁家纺股份有限公司
北京艺美天成装饰设计有限公司	吉林省美家纺居室用品有限公司	上海恒源祥家用纺织品有限公司
南通兴达贝妮梦家用纺织品有限公司	长沙润美纺织品贸易有限公司	山东金号织业有限公司
南通可罗纺织品有限公司	上海百丽丝家纺太原营销中心	浙江洁丽雅股份有限公司
潍坊纺织品市场豪麦特布艺	天津市艾艺佳地毯有限公司	宁波丽华家居用品有限公司
陕西海马地毯有限公司	武汉洁玉纺织有限公司	南方寝饰科技有限公司

全国优秀经销商（排名不分先后）

浙江金隆家纺服饰有限公司 　　　　绍兴县利佰家贸易有限公司 　　　　成都兰花草窗帘有限公司

大连鑫峰工艺编织品有限公司 　　　绍兴县富妮诺纺织有限公司 　　　　太原市迎泽区好日子家居布艺馆

潍坊纺织品市场欧美家窗帘 　　　　南通帝帛纺织品有限公司 　　　　　太原正阳三得利商贸有限公司

重庆大之布艺有限公司 　　　　　　南通市晚美家用纺织品有限公司 　　　洛阳庆邦商贸有限公司

大连贸易大世界昌大居室 　　　　　四川婧雨纺织品有限公司 　　　　　西宁市城中区莎鲨床上用品经营部

海宁市许村镇龙洋纺织品经营部 　　法仕莎纺织科技南通有限公司 　　　合肥运昌商贸有限公司

北京家旺布艺经营部 　　　　　　　海门市夏星家用纺织品厂 　　　　　山西鑫源恒业贸易有限公司

北京人爱纺布艺有限公司 　　　　　淄博尚赫经贸有限公司 　　　　　　太原市迎泽区惠泉床上用品经销部

北京新升丽达商贸有限公司 　　　　南通九联喜纺织品有限公司 　　　　张家港市长盛元家居用品有限公司

北京祥明家纺经营部 　　　　　　　重庆梦亨商贸有限公司 　　　　　　广州恒星纺织

海宁市许村碧雅布艺经营部 　　　　北京海马大河地毯有限公司 　　　　杭州名庄纺织品有限公司

北京石桥坊纺织品经营部 　　　　　昆明霞飞商贸有限公司 　　　　　　上海茶马古道电子商务有限公司

海宁市许村海中布艺经营部 　　　　成都佳美嘉软装饰家居 　　　　　　北京凝金源商贸有限公司

北京麦思哲装饰设计有限公司 　　　西安美源贸易发展有限公司

"海宁家纺杯" 2014年中国国际家用纺织品创意设计大赛获奖名单

金奖

序号	作品名称	作者	所属单位
1	红楼·枉凝眉	刘 亚	清华大学美术学院

银奖

序号	作品名称	作者	所属单位
1	华彩·春	姜东莲	江苏工程职业技术学校
2	蛙·趣	张 影	北京服装学院
3	且听风吟	薛 宁	南京艺术学院

铜奖

序号	作品名称	作者	所属单位
1	蝶魅	顾榕华	广东职业技术学院
2	花·融	丁一成	湖北美术学院
3	晴	李秀秀	南京艺术学院
4	青茉	张 希	南京艺术学院
5	定格	朱纪衡	华南农业大学

优秀奖

序号	作品名称	作者	所属单位
1	梦里的长脖子	付俊川	青岛大学
2	清凉夏日	吕 林	北京市工艺美术高级技工学校
3	回归自然之对群鸟	韩 雪	南通大学杏林学院

序号	作品名称	作者	所属单位
4	国色	蒋佳丽	南通大学杏林学院
5	纵横	张一胜	广东职业技术学院
6	紫不语	卢泳铟	广东职业技术学院
7	大地如歌	沈帆轩	广东职业技术学院
8	麦浪	程小娴	广东职业技术学院
9	定格	李 兵	浙江科技学院
10	此去经年	张星星	浙江科技学院
11	于雨中	历秋江	北京服装学院
12	墨	曹焕怡	湖北美术学院
13	哈哈笑	张园园	湖北美术学院
14	黑与白	刘梦琦	湖北美术学院
15	凉州词	张卫彬	德州学院
16	"缘"自新生	陈 旭	鲁迅美术学院
17	兔子与彩蛋	黄丹红	清华大学美术学院
18	林中聚会	贺欣悦	清华大学美术学院
19	梦醒时分	梁之南	清华大学美术学院
20	一路向东	原瑞琪	清华大学美术学院
21	意境	冷 月	江南大学
22	小步舞曲	马佳音	南京艺术学院
23	微应澜	任 鑫	南京艺术学院
24	书卷花语	陈方方	南京艺术学院
25	游园	韩小丽	南京艺术学院
26	瞭望	梁青雪	南京艺术学院
27	聚缘	潘 伟	华南农业大学
28	浅唱	卢妙然	华南农业大学
29	丛林夜曲	江苏金太阳纺织科技有限公司	
30	仲夏夜之梦	江苏金太阳纺织科技有限公司	

最佳创意设计应用奖

序号	作品名称	作者	所属单位
1	几几的故事	杨荣华	北京服装学院
2	蛙·趣	张 影	北京服装学院
3	定格	李 兵	浙江科技学院

序号	作品名称	作者	所属单位
4	聚缘	潘 伟	华南农业大学
5	溢	陈易保	华南农业大学

最佳设计创意意识奖

序号	作品名称	作者	所属单位
1	麦浪	程小娴	广东职业技术学院
2	且听风吟	薛 宁	南京艺术学院

最佳设计题材奖

序号	作品名称	作者	所属单位
1	梦里的长脖子	付俊川	青岛大学
2	此去经年	张星星	浙江科技学院

最佳手绘技法奖

序号	作品名称	作者	所属单位
1	华彩·春	姜东莲	江苏工程职业技术学校
2	蝶魅	顾榕华	广东职业技术学院

最佳传统纹样表现奖

序号	作品名称	作者	所属单位
1	满旋律	李佳靓	北京服装学院
2	娜莎	江苏金太阳纺织科技有限公司	

"张謇杯"2014年中国国际家用纺织产品设计大赛获奖名单

金奖

序号	作品名称	参赛者	所属单位
1	瑶池尽染	张晓盼（合作者：王继胜 韩越）	南京艺术学院
2	根	江苏金太阳纺织科技有限公司	江苏金太阳纺织科技有限公司
3	园·缘	张 盼 金杨扬	江苏工程职业技术学院 南通新纺织科技公司

银奖

序号	作品名称	参赛者	所属单位
1	菲拉格慕	曹红雁	江苏欧派家用纺织品有限公司
2	佛罗伦萨（黑）	江苏三联家用纺织品有限公司	
3	叶影	居春熔	紫罗兰家纺科技股份有限公司
4	那个地方	严鲜子（韩国）	
5	缂丝双面蓬莱仙境	曹美姐	苏州工业园区仁和织绣工艺品有限公司
6	水墨江南	陈 雪 蒋 喆	鲁迅美术学院软装饰工作室

铜奖

序号	作品名称	参赛者	所属单位
1	清明上河图		浙江裕隆股份实业有限公司
2	融	陈晓莉	南通市零度空间服装研发有限公司
3	周末	李路生 李维璐 洪裕 王淑婉 庞倩	江苏工程职业技术学院
4	归·宿	朱 林	卓泰家纺研发中心有限公司
5	秋	南春姬（韩国）	
6	欧·缘	保定图强纺织股份有限公司	

序号	作品名称	参赛者	所属单位
7	两用毛巾	史树雷	河北卡缦纺织品制造有限公司
8	臻现	江苏金太阳纺织科技有限公司	
9	雅致	孚日集团股份有限公司	孚日集团股份有限公司

优秀奖

序号	作品名称	参赛者	所属单位
1	心意	徐婧婧	南通富之岛寝具发展有限公司
2	华·韵	江苏大唐纺织科技有限公司	
3	绿野寻踪	李大伟	巴黎春天生态家纺有限公司
4	忆	李大伟	巴黎春天生态家纺有限公司
5	巢	江苏金太阳纺织科技有限公司	
6	印象梵赛	愉悦家纺有限公司	
7	古韵天香	朱玉涛	山东芸祥绣品有限公司
8	守望	邓爱萍	山东芸祥绣品有限公司
9	蔻姿	朱文峰	江苏蓝丝羽家用纺织品有限公司
10	修普诺斯之翼	卢玲玲	罗莱家纺股份有限公司
11	如梦初醒	朱丹妮	江苏美罗家用纺织品有限公司
12	回首	江苏金太阳纺织科技有限公司	江苏金太阳纺织科技有限公司
13	横穿1	石浪克美（日本）	
14	寻找彩虹	李金子（韩国）	
15	海底	李顯贞（韩国）	
16	读书的季节	孙希娅（韩国）	
17	秘密花园	俞智煐（韩国）	
18	风云	滨州亚光家纺有限公司	
19	璀璨生活	孚日集团股份有限公司	
20	蓝色记忆	宋晓萍	孚日集团股份有限公司
21	绽放	孚日集团股份有限公司	
22	素三彩	滨州亚光家纺有限公司	
23	蓝艺饰品	吴灵姝、倪沈键	南通大学
24	鱼子缬壁挂	吴灵姝、倪沈键	南通大学
25	窗前鱼影	陈 雪、朱星泽	鲁迅美术学院软装饰工作室
26	蝶梦水云乡	金桂兰	南通斯得福纺织装饰有限公司
27	缂丝双面九龙壁挂	曹美姐	苏州工业园区仁和绣工艺品有限公司
28	模 &M	齐维颖、黄苗华	浙江纺织服装职业技术学院
29	青缘	倪沈键、吴灵姝	南通大学
30	爱德华王子岛之旅	谢丽莉	浙江纺织服装职业技术学院

入围作品

序号	作品名称	参赛者	所属单位
1	回归	浙江洁丽雅股份有限公司	
2	绽放	滨州亚光家纺有限公司	
3	小彩羊	孚日集团股份有限公司	
4	奢华	汤怀东	南通大东有限公司
5	交错	孚日集团股份有限公司	
6	五彩心情	周晓梅	孚日集团股份有限公司
7	缘在中华	滨州亚光家纺有限公司	
8	自由行走	付一君 刘 静	中原工学院信息商务学院
9	芦韵茶香	陈 佐 王 朋 瞿亚慧 瞿亚霏 陆晓冉	南通大生状元猴服饰贸易有限公司
10	早晨	张思梅	鲁迅美术学院
11	穿越亚马逊	周 微	浙江纺织服装职业技术学院
12	过往云烟—敦煌	林 阳	浙江纺织服装职业技术学院
13	凤凰系列	徐 褆	浙江郎贝尼家纺有限公司
14	静	孙雅君 黎洋洋 仲悦 陈文澈	江苏工程职业技术学院
15	简约	江苏大唐纺织科技有限公司	
16	启源	王 烨 刘 玥 刘俊莉 周馨怡 戴 婕 葛 格	江苏工程职业技术学院
17	御龙锦凤	徐德娟	江苏明超国际贸易有限公司
18	香引翠啼	吴成培	上海乔德福莱蒙德家居有限公司
19	花草情	郑 英	山东芸祥绣品有限公司
20	东方情缘	江苏大唐纺织科技有限公司	
21	玉兰飘香	周后明	山东芸祥绣品有限公司
22	时光·梦圆	吴鑫鑫	江苏省通州中等专业学校
23	杰米旅行记	王 蓓	凯盛家纺股份有限公司
24	笑靥如花	杨呈呈	南通富之岛寝具发展有限公司
25	清风墨语	季 璁	江苏蓝丝羽家用纺织品有限公司
26	轻落·墨染	马竞超 宗澍磊 王天龙 何 璐 吴采娴	江苏工程职业技术学院
27	巴塞罗那	申玉沛	江苏宝缦卧室用品有限公司
28	云水·缘	李 清	紫罗兰家纺科技股份有限公司
29	梦享美蕴	郭永华	江苏蓝丝羽家用纺织品有限公司
30	熙	张益芬 赵 峰 刘 盈	南通居梦莱家用纺织品有限公司
31	简味	袁志伟 周 荣 吴静舒 王 静	江苏梦之雨卧室用品有限公司
32	雀之灵	袁志伟 周 荣 吴静舒 王 静	江苏梦之雨卧室用品有限公司

2014年国民经济和社会发展统计公报数据汇编

2014年年末人口数及其构成

指　　标	年末数（万人）	比重（％）
全国总人口	136782	100.00
其中：城镇	74916	54.77
乡村	61866	45.23
其中：男性	70079	51.20
女性	66703	48.80
其中：0～15岁（含不满16周岁）	23957	17.50
16～59岁（含不满60周岁）	91583	67.00
60周岁及以上	21242	15.50
其中：65周岁及以上	13755	10.10

2014年居民消费价格比上年涨跌幅度

指　　标	全国（％）	城市（％）	农村（％）
居民消费价格	2.0	2.1	1.8
其中：食　品	3.1	3.3	2.6
烟酒及用品	-0.6	-0.7	-0.5
衣　着	2.4	2.4	2.4
家庭设备用品及维修服务	1.2	1.2	1.2
医疗保健和个人用品	1.3	1.2	1.5
交通和通信	-0.1	-0.2	0
娱乐教育文化用品及服务	1.9	1.9	1.7
居　住	2.0	2.1	1.9

2014年房地产开发和销售主要指标完成情况及其增长速度

指　标	单　位	绝对数	比上年增长（%）
投资额	亿元	95036	10.5
其中：住宅	亿元	64352	9.2
其中：90平方米及以下	亿元	20335	4.6
房屋施工面积	万平方米	726482	9.2
其中：住宅	万平方米	515096	5.9
房屋新开工面积	万平方米	179592	−10.7
其中：住宅	万平方米	124877	−14.4
房屋竣工面积	万平方米	107459	5.9
其中：住宅	万平方米	80868	2.7
商品房销售面积	万平方米	120649	−7.6
其中：住宅	万平方米	105182	−9.1
本年到位资金	亿元	121991	−0.1
其中：国内贷款	亿元	21243	8.0
其中：个人按揭贷款	亿元	13665	−2.6

2010~2014年国内生产总值及增长速度

项目	2010 年	2011 年	2012 年	2013 年	2014 年
数值（亿元）	401513	473104	519470	568845	636463
增幅（%）	10.4	9.3	7.7	7.7	7.4

2010~2014年全部工业增加值及增长速度

项目	2010 年	2011 年	2012 年	2013 年	2014 年
数值（亿元）	162376	191571	204540	217264	227991
增幅（%）	12.6	10.8	7.9	7.6	7.0

2010~2014年社会消费品零售总额及增长速度

项目	2010 年	2011 年	2012 年	2013 年	2014 年
数值（亿元）	156998	183919	210307	237810	262394
增幅（%）	18.3	17.1	14.3	13.1	12.0

2010~2014年农村、城镇居民人均收入情况

项目	2010 年	2011 年	2012 年	2013 年	2014 年
五年农村居民人均纯收入（元）	5919	6977	7917	8896	10489
五年城镇居民人均可支配收入（元）	19109	21810	24565	26955	28844

发布权威信息

服务家纺企业

推动产业发展

中家纺
www.hometex.org.cn
中国家纺协会官网

中家纺微信号
hometex_org

微信二维码

电话：010-85229459
传真：010-85229371

DESIGN
张骞杯 ZHANGJIANCUP

幻彩生机

中国国际家用纺织品产品设计大赛

主办单位:

中国家用纺织品行业协会

中国国际贸易促进委员会纺织行业分会

法兰克福展览（香港）有限公司

南通市人民政府

承办单位:

中国家用纺织品行业协会设计师分会

南通市名牌战略推进委员会

南通市通州区人民政府

海门市人民政府

支持单位:

中国版权协会

中国版权保护中心

更多详细信息请登陆中家纺官网：www.hometex.org.cn

海宁家纺杯

幻彩·生机

2015年

中国国际家用纺织品创意设计大赛

主办单位：

中国家用纺织品行业协会

中国国际贸易促进委员会纺织行业分会

法兰克福展览（香港）有限公司

海宁市人民政府

承办单位：

中国家用纺织品行业协会设计师分会

中国布艺名镇·许村

支持单位：

中国版权协会

中国版权保护中心

更多详细信息请登陆中家纺官网：www.hometex.org.cn

"2016/17中国家用纺织品流行趋势" 产品征集

活动介绍

2015 年 8 月，中国家用纺织品行业协会将在上海"中国国际家用纺织品及辅料(秋冬)博览会"上发布"2016/17 中国家用纺织品流行趋势"。我们诚邀具有创新精神的企业、院校、设计工作室和设计师参与流行趋势的发布活动，借助展会及相关行业活动的良好商业平台，推出家纺新品，展示研发实力，扩大自身影响力并拓展国内外商机。倾力打造出具有创新精神的优秀中国家纺品牌。

组织单位

中国家用纺织品行业协会

推广单位

江苏海门工业园区叠石桥家纺市场

参与流程

1. 自 2015 年 4 月 1 日起登陆中家纺官网（www.hometex.org.cn）获取"2016/17 中国家纺流行趋势主题概要"和"产品选送登记表" 针对主题内容和色彩选送符合趋势要求的产品；
2. 报送的面料类产品，送样规格为 100cm× 幅宽——300cm× 幅宽，每件产品附上"产品选送登记表"寄送至指定地址；
3. 登陆中家纺官网（www.hometex.org.cn）按照"产品手册之企业介绍"准备好相关文字和图片，发送至邮箱 jiafangqushi@163.com。

报送要求

1. 参与发布的产品由企业自愿报送，产品不存在知识产权纠纷，由多人或机构共同研发的面料产品须在申报中详细注明；
2. 送样产品须是报送单位开发的新产品或参展展品；
3. 送样产品将分别用于存档、展示、宣传及推广等用途，概不退还，不符合送样要求的不予选用。

推广活动

1. 入选产品将连同企业信息、产品编号在 2015 年上海"中国国际家用纺织品及辅料（秋冬）博览会"专设的"2016 /17 中国家用纺织品流行趋势"发布区展出；
2. 入选产品将被收入"2016/17 中国家纺流行趋势"产品手册，每家入围企业在手册中均享有企业介绍专页。手册通过展会及其他相关活动广泛发放（如：上下游企业对接会、家纺面料供应商采购商对接会、流行趋势全国巡讲等一系列活动），使国内外专业买家认识、了解并采购优秀国产家纺产品；
3. 入选产品将被授予"2016/17 中国家纺流行趋势入围产品"称号，其生产单位则同时获得"2016/17 中国家纺流行趋势入围企业"荣誉。并同时获得产品入选证书和企业入围挂牌；
4. 入选产品信息将在中家纺官网（www.hometex.org.cn）的趋势专栏上长期展示推介；
5. 入选单位将优先获邀参加中国家用纺织品行业协会举办的一系列企业活动，如"中国家用流行趋势解析讲座"、"家纺面料供应商采购商对接会"等；
6. 入选单位设计师将优先获邀加入中国家纺设计师分会，纳入家纺设计师人才库，定期收到家纺设计的相关资讯。

征集截止日期 → 2015 年 8 月 1 日

垂询联络

中国家用纺织品行业协会流行趋势研究与推广工作室
沈婉瑜 女士（请在包裹上注明"家纺趋势"）
电话：010-85229764
传真：010-85229660
地址：北京市东长安街 12 号 169 室 中国家纺协会（邮编 100742）
E-mail：jiafangqushi@163.com

intertextile
SHANGHAI home textiles

21th 中国国际家用纺织品及辅料(秋冬)博览会

21th CHINA INTERNATIONAL TRADE FAIR
FOR HOME TEXTILES AND ACCESSORIES-AUTUME EDITION

中国 · 国家会展中心（上海）
NATIONAL EXHIBITION AND CONVENTION CENTER (SHANGHAI)

2015/8/26-28
www.intertextile-home.com.cn

扫描二维码
直接下载APP

新地点 NEW LOCATION

指导单位
中国纺织工业联合会
主办单位
中国国际贸易促进委员会纺织行业分会
中国家用纺织品行业协会
法兰克福展览(香港)有限公司
承办单位
北京优尚博展国际家纺展览有限公司
法兰克福展览(香港)有限公司

CCPIT TEX

messe frankfurt

2015中国家纺大会

期待您的莅临

11月24日—26日 江苏·海门

把握行业脉搏

引导企业发展

突破传统思维

共谋家纺蓝图